한강학의 성리학적 재발견

한강학의 성리학적 재발견

경북대학교 퇴계연구소 엮음

역락

　대구, 성주, 고령, 칠곡 등 우리나라의 낙동강 중류지역은 사상사적으로 볼 때 조선시대 중기 이후에는 영남학파, 그중에서도 퇴계학맥에 속하는 곳으로 인식되고 있다. 그러나 조선성리학朝鮮性理學을 구성하는 양대 축의 하나인 영남학파의 두 흐름이라 할 수 있는 퇴계학맥과 남명학맥이 모두 여기에 모여들 때도 있었다. 다시 말해서 남진하는 퇴계학과 동진하는 남명학이 만나서 공존하기도 하고 융합하기도 하는 현상이 한때 낙동강 중류지역에서 나타난 것이다. 이러한 현상에 주목하여 학계 일부에서는 '강안학江岸學' 또는 '낙중학洛中學'이라는 학술적 범주를 제시하여 그 의미를 포착하려고 노력하고 있다.

　그런데 이러한 특별한 의미를 가지는 현상을 상징적으로 보여주는 인물이 있다. 바로 한강寒岡 정구鄭逑(1543-1620)이다. 한강은 성주에서 태어나서 그곳에서 주로 생활하다가 만년에는 칠곡을 거쳐 대구에서 생을 마쳤다. 그는 퇴계退溪 이황李滉(1501-1570)과 남명南冥 조식曺植(1501-1572)의 학문과 사상을 발전적으로 계승하였으며, 그 사상적 영향력은 영남지역뿐만 아니라 기호지역에까지 이르렀다. 특히 낙동강 중류지역의 성리학계에는 결코 사라지지 않는 커다란 발자취를 남겼다.

　이러한 한강의 학문과 사상에 내재하는 가치를 언급할 때마다 가장 안타깝게 여겨지는 일은 1614년에 칠곡의 노곡정사蘆谷精舍에서 일어난 화재로 그동안 써놓았던 한강의 저술들 대부분이 불길 속에서 사라져 버린 사건일 것이다. 그럼에도 불구하고 현재 전해지는 저술만으로도 한강의 학문적 규모와 사상적 깊이를 헤아려 보기에 크게 부족함이 없으니, 그의 저술이 온전히 전해졌다면 그의 학술적 성취에 대하여 '집대성集大成'이라는 유학계의 영광스러운 표현을 붙여주는 것도 지나친 일은 아닐 것이다.

오늘날 한강에 대한 학술적인 연구가 활발히 진행되면서 그러한 축적된 연구성과를 묶어서 단행본으로 출간하는 일도 이루어지고 있다. 『한강 정구』(2011, 예문서원)의 출간이 그러한 일의 본격적인 출발로 볼 수 있으며, 최근에는 『한강 정구의 삶과 사상』(2017, 계명대학교 출판부)이라는 단행본이 나오기도 하였다.

이러한 고무적인 현상을 지속적으로 확산시키기 위해서, 이번에 경북대학교 퇴계연구소는 한강학연구원과 경상북도의 지원을 받아 한강학寒岡學과 관련된 연구성과 중에서도 특히 성리학과 관련된 연구성과를 선별하여 『한강학의 성리학적 재발견』이라는 제목으로 단행본을 출간하게 되었다. 종래의 단행본이 주로 한강학의 종합적인 면모를 다루었다면 이번의 단행본 출간은 본격적인 전문화의 길을 모색하는 시도라고 감히 말하고자 한다. 이를 기점으로 하여 앞으로는 공존과 융합이라는, 현재의 우리 사회에 무엇보다도 절실히 필요한 가치를 내포하고 있는 한강학에 대한 보다 심화된 연구가 계속 이루어지기를 소망해 본다.

이제 감사의 뜻을 전하면서 글을 매듭짓고자 한다. 무엇보다도 먼저, 연구와 강의 등으로 바쁘신 가운데서도 기꺼이 수정된 원고를 제공해주신 필자들께 감사의 말씀을 드린다. 아울러 이 일의 산파역을 담당하신 한강학연구원 관계자들께도 감사의 말씀을 드린다. 그리고 경상북도의 지원이 없었다면 이 단행본 출간은 애당초 불가능한 일이었기에, 이러한 학술분야의 지원에 마음을 열어준 경상북도 관계자 여러분께도 깊은 감사의 뜻을 전하고 싶다. 끝으로 국내의 출판 상황이 어려운 가운데서도 이러한 단행본 간행을 부담으로 여기지 않고 학술지원의 심정으로 기꺼이 맡아주신 역락의 관계자 여러분께 충심으로 감사를 드리고자 한다.

2018년 1월
경북대학교 퇴계연구소장 임종진

| 차례 |

1장

한강 정구의 사물인식 방법과 세계지향

정우락(경북대학교)

1. 머리말

본 논의는 한강寒岡 정구鄭逑(1543-1620)의 사물인식이 어떠한 방법으로 이루어지고 있으며, 이를 통해 그가 지향한 궁극의 세계는 무엇인가 하는 문제를 탐구하기 위한 것이다. 이 과제를 수행하기 위하여 우리는 다양한 고민이 필요하다. 인식주체인 자아가 인식객체인 사물에 접근하는 논리의 기초를 어떻게 마련할 것인가 하는 것에서부터, 일련의 과정을 거치면서 생성된 최종적 세계지향을 어떤 구조로 통합해 낼 것인가 하는 것이 그것이다. 본 논의는 바로 이 같은 문제제기와 아울러 이에 대한 해결의 과정을 순서대로 보여줌으로써 조선중기 사림파 작가들의 세계인식의 일단을 효율적으로 규명해보고자 한다.

역대로 정구에 대한 평가를 하면서 그가 스승으로 모셨던 퇴계退溪 이황李滉(1501-1570)과 남명南冥 조식曺植(1501-1572)을 먼저 떠올리고, 이 두 분의 학문을 발전적으로 계승하였다고 했다. 즉 이황으로부터 '인仁'을 배우고, 조식으로부터 '의義'를 배워 '인'과 '의'를 종합적으로 성취한 사람이라고 한 것이 그것이다. 이 때문에 택당澤堂 이식李植(1584-1647)은 정구를 '완인完人'[1] 으로 평가할 수 있었다. 그리고 정구는 성리학을 중심에 두면서도 그 학문을 현실에 밀착시켜 실용적 가치를 제고하였으므로 미수眉叟 허목許穆 (1595-1682)과 성호星湖 이익李瀷(1681-1763) 등으로 이어지는 근기실학을 배태시킨 선구자로 언급되기도 하고, 사계沙溪 김장생金長生(1548-1631)과 대척적 거리에서 영남 예학을 완성시킨 조선조의 대표적인 예학자로 평가되기도 한다.

영남학파가 이황과 조식에 의해서 정립되었다고 볼 때, 이들과 정구의 관계를 특별히 주목하는 것은 지극히 당연한 일이다. 이황의 학단에서는 퇴계학파의 일원으로, 조식의 학단에서는 남명학파의 일원으로 정구를 인식하고 그 고제高弟로 삼는다. 그리고 학문적인 경향 역시 이들과의 관련성 하에 논의한다. 『심경발휘心經發揮』 등에서 보이는 궁리적窮理的 측면에서는 이황을, 읍지邑誌와 역사서歷史書에서 보이는 치용적致用的 측면에서는 조식을 본받아 이를 집성集成시켰다는 것이 그것이다. 사실 정구가 남긴 다양한 저서의 성격을 보면 이 두 방향으로 나눌 수 있고, 이를 다시 그의 스승의 학문과 결합시켜 학문적 연맥성을 말할 수 있다.

그러나 정구는 이황의 정구가 아니듯 조식의 정구도 아니다. 이황과 조식의 상호비판을 상기할 때 사실의 이러함은 바로 납득이 간다. 즉 이황이 가한 조식에 대한 비판은 다양하나 그 가운데 가장 핵심적인 부분은 남명학에 노장적 요소가 있다는 것이며, 조식이 가한 이황에 대한 대표적인 비판은 실천이 따르지 않는 공허한 이론 위주의 학문이다.[2] 그러나 정구의 학문에는 노장학적 요소도, 공허한 이론 위주의 경향도 발견되지 않는다. 퇴계학과 남명학의 장점을 발전적으로 포섭하면서, 심학과 예학으로 한강

---

1) 李植, 「示兒代筆」(『澤堂別集』 卷15, 『韓國文集叢刊』 88, 520쪽), "嶺南則退溪・南冥門脈 頗異 …… 唯寒岡爲完人, 旅軒爲高弟, 旅軒歿, 而亦無徒弟傳述者, 嶺南之學, 亦止於是."
2) 이에 대해서는 정우락, 『남명과 퇴계 사이』(경인문화사, 2008)를 참조하기 바란다.

학의 뼈대를 세우고, 지역학에 특별한 관심을 갖고 읍지邑誌를 편찬하는가 하면, 의약서醫藥學에 관심을 갖는 등 당대 현실에 바탕을 둔 실용적 학문체계를 구축하였다.

그동안 정구의 학문세계에 대해서 크게 두 방향에서 논의되어 왔다. 통합적 연구와 분야별 연구가 그것이다. 통합적 연구는 정구 학문의 전반적 경향을 다룬 것이고,3) 분야별 연구는 학문의 구체적 사정을 인식하면서 다룬 것이다. 후자는 다시 일곱 방향으로 나누어진다. 문학을 비롯해서 성리학,4) 교학,5) 예학,6) 정치학,7) 역사학,8) 조경학9) 등이 그것이다. 이 가운데 본고에서 주로 다루고자 하는 문학적 측면의 접근은 문학관, 운문, 산문, 창작현장 등으로 나누어 연구되었고 또한 일정한 성과를 획득하였다.

정구의 문학관은 주로 그의 문학을 포괄적으로 다루는 과정에서 언급되었다. 생애를 전체적으로 정리하면서 그 가운데 정구의 독서태도와 자연애호가 어떻게 결합되는가 하는 부분을 살핀 김광순10)의 논의가 선단을 이루었다. 여기서 나아가 이상필11)은 정구가 작시作詩를 즐기지 않았다는 점을

---

3) 배상현, 「정구의 인물과 학문사상」, 『영남학파의 연구』(경상북도, 1998), 정순우, 「성주지역의 퇴계학맥: 한강과 동강을 중심으로」, 『한국의 철학』 제30호(경북대 퇴계연구소, 2001), 장윤수, 「한강 정구의 기본사상과 삶의 지향성」, 『박약』 12(박약회, 2004)

4) 최승호의 「한강의 지경론」(『한국의 철학』 제13호, 경북대 퇴계연구소, 1985)을 비롯한 9편의 논문이 발표되었다.

5) 정순목의 「한강 정구의 교학사상」(『한국의 철학』 제13호, 경북대 퇴계연구소, 1985)을 비롯한 8편의 논문이 발표되었다.

6) 서수생의 「한강 정구의 예학」(『한국의 철학』 제13호, 경북대 퇴계연구소, 1985)을 비롯한 14편의 논문이 발표되었다.

7) 금종우, 「한강의 정치사상에 관한 연구」, 『한국의 철학』 제13호(경북대 퇴계연구소, 1985)

8) 김항수의 「한강 정구의 학문과 『歷代紀年』」(『한국학보』 45, 서울대 국사학과, 1986)을 비롯한 6편의 논문이 발표되었다.

9) 김수진・김태수・심우경, 「한강 정구(1543-1620)의 武屹九曲 經營과 이상향」, 『한국전통조경학회지』 26(한국전통조경학회, 2008)

10) 김광순, 「한강의 생애와 문학」, 『한국의 철학』 13(경북대 퇴계연구소, 1985)

고려하면서도, 그의 시는 이황과 마찬가지로 문학적 효용을 정심正心에 두었고 근체시보다 고시를 많이 남기고 있다고 하였다. 이 같은 논의는 박영호[12]에 의해 입체화되었다. 즉 정구의 문학론은 상고적尚古的이고 실용적實用的이며 도본문말적道本文末的이라는 것이다. 이 같은 논의의 연장선상에서 김동협[13]은 정구가 성리학적인 합리적 사고에 기반하고 있어 설화나 신선사상 등에는 일정한 한계를 보인다고 평가하였다.

정구의 운문에 관한 연구는 시문학을 중심으로 이루어졌다. 이 분야는 정구의 문학연구에서 가장 많이 이루어진 부분이다. 정구의 문학을 포괄적으로 논의하면서 그의 한시를 형식과 내용적 측면에서 구분하여 작품을 귀속시키는 선행 작업에 바탕하여 이원걸[14]은 시형식과 표현기교를 통한 특징을 밝히고 내용을 분석하여 주제를 집약시켰다. 여기서 나아가 가장 핵심적인 주제가 무엇인가를 찾아내기 위하여 연구자들은 일련의 노력을 거듭하였다. 송준호[15]는 염락풍濂洛風의 전형으로 거울 이미지를 떠올렸고, 강구율[16]은 안분安分, 구본섭[17]은 도학道學이 정구의 한시를 이해하는 가장 중요한 키워드라 생각했다.[18]

---

11) 이상필, 「한강의 학문성향과 문학」, 『남명학연구』 1(경상대 남명학연구소, 1991)

12) 박영호, 「한강 정구의 학문정신과 문학관」, 『동방한문학』 10(동방한문학회, 1994)

13) 김동협, 「정구 문학론의 한국면-<天孫河鼓七夕會辨>과 <降仙樓記>를 중심으로-」, 『어문론총』 44(한국문학언어학회, 2006)

14) 이원걸, 「한강 정구의 한시 연구」(안동대 석사학위논문, 1991). 이 논의는 이원걸의 「한강 정구의 시세계」(『한문학론문집』 3, 안동한문학회, 1993)에서 재론되었다.

15) 송준호, 「한강 정구의 시문학에 대하여-거울로서의 시」, 『동방한문학』 10(동방한문학회, 1994). 이 논의는 송준호의 「염락풍 시의 한 전형-거울로서의 한강 정구의 시」(『연세교육과학』 45, 연세대 교육학과, 1997)에서 재론되었다.

16) 강구율, 「한강 한시에 있어서 관물태도와 安分의 문제」, 『동양예학』 6(동양예학회, 2001)

17) 구본섭, 「한강 정구의 도학적 시세계」(경북대 석사학위논문, 2004)

18) 이 밖에도 정구의 소위 武屹九曲詩를 소개하고 분석한 김시황의 「한강 정구선생의 <仰和朱夫子武夷九曲詩韻十首>」(『춘추』 1, 춘추회, 2001), 문행복의 「한강의 武屹九曲詩 분석」(발표자료집, 동양예학회, 2001) 등이 있어 정구 시문학 이해의 편폭을 넓

정구의 산문에 관한 연구는 산수유기인 「유가야산록遊伽倻山錄」을 중심으로 논의되면서도 서간문 가운데 이황에게 보낸 것에 일정한 관심이 나타났다. 정구의 「유가야산록」에 대한 관심은 박영호[19]에 의해 처음으로 나타났다. 그는 정구의 학문적 기반이 궁리거경窮理居敬과 응용구시應用救時에 있다고 보고, 산행의 목적과 서술, 그리고 묘사의 기법을 살폈는데 특히 '객관성'과 '사실성'을 중요한 요소로 부각시켰다. 여기서 나아가 박영민[20]은 「유가야산록」이 산행의 체험과 정신의 깊이가 시간적으로 단계적 상승구조를 띠고 있다는 것에 주목하고 정구의 천리이법天理理法에 대한 통찰과 자득지락自得之樂의 성취를 탐토하였다. 이와 달리 홍우흠[21]은 이황과 정구의 왕복서한을 중심으로 정구의 하학적인 출처의리와 예학 등을 검토하여 산문연구의 편폭을 넓혔다.

정구 문학의 창작현장을 따진 논의는 문학연구에 있어 이채를 띤 것이다. 김학수[22]는 정구 문학의 창작현장이 일상의 공간과 밀접한 관계에 있다는 것을 인식하면서 한강정사寒岡精舍(31세), 회연초당檜淵草堂(40-50대), 무흘정사武屹精舍(60대), 노곡蘆谷·사양정사泗陽精舍(70대)를 문학창작 공간이라는 측면에서 차례대로 다루었다. 이를 통해 그는 정구의 추원과 학술, 유식遊息과 강학, 피세와 은둔, 생활과 학문 등을 검토하고자 했다. 이 분야 연구는 학문과 현장의 밀착을 통한 문화산업화를 가능하게 하고, 창작의 현장을 통해 그 작품을 더욱 정밀하게 이해할 수 있게 한다는 측면에서 중요하다.

이상과 같이 정구의 문학에 대한 연구는 다양한 방면에서 이루어져왔고,

혔다.
19) 박영호, 「한강의 「遊伽倻山錄」 연구」, 『남명학연구논총』 5(남명학연구원, 1997)
20) 박영민, 「한강 정구의 「遊伽倻山錄」과 그 審美境界」, 『우리어문연구』 29(우리어문학회, 2007)
21) 홍우흠, 「한강의 <상퇴계이선생서> 일고」, 『동양예학』 6(동양예학회, 2001)
22) 김학수, 「정구 문학의 창작현장과 유적에 대한 연구」, 『대동한문학』 29(대동한문학회, 2008)

또한 일정한 성과를 거두고 있다. 그러나 그의 문학적 형상을 가능하게 했던 사상적 성찰이 부재하다. 이 성찰을 통해 우리는 정구의 문학이 '무엇'을 지향하고 있으며, 그 지향점으로 나아가기 위하여 '어떠한' 방법론을 동원하고 있는가 하는 부분을 알 수 있다. 이를 제대로 검토하자면 우선 정구 당대의 문인들이 지니고 있었던 세계관적 근거를 염두에 둘 필요가 있다. 이는 정구 사상의 핵심에 바로 도달하여 효과적으로 본 연구의 과제를 해결하기 위한 조처이다.

본 연구가 수행하고자 하는 사물인식 방법은 성리학적 수양론과 밀착되어 있다. 성誠·경敬·의義를 핵심개념으로 하는 이 수양론은 내적으로 수렴하면서 천리와 맞닿고, 외적으로 확산되면서 현실과 연결된다. 이를 염두에 두면서 본 논의는 사물인식에 대한 논리의 기초로써 정구의 수양론을 이해(2장)하고, 다음으로 그의 논리에 따라 구현되고 있는 세계의 두 방향을 구체적인 작품을 통해 검증(3장)한다. 그리고 정구의 궁극적 세계지향을 문학 외적 자료를 원용하면서 입체적으로 탐구(4장)한 다음, 본 논의를 마무리하면서 새로운 연구를 위한 제언(5장)을 간단히 하게 될 것이다. 이를 통해 우리는 정구의 정신구도에 대한 중요한 부면을 조망하게 될 것이다.

2. 사물인식의 기초논리 수양론

북송시대에 이르러 유학자들은 자학문自學問의 열세를 만회하기 위하여 경쟁 학문과 적극적으로 논쟁을 벌이면서 이론적 체계를 구축한다. 이들이 가장 중점을 둔 것은 유학에 결핍되었던 형이상학적 요소를 자학문에 수용하는 것이었다. 이 때문에 이미 고도의 형이상학적 이론체계를 수립하고 있던 선불교나 도교에서 그 이론을 끌어들인 후 이들을 더욱 철저하게 이단으로 몰아세우기에 이른다.

성리학과 선불교가 밀접한 관련이 있다는 것은 이미 널리 알려진 바다. 누구나 노력하면 성인이 될 수 있다는 것을 강조한 것 뿐만 아니라 『화엄경華嚴經』의 이사론理事論과 이기론理氣論의 친연성, 도통설에 대한 강조나 사변적 성격 등이 모두 그것이다. 도교와의 관계 역시 마찬가지다. 우주론적 방면에서 도사 진단陳搏에게서 나왔다는 염계濂溪 주돈이周敦頤(1017-1073)의 「태극도설太極圖說」이 유가 우주론에 막대한 영향을 끼쳤고, 무욕이나 허정虛靜 등 다양한 용어 역시 성리학과 밀접한 관련성이 있다.[23]

정구는 성리학자이다. 문학관에 있어서도 여느 성리학자들과 마찬가지로 문文이 도道를 싣는 그릇으로 알았다. 이 때문에 글을 지을 때 한결같이 회암晦庵 주희朱熹(1130-1200)를 표준으로 삼았으며 그의 글은 평정순실平正醇實하여 부화조려浮華藻麗함을 일삼지 않았다.[24] 이것은 정구가 글쓰기를 통해 성리학적 진리를 추구하고자 한 결과라 하겠는데 우리는 이를 인문추리因文推理[25]로 요약할 수 있다. 이 같은 재도적 성격 때문에 그의 시부詩賦는 76제 101수에 불과하다. 그러나 여기에는 성리학적 수양론이 깊이 내재되어 있었으며, 이 수양론이 사물인식에 대한 기초논리를 제공한 것으로 보고 본 장에서 자세하게 다룬다.

성리학적 수양론은 다양한 개념으로 설명이 가능하지만 흔히 성誠과 경敬, 그리고 의義의 관계 속에서 이해된다. '성경'의 관계는 수양의 순서를 문제 삼으며 집중적으로 논의되었는데, 경선성후敬先誠後로 요약된다. '경'을 통해 마음을 굳건히 가지면 자연스럽게 '성'에 도달한다는 것이다. '경의'의 관계는 체體와 용用, 정靜과 동動 등으로 설명되기도 하고, 거경집의居敬集義 등으로 논의되기도 했다. 이는 '경'과 '의'가 밀접하게 상호작용하는 관

---

23) 박석, 『송대의 신유학자들은 문학을 어떻게 보았는가』(역락, 2005), 29-32쪽 참조
24) 申欽, 「鄭寒岡神道碑銘幷序」(『象村稿』26, 『韓國文集叢刊』72, 95쪽), "及乎晩年, 一意講述, 爲文章亦宗晦庵, 不事浮華藻麗爲也."
25) 『寒岡先生言行錄』卷1 張7, 「讀書」, "先生, 讀書, 必求大義, 爲詞章, 不事世俗陳腐之態, 因文推理. 就辭着實, 一時流輩, 鮮有及之者."

계를 말한 것으로, 행동실천의 원리인 '의'는 안을 규정하는 '경'에 의해 이루어진다는 것이다. 이 때 '경'의 역할은 대단히 중요한데, '경'에 구심력이 작용되어 '성'으로 수렴되고, 원심력이 작용되어 '의'로 확산되는 것이다.

정구는 일찍이 성리학적 수양론에 지대한 관심을 갖고 있었다. 수양론에서의 '수修'는 닦는다는 의미이니 인욕을 척결한다는 것이고, '양養'은 기른다는 의미이니 천리를 보존한다는 것이다. 따라서 수양은 전통적으로 이야기되어 오던 알인욕遏人欲과 존천리存天理에 다름 아니다. 성리학자들은 이를 통해 스스로 성인이 되기를 간절히 희망하였고, 정구 역시 마찬가지였다. 정구의 언행록에 의하면 '선생은 어렸을 때부터 뜻이 돈독하고 행동에 힘써 성현되기를 스스로 기약하였다. 스승에게서 학업을 받고는 각고의 노력으로 스스로 방과放過하지 않았으며, 문리는 날로 통하고 사의辭義는 날로 통달하였다.'[26]라는 지문은 모두 이에 대한 증언이다. 다음의 자료 역시 정구의 수양론에 대한 그 제자들의 총체적 표현이다.

(가) 선생은 매일 반드시 첫닭이 울면 일어나서 등불을 밝히고 단정히 앉아서 날이 밝을 때까지 글을 강송講誦하였다. 또 어떤 때는 등불을 끄고 앉아 부단히 심성을 함양하면서, 가끔 곁에 모시고 있는 자제에게, "너희들의 마음은 지금 무슨 일을 생각하고 있으며 어디로 달려가고 있느냐?"라고 물으며, "흩어진 마음을 거두는 것이 곧 학문하는 자의 첫째가는 공부이다."라고 하였다.[27]

(나) 선생의 학문은 무엇보다 남들이 보지 않는 면에 힘을 다하여, 아름다운 덕이 은연 중에 나날이 드러났다. 이 때문에 정적인 공부로써 심성을 보

---

26) 「寒岡先生言行錄」 卷1 張1, 「學問」, "先生自妙齡, 篤志勵行, 以聖賢自期, 受學於師, 劬刻不自放過, 文理日通, 辭義日達."
27) 『寒岡先生言行錄』 卷1 張3, 「學問」, "先生, 每日, 必鷄鳴而起, 明燈整坐, 講誦達曙, 或廢燈而坐, 涵養不息, 時或問于侍側子弟曰, 爾等之心, 方思何事, 方走何方, 收放心, 是學者第一工夫也."

존하고 기르는 방도며 일 없이 쉬는 때의 법도에서부터, 동적인 공부로써 말씀을 하거나 걷는 행위에 이르기까지 옛사람이 이미 행한 법도를 따르지 않은 것이 없어 모두 규범이 있고 털끝만큼도 어긋나지 않았다.[28]

수양론이 정구에게 어떻게 적용되고 있는가 하는 문제는 위에서 제시한 자료 (가)와 (나)를 비롯하여 4권으로 되어 있는 『한강선생언행록』에 즐비하다. 특히 서두의 세 조인 「학문學問」, 「독서讀書」, 「지경持敬」에 그 요체가 집중되어 있다. 위의 자료 역시 「학문」조의 일부로, 이서李䑏가 전한 (가)에서는 '흩어진 마음을 거두어들이는 것'을 학자의 제1공부로 하였고, 문위文緯가 전한 (나)에서는 고요할 때의 존양과 움직일 때의 성찰이 법도에 맞았다고 했다. 이 같은 정구의 수양론은 독서에도 그대로 이어지는데, 최항경崔恒慶이 전한 것처럼 정구는 경전을 널리 탐구하면서 대의를 깨쳐나갔는데, 사서에 특별한 힘을 기울였으며 '정靜'자와 '경敬'자 공부에 한층 노력하였다[29]는 것도 같은 맥락에서 읽힌다. 그렇다면 정구 스스로가 수양론에 대하여 어떻게 생각하고 있었는지 다음 작품을 통해 확인해 보자.

雖然一脉尚碩果	비록 그러나 한 가닥의 희망이 오히려 있어,
生意所以根於貞	生意는 곧음에 뿌리를 두었다네.
喚醒主人豈無道	주인을 불러 깨울 도가 어찌 없으리?
才膠可使黃流淸	한 치의 아교로도 황하를 맑게 할 수 있다네.
三軍旗脚勿字上	삼군의 깃발을 勿字 위에 세우고,
天君正理要明誠	천군의 바른 이치는 明과 誠으로 한다네.
敬義夾持動靜間	동과 정 사이에서 敬義를 함께 지니면,
下梢遂使明德明	마지막엔 마침내 明德이 밝아지네.

---

28) 『寒岡先生言行錄』 卷1 張3-4, 「學問」, "先生之學, 尤爲致力於人所不見之地, 而英華之發, 闇然而日章, 故靜而持養之方, 宴息之節, 動而聲氣之發, 步趨之擧, 莫不遵古人已行之法, 而 皆有規範, 不差毫釐."

29) 「寒岡先生言行錄』 卷1 章5, 「學問」, "先生之學, 博求經典, 得其大義, 語孟庸學, 尤所致力, 至於靜字敬字上工夫, 益加勉勵."

依然一朝透覺關　의연이 하루아침에 깨침의 문을 뚫어,
得見爺嬢與弟兄　부모와 형제를 볼 수 있으리.
却怕天日已遲暮　하늘의 해 서산으로 기우는 것 두려우니,
俯仰獨立愁前程　굽어보고 우러러보며 홀로 서서 앞길을 근심하네.[30]

　이 작품은 정구가 15세 때 지은 「취생몽사탄醉生夢死嘆」의 일부이다. 「취생몽사탄」은 크게 세 부분으로 나뉘는데, 처음은 마음의 본질, 다음은 마음의 혼란으로 인해 취생몽사醉生夢死하게 된 삶, 마지막은 끊임없는 수양으로 다시 찾는 마음이 그것이다. 위의 작품은 마지막 부분에 해당한다. 이 같은 작품구조는 스승 조식의 「신명사명神明舍銘」과 동료인 동강東岡 김우옹金宇顒 (1540-1603)의 「천군전天君傳」과 일치한다. 그렇다고 하여 조식의 「신명사명」에 영향을 받았다고는 할 수 없다. 왜냐하면, 정구가 이 글을 지었을 때는 조식을 만나기 9년 전이었기 때문이다. 따라서 정구는 성리학에서 제시하는 일반적인 수양론을 청소년기에 이미 명확히 이해하고 있었으며, 그의 스승을 만나면서 이 부분이 더욱 강화되었던 것으로 보인다.

　위의 작품에서 주목할 부분이 있다. 여섯 째 줄의 '성誠', 일곱 째 줄의 '경敬'과 '의義'가 그것이다. 『중용』에서는 '성誠으로 말미암아 밝아지는 것을 성性이라 하고, 명明으로 말미암아 밝아지는 것을 교敎라고 한다. 성실[誠]하면 밝아지고[明], 밝으면[明] 성실[誠]해진다.'[31]라고 하였다. 여기서 '성誠'으로 말미암은 '명明'은 '성자誠者'를 두고 말한 것이고, '명明'으로 말미암은 '성誠'은 '성지자誠之者'를 두고 말한 것이다. 이 '성지자'의 구체적인 방법론이 바로 '경'이다. 정구는 '성'과 '경'이 가깝게는 자신, 멀리는 나라를 다스리는 근간이 된다고 보았으며,[32] 여기에 외적 확산을 의미하는 '의'를 결부

---

30) 鄭逑, 「醉生夢死嘆」(『寒岡集』 卷1, 『韓國文集叢刊』 53, 113쪽)
31) 『中庸』 21章, "自誠明, 謂之性, 自明誠, 謂之敎, 誠則明矣, 明則誠矣."
32) 鄭逑, 「五先生禮說分類序」(『寒岡集』 卷10, 『韓國文集叢刊』 53, 282쪽), "自視聽言動之近, 達之家鄕邦國之遠, 無所不用其誠敬焉."

시키면서, '경'과 '의'가 상호의존하며 소통하는 관계로 파악했다. '협지'라는 것은 바로 이를 두고 말한 것이다.

'성誠'은 천天·성聖·성性·리理·자연自然 등으로 풀이한다. '경敬'과 '의義'의 관계에 대해서는 역대로 체體와 용用, 표表와 리裏, 내內와 외外, 정靜과 동動, 지知와 행行, 선先과 후後 등으로 설명되기도 하고 거경집의居敬集義, 주경행의主敬行義, 경의협지敬義夾持 등으로 이야기되기도 했다. 주자는 '경'과 '의'의 관계를 인체에 비유해 잘 설명하고 있다. 즉 '두 다리로 반듯하게 서는 것이 경이요, 여기에 의거하여 나아가는 것은 의다. 정신을 두 눈에 모으는 것은 경이요, 눈을 떠서 사물을 보는 것은 의이다.'라고 하여 '경'과 '의'는 밀접하게 상호작용하는 관계인데 '경'이 '의'를 위해 선결되어야 하는 조건으로 파악하였다.[33] 정구는 성실[誠], 즉 성인의 경계를 간절히 희망하였으므로, 군자의 길인 '경의'의 길을 먼저 가고자 했던 것이다. 다음 자료에서 확인된다.

(가) 나는 소년 시절 주부자의 「명당실기名堂室記」를 읽고 '경'과 '의' 두 자가 학문을 하는 데에 중요한 방도가 된다는 것을 알고 내심 기뻐하였다. 그리하여 나도 역시 그에 따라 당堂을 '경회景晦'라 이름하고, '지경持敬'과 '명의明義'의 이름을 두 협실에 내걸어야겠다는 생각을 하였다. 그리고 아울러 「명당실기」에서 논한 『대학』, 『중용』, 「태극도설」 등에 관한 말을 병풍에 나열해 놓고 본다면 그 의미를 깊이 이해하고 받들어 따름으로써 어디로 나아가야 할지 몰라 헤매지 않을 수 있겠다는 생각이 들었다.[34]

(나) 마침내 사수 들녘으로 살 터를 옮겼는데 이곳은 평야가 널리 펼쳐져

---

33) '성·경·의'의 상호관계에 대해서는 정우락의 『남명문학의 철학적 접근』(박이정, 1998), 57-67쪽을 참조할 수 있다.

34) 鄭逑, 「書景晦堂屏後」(『寒岡集』卷9, 『韓國文集叢刊』53, 260쪽), "余少時, 讀朱夫子名堂室記, 得聞敬義兩字之爲要於爲學之大方也, 心竊喜焉. 妄欲名堂以景晦, 揭持敬明義之號於兩夾室, 因以記中所論大學中庸太極圖說等語, 列書于屏, 庶幾體驗承奉, 不迷所向."

있고 여러 산들이 사방을 둘러쌌으며 금호강 일대가 눈앞에 가로 놓여 있었다. 선생은 그 이름을 사랑하여 마침내 물러나 은거할 장소로 정하고 집을 지어 살면서 그 집의 편액을 '사양정사泗陽精舍'라 하였다. 내외의 서재가 있는데, 각각 '지경재持敬齋'와 '명의재明義齋'이다. 당堂은 '경회景晦'라 이름하고 헌軒은 '망노忘老'라 이름하였다.35)

정구는 1607년에 「서경회당병후書景晦堂屛後」를 쓰는데 사양정사가 완성되기 10년 전의 일이다. (가)는 이 글의 들머리다. 여기에서 보듯이 정구는 어릴 때부터 주희의 경의사상에 매료되었다는 것을 알 수 있다.36) 주희가 41세 때 운곡에 회당晦堂을 중심으로 경재敬齋 및 의재義齋를 지어 수양을 거듭하며 성誠으로 나아가려 하였듯이, 그 역시 젊은 시절부터 이에 대한 꿈을 키워, 1607년(65세) 경회당병景晦堂屛을 만들어 병명屛銘을 쓰고, 1617년(75세)에는 드디어 사양정사를 완성하여, 당호를 경회당景晦堂, 재호를 지경재持敬齋와 명의재明義齋라 하였던 것이다. (나)는 제자 심원당心遠堂 이육李堉(1572-1637)이 전한 말로37) 정구가 만든 사양정사의 대체적 규모와 그 의미를 알게 해준다.

주희의 「명당실기」를 통해 경의의 중요성을 깨닫고, 그 또한 집을 건축하면서 이를 성실히 따르고자 했다. 백천白川 이천봉李天封(1567-1634)의 증언에 의하면, 정구가 '본연의 천성을 보전하고 경敬과 의義를 함께 견지하는 공부를 늙어갈수록 더욱 독실히 하였다.'38)라고 하였다. 이육 역시 정구가 조식의 문하에 들어가 그의 경의지학敬義之學에 관한 가르침을 깊이 새겨든

<hr>

35) 『寒岡先生言行錄』卷3 張21-22,「雜記」, "遂移卜於泗水之原, 平野逶迤, 群山周回, 琴湖一帶, 橫截眼前, 先生愛其名, 遂定菟裘之計, 築室以居, 而扁其室曰泗陽精舍, 齋有內外, 持敬也, 明義也, 堂曰景晦, 軒曰忘老."

36) 바로 이 점에서 그의 「취생몽사탄」도 주희의 「名堂室記」에 감발한 바 있었을 것으로 보인다.

37) 이육은 이 밖에도 사양정사에는 周敦頤의 글에서 취한 '君子潭', 韓愈의 글에서 취한 '魚泳潭'이라는 두 연못과 주희의 글에서 취한 '抱琴臺'가 있었다고 했다.

38) 『寒岡先生言行錄』卷1 張5,「學問」, "其操存夾持之工, 老而彌篤."

고 실천적인 노력을 돈독히 하였다[39]고 하였다. 이를 통해 우리는 진실무망의 경계로 나아가기 위한 정구의 '성지자誠之者'적 수양태도를 분명하게 읽을 수 있게 된다.

정구가 젊은 시절부터 노경에 이르기까지 힘쓴 것은 성리학적 수양론이었으며, 그 중에서도 경의사상은 의식의 중핵을 이루면서 거경궁리居敬窮理와 처사접물處事接物에 일관되게 적용되었다. 사물을 인식하는 논리의 기초 역시 여기에 바탕을 둘 수밖에 없었다. 즉 거경궁리를 통해 선험적인 천리의 존재를 인정하였고, 사물과 접하면서 추상적 관념을 배제하면서 객관적 사실을 중시하였던 것이다. 정구는 천리에 대한 선험적 인식과 인사에 근거한 경험적 인식을 작품화하기에 이른다. 다음 자료에서 그 단편을 읽을 수 있다.

(가) 未出全身面   전신의 면목을 모두 내놓지 않고,
　　　微呈一角奇   일각의 기이함만 조금 드러내네.
　　　方知造化意   바야흐로 조물주의 뜻을 알겠노라,
　　　不欲露天機   천기를 드러내지 않으려고 하는 것을.[40]

(나) 견우와 직녀가 천상에서 서로 만난다는 이야기가 누구에게서 처음 나왔을까? 예로부터 해괴한 것을 좋아하여 말을 만들어 내며 세상을 속이고 후세에까지 전하는 자는 반드시 일반 사람들이 듣거나 보지도 못하고 상상이 미치지 못하는 것을 뛰어넘는 것이니, 그런 다음에 온 세상을 놀랍게 하고 후세 사람들을 속일 수 있는 것이다. 그래서 간혹 어진 인물과 슬기로운 사람이 나오더라도 도무지 어두운 가운데서 그 옳고 그른 것을 분간할 수 없어 진짜냐 가짜냐의 사이에서 그 공정한 논의를 제외함으로써 사람들의 의식이 그에 빠져들고 많은 사람들이 덩달아 맞장구친다.[41]

---

39) 『寒岡先生言行錄』 卷1 張3, 「學問」, "先生束脩往拜于南冥先生之門, 佩腹敬義之訓, 益篤踐履之功."
40) 鄭逑, 「夙夜齋望郿山」, 『寒岡集』 卷1, 『韓國文集叢刊』 53, 111쪽.

(가)는 숙야재에서 가야산을 바라보며 지은 「숙야재망야산夙夜齋望倻山」이다. '당시 흰 구름이 산허리에 띠를 두르고 있어 한 꼭대기만 살짝 드러났다.'[42]라고 주석해 두었다. 여기서 주목하고자 하는 것은 정구의 초월자인 '천기天機'에 대한 인식이다. 가야산이 흰 구름 혹은 연감산硯坎山[43]에 가려 조금 밖에 보이지 않자 그것을 조물주의 위대한 뜻이라며 내면화하고 있음을 본다. 이것은 진리에 대한 접근을 내면화한 것으로 천기에 대한 선험적 인식에 다름 아니다. 가야산이라는 경험적 대상 이면에 있는 '천기'를 인식한 것이며, 미미한 노정을 통해 사람들로 하여금 진리의 세계로 들어오게 한다는 것을 보인 것이다. 진실한 탐구자에게는 전신면全身面을 감득할 수 있는 길을 열어두었던 것이다.

(나)는 (가)와 전혀 다른 방향에서 사물을 인식하고 있다. 이 자료에 의하면 전통적으로 내려오던 견우와 직녀 설화를 부정하고 있다. 여기서 정구는 경험적으로 이해되지 않는 견우와 직녀의 만남은 세상을 속이는 일이며, 지혜로운 사람도 진가를 제대로 구분하지 못한다고 했다. 견우와 직녀에 대한 생각이 이 같았으므로 정구는 그의 천문학적 지식을 총동원하여 이를 철저하게 부정한다. 정구의 경험적 인식과 그 가치에 대한 확신은 1599년(선조 32)에 쓴 「강선루기降仙樓記」에도 나타난다. 이 글에서 그는 신선의 존

---

41) 鄭逑, 「天孫河鼓七夕會辨」(『寒岡集』 卷9, 『韓國文集叢刊』 53, 264쪽), "天上會合之說, 昉於何人邪? 自古好怪而立言. 欺世而傳後者, 必超於常人耳目之所不及, 思慮之所不周, 然後有以駭天下而迷後世, 雖間有吉人哲士者生, 而亦莫能辨其是非於茫昧之分, 而姑置其公論於眞贗之間, 人情熒惑, 衆口和附, 遂使荒唐不經之說, 恣行於千百載之下而不知止焉."

42) 鄭逑, 「夙夜齋望倻山」(『寒岡集』 卷1, 『韓國文集叢刊』 53, 111쪽), "時, 白雲橫帶山腰, 微露一角." 이 시는 橘山 李裕元(1814-1888)이 「薛荔新志」(『林下筆記』 卷35)에서 특기하고 있다.

43) 「夙夜齋望倻山」의 주석에서는 흰 구름에 가려 가야산의 한 꼭대기가 살짝 드러났다고 했지만 맑게 개인 날에도 숙야재에서 가야산을 보면 硯坎山이 앞을 가려 가야산의 전체 모습은 보이지 않고 한 꼭대기만 살짝 드러난다. 연감산은 숙야재의 서쪽 大伽川 건너편에 있는 산으로 『星山誌』(1937년 간) 「山川」조에는 "硯坎山, 伽倻山一枝, 北走東迤, 奇峯特秀, 四面危削, 山腰, 古有寺今廢"라 적고 있다.

재를 부정하면서, 다만 '심청도통心淸道通'을 획득한 사람이 바로 신선이라 하였다.[44] 즉 신선은 따로 존재하는 것이 아니며, 수양을 통해 누구나 그렇게 될 수 있다고 하면서 초월자를 부정하였던 것이다.

우리는 여기서 정구의 수양론과 그것을 기반으로 한 사물인식에 대한 논리의 기초를 발견할 수 있다. 즉 지경持敬을 통해 도달할 수 있는 성誠에로의 접근과 행의行義를 통해 획득할 수 있는 객관적 현실이 서로 맞물려 있다는 것이다. 이는 각각 선험성과 경험성을 담보하기 마련인데, 이 양자가 서로 배척적 관계에 있는 것이 아니라 상호 조화를 이루면서 보다 큰 세계 인식을 가능케 했다. 정구가 수양론에 근거한 선험적 가치와 경험적 가치를 동시에 추구한 결과라 하지 않을 수 없다. 따라서 정구의 다양한 작품은 「취생몽사탄」과 마찬가지로 수양론이 직접적으로 드러나는 것이 아니면, 여타의 작품처럼 그의 문학적 상상력에 기반한 변형이거나 증폭에 다름 아니다.

3. 사물에 대한 인식의 두 방향

정구는 사물인식에 대한 논리적 근거를 성리학자들이 가장 중시했던 '경의敬義'의 수양론에 두었다. 이는 안으로 마음을 밝혀 천天과 성誠에 도달하는 것이며, 밖으로 올바른 실천을 결단하는 것이다. 여기에는 당연히 선험성과 경험성이 각기 내포되기 마련이다. 성리학적 수양론에는 정존靜存과 동찰動察이 상호 보완적인 관계를 이루며 구조화되어 있기 때문이다. 다산茶山 정약용丁若鏞(1762-1836)이 「도산사숙록陶山私淑錄」에서 '대개 정존靜存하지 못하면 동찰動察할 수 없다. 그런데 정존靜存의 공부는 마땅히 어디에 힘을

---

44) 鄭逑, 「降仙樓記」(『寒岡集』 卷10, 『韓國文集叢刊』 53, 290쪽), "仙豈有異形而別種, 心淸 道通, 胸次瑩淨, 無物欲之累, 則吾斯仙矣."

써야 하는가? 주경主敬을 본本과 체體로 삼고, 궁리窮理를 용用과 말末로 삼아야 한다.'45)고 한 것도 같은 맥락에서 이해된다.

사물에 대한 인식방법은 대체로 세 가지로 요약된다. 관물찰리觀物察理의 이념적 인식, 관물찰형觀物察形의 즉물적 인식, 관물찰세觀物察世의 역사적 인식이 그것이다.46) 이념적 인식은 사물을 '이치'가 드러나서 유행하는 것으로 보고 대상 사물을 주체화하여 인식하는 것이다. 여기에는 선험성이 강하게 게재되기 마련이다. 즉물적 인식은 대상 사물을 객관적 존재물로 보고 있는 그대로 포착하는 것이며, 여기에는 선험성과 경험성이 동시에 작용한다. 그리고 역사적 인식은 객관 사물이 갖고 있는 역사적 의미를 주체적으로 재해석해내는 것이다. 여기에는 경험성이 다량 확보되어 있다. 정구의 작품에는 이 세 가지 방법론이 모두 적용되지만 본고에서는 논의의 선명성을 위하여 이념적 인식과 역사적 인식에 초점을 두기로 한다.

먼저, 정구의 이념적 사물인식에 대해서이다. 이는 그의 산수山水에 대한 애호정신과 밀착되어 있다. 이는 조선조 성리학자들의 작품에서 흔히 발견되는 것으로 정구 역시 마찬가지였다. 이천봉李天封의 전언에 의하면, '선생은 훌륭한 산수를 혹애酷愛하였다'면서 처음에는 한강정사寒岡精舍를 짓고 그 뒤에 천상정川上亭·어시헌於是軒·유정당幽靜堂·세심대洗心臺를 두었으며, 중년에는 회연초당檜淵草堂을 지어 그곳에 백매원百梅園·망운암望雲庵을 두었고, 만년에는 무흘산武屹山으로 숨어들었는데 거기에 와룡암臥龍巖·산천재山泉齋·만월담滿月潭 등 뛰어난 경치가 있었다47)고 했다. 우리는 여기서 평생

---

45) 丁若鏞, 「陶山私淑錄」(『與猶堂全書』第1集 卷23, 『韓國文集叢刊』281, 468쪽), "蓋不能靜存, 無以動察, 然, 靜存之工, 當如何著力, 主敬爲本爲體, 而窮理爲用爲末."

46) 이에 대해서는 정우락, 『남명학파의 문학적 상상력』(역락, 2009), 551-559쪽을 참조하기 바란다.

47) 『寒岡先生言行錄』卷3 張19, 「雜記」, "先生酷愛山水之勝, 早構寒岡精舍, 岡后有川上亭·於是軒·幽靜堂·洗心臺, 中年卜築檜淵草堂, 有百梅園·望雲庵, 晚年深邃武屹山中, 有臥龍巖·山泉齋·滿月潭之勝."

동안 자연 속에서 진리를 구하고자 했던 정구를 만나게 된다. 그가 가야산을 유람한 것도 같은 맥락에서 이해된다. 다음 단락을 보자.

　　산의 안쪽과 바깥쪽은 청색과 자주색, 황색과 백색이 어지러이 흩어져 무늬를 이루었는데, 각기 조물주를 따라 생성된 이치가 부여되어 있었다. 처음 누가 이렇게 시킨 것인지는 알 수 없으나 현란한 빛이 한데 섞여 서로 비추어 산을 유람하는 사람의 완상玩賞에 이바지하고 인자仁者가 돌이켜 인성을 구하는 일을 도울만하였다. 주자周子는 마당의 풀에서 생의生意를 완미했고, 맹자는 우산牛山의 나무가 베어지는 것을 한탄하였다. 비록 대소大小의 형세와 성쇠의 자취가 다르지만 군자가 사물을 보고 감회를 붙인 것에는 처음부터 같은 것이라 하겠다.[48]

　　1579년 9월 14일에 정구 일행은 가야산 제일봉에 올랐다. 거기서 '사방을 바라보니 끝없이 광활하고 아스라이 먼 산봉우리 끝에 하늘과 구름이 맞닿아 있는 것만 보인다'[49]면서 당시의 감동을 위와 같이 기록해 두었다. 정구는 여기에서 조물주의 위대한 천지창조를 생각하였다. 그리고 각각의 사물마다 '생성지리生成之理'가 있다고 보았다. 여기서 자연스럽게 염계濂溪 주돈이周敦頤(1017-1073)의 생의生意로 가득한 뜰의 풀과 맹자의 선한 본성이 상처받아서는 안 된다는 우산牛山의 비유를 떠올렸다. 위의 자료에서 '관물우회觀物寓懷'라는 정구의 발언은 주목할 필요가 있다. 사물을 바라보면서 나의 감회를 의탁한 것이니 사물인식과 근본적으로 결부되어 있기 때문이다. 그리고 주돈이와 맹자의 수양론적 명제들을 떠올리고 있으니, 정구 역시 이들과 마찬가지로 사물에 대한 이념적 인식에 철저하였던 것을 보여준

---

48) 鄭逑,「遊伽倻山錄」(『寒岡集』卷9,『韓國文集叢刊』53, 273쪽), "山之內外, 靑紫黃白, 散落成文, 各隨造物之天, 以寓生成之理, 初不知孰使之然, 而爛熳趣色, 混茫相映, 足以供遊人之賞, 而資仁者之反求. 周子庭草之玩, 孟子牛山之歎, 雖大小異勢, 盛衰殊迹, 君子之所以觀物寓懷, 則蓋未始不同也."

49) 鄭逑,「遊伽倻山錄」(『寒岡集』卷9,『韓國文集叢刊』53, 273쪽), "乃始登所謂第一峯者, 四望無際岸, 只見天雲相接於遠岫渺靄之端, 前所謂圓明奉天之觀, 皆不足道也."

다. 정구의 이념적 사물인식은 다음과 같은 시편에서도 두루 발견된다.

(가) 萬事浮雲似　　만사는 뜬 구름 같고,
　　　晴空我本然　　갠 하늘이 나의 본연이라네.
　　　身心同一養　　몸과 마음을 함께 길러서,
　　　思慮莫牽連　　잡된 생각에 끌리지 마세.50)

(나) 倚軒嘯傲半褰衣　난간에 기대어 옷을 반쯤 걷고 읊조릴 때,
　　　正是牛羊日夕歸　저물녘이 되어 소와 염소가 돌아온다네.
　　　階上踈篁新葉密　섬돌 위의 대숲엔 새잎 돋아 촘촘하고,
　　　澗邊叢柳舊枝稀　개울가 버들숲은 묵은 가지 듬성하네.
　　　魚于淵底無心躍　못 속에는 고기가 무심히 뛰놀고,
　　　鳶向天邊得意飛　하늘가에는 소리개가 마음껏 나네.
　　　萬事此時都莫說　수많은 세상일은 이때 말하지 말라,
　　　惟思陶子願無違　오직 도연명처럼 농사 잘 되기를 바랄 뿐.51)

　　(가)는 술재述齋 이심민李心憨(1566-?)에게 준 「증이근사贈李謹思」이다. '관물
우회觀物寓懷'를 창작의 중요한 원리로 생각하였던 정구는 그의 제자에게 시
를 주면서도 수양론적 과제를 적용시켰다. 여기에 제시되는 사물은 거의
이념화되어 있음을 알 수 있는데, 1구의 '만사萬事:부운浮雲'과 2구의 '청공晴
空:본연本然'을 대립적으로 제시한 것이 바로 그것이다. 전자는 없애야 할
것이고, 후자는 보존해야 할 것이다. 이것은 인욕과 천리를 대립적 시각에
서 보고 인욕을 닦아내고[修] 천리를 보존하며 기르자[養]라는 것으로 요약
된다. 이 때문에 3구에서는 '신심身心'을 함께 길러야 하며, 4구에서는 '사려
思慮'에 얽매여서는 안 된다고 할 수 있었다.

---

50) 鄭逑, 「贈李謹思」(『寒岡續集』卷1, 『韓國文集叢刊』53, 373쪽). 같은 곳의 「偶吟」역시
　　같은 시각에서 창작된 것이다. "期許平生古聖賢, 此心昭若日中天. 如何昏質兼憂病, 虛負
　　今將四十年."
51) 鄭逑, 「晴暉堂偶吟」(『寒岡集』卷1, 『韓國文集叢刊』53, 113쪽)

정구의 이 같은 생각은 (나)에서도 마찬가지로 나타난다. 이 작품은 청휘 당晴暉堂 이승李承(1552-1598)의 정자에서 지은 「청휘당우음晴暉堂偶吟」으로, 정 자 주변의 경관을 이념화하여 자신의 전원생활과 자기 수양이 적실하게 표 현되도록 하였다. 수련과 함련에서는 저물녘에 소와 염소가 돌아오는 정경, 새잎이 돋는 섬돌 위의 대숲, 묵은 가지가 듬성한 개울가의 버들숲 등 전원 을 묘사하였다. 이 같은 정경 속에서 정구는 우주만물의 생의를 느낀다. 경 련에서 제시한 '어약연비魚躍鳶飛'가 바로 그것이다. 두루 아는 것처럼 이것 은 못에서 자연스럽게 뛰노는 물고기와 하늘을 마음껏 나는 솔개를 통해 만물이 각자의 자리에서 생의生意를 얻은 활발발活潑潑의 경계를 나타낸 것 이다. 미련에서는 세상의 잡사와 일정한 거리를 유지하고 있었던 도잠陶潛 (365-427)의 삶을 통해서 이를 확인하고자 했다.

다음으로, 정구의 역사적 사물인식에 대해서이다. 역사적 사물인식은 사 물을 통해 역사적 현실을 읽을 때 적용된다. 정구는 네 차례의 사화가 거의 끝날 무렵에 태어났으니 비교적 사림파가 정치적으로 안정된 시기에 주로 활약하였다고 하겠다. 그러나 임진왜란을 경험하면서 사림파의 자체모순으 로 인한 분열현상이 나타나던 시대였음을 감안할 때, 그가 보냈던 세상에 대한 눈길이 결코 따스한 것만은 아니었다. 이 같은 입장에 서 있었기 때문 에 그는 피폐한 현실에 대해서도 남다른 관심을 가질 수 있었다. 특히 지방 관을 거치면서 그 지방이 갖고 있는 역사문화적 측면을 주목한다. 다음 자 료에서 이 같은 사정을 바로 알 수 있다.

(가) 느리게 하고 급하게 하는 것은 진실로 여느 때와는 다릅니다. 하지만 마땅히 해야 할 일을 겨를이 없다고 하여 지나쳐버릴 수는 없을 것입니다. 하물며 지금은 서적들이 모두 없어져서 만일 보고 들은 것을 수습해두지 않 으면 장차 후세에 보여줄 것이 없을 것입니다. 군정軍政에 응대하는 여가에 문관과 선비들로 하여금 각자 각 고을의 풍토와 인물에 관한 자료를 수집하 게 하여 장래 문헌에 대비토록 하는 것에 무슨 안 될 일이 있겠습니까?[52]

(나) 옛사람의 말에 '빌려간 책은 언제나 되돌려 주기가 더디다.'라고 하였는데, 이것은 1년이나 2년을 가리키는 것입니다. 『사강史綱』을 빌려드린 지 성기星紀가 바뀌어가려고 하니, 되돌려 주시기를 바랍니다. 저도 벼슬할 뜻을 끊고 강릉江陵으로 돌아가 그 책이나 읽으면서 소일하려고 감히 말씀드립니다.[53]

정구는 전쟁의 와중에도 『관동지』를 편찬하고자 하였다. 이에 제자 인재訒齋 최현崔晛(1563-1640)이 '지금은 적이 온 나라에 가득하여 나라 형편이 어렵고, 아군이 서로 호응하여 적을 물리치는 군사적인 일도 제대로 수행할 경황이 없는데, 이런 지리지를 편찬하는 것이 옳은지 모르겠습니다.'[54]라며 의문을 제기하였다. 위의 (가)는 바로 이에 대한 정구의 대답이다. 여기서 정구는 오히려 전쟁 때문에 서적이 없어지니 속히 수습해 놓지 않으면 후세에 보여줄 것이 없다면서, 여가를 이용하여 이 일을 하지 않을 수 없음을 강조하였다. (나)는 정구가 허균에게 『사강』을 빌려 오랫동안 돌려주지 않고 있었던 사정을 통해, 그의 역사에 대한 관심을 역으로 추적할 수 있다. 이 같은 현실에 대한 관심은 아래의 작품에서도 구체적으로 나타난다.

> (가) 官府山林事豈同　관청의 일과 산림의 일이 어찌 같으리?
> 　　勞勞役役簿書中　끊임없이 수고롭게도 장부와 문서를 뒤적이네.
> 　　民病未醫身病急　백성의 근심은 낫지 않고 신병만 깊어지니,
> 　　何如歸臥北窓風　북창으로 돌아가 눕는 게 어떠리?[55]

---

52) 崔晛, 「上寒岡先生問目」(『訒齋集』卷9, 『韓國文集叢刊』67, 325쪽), "緩急則固異矣, 惟所當爲, 不可以未遑而放過, 況今書籍蕩然散失, 若不收拾見聞, 將無以示後. 軍政酬應之餘, 令文官儒士, 各採列邑風土人物, 以備文獻之參證, 有何不可乎?"

53) 許筠, 「與鄭寒岡」(『惺所覆瓿稿』卷20 文部 17), "古人言借書常送遲遲之遲者, 指一二年也. 史綱之借上, 星紀將易, 幸擲還爲望, 鄙生亦絶志仕宦, 大歸江陵, 欲資此以敵閒也, 敢白."

54) 崔晛, 「上寒岡先生問目」(『訒齋集』卷9, 『韓國文集叢刊』67, 325쪽), "先生撰關東志, 方今賊滿疆域, 國勢扤捏, 策應軍務, 亦且不暇, 乃於此時, 撰集地志, 何如?"

55) 鄭逑, 「昌山衙閣偶吟」(『寒岡集』卷1, 『韓國文集叢刊』53, 111쪽)

(나) 壯志平生老未殘 　한평생에 품은 장한 뜻 늙어도 변함없어,
　　　新磨袖裏劍光寒 　새로 갈아낸 소매 속의 칼 빛이 싸늘하네.
　　　不須凍死虛堂夜 　텅 빈 집 한밤에 얼어 죽지 말아야지,
　　　白日同瞻萬國安 　밝은 날 온 세상의 평안함을 함께 보세나.56)

　정구는 여러 차례 벼슬을 사양하다가, 38세 때인 1580년 윤4월에 처음 창녕현감으로 부임한다. 앞의 작품명은 「창산아각우음昌山衙閣偶吟」인데 '창산'은 바로 창녕의 옛 이름이다. 이 작품에서 그는 관부官府의 일과 산림山林의 일을 거명하면서 자신의 본업은 산림의 일이라 생각하지만, 관부의 일이 무엇인가를 분명히 지적하고 있다. 그것은 바로 백성들의 고민을 해결하는 일이라는 것이다. 정구는 이를 민병民病과 신병身病으로 대비함으로써 백성의 병이 바로 자신의 병이라고 했다. 그러나 민병은 해결되지 않고 신병만 깊어가니 그 자신 산림으로 다시 돌아가야 하지 않을까 하고 고민하고 있었던 것이다.

　뒤의 작품은 승지로 숙직을 하면서 지은 「이승지입직차벽상동료운以承旨入直次壁上同僚韻」이다. 정구는 52세(1594년)와 53세(1595년) 사이에 동부승지, 우부승지, 좌부승지, 우승지 등을 제수 받아 사직하기도 하고 부임하기도 한다. 이 작품은 당시 정구가 승지로 입직하여 벽상에 '빈 집에서 언 거북은 죽어도 편안하리(龜凍虛堂死亦安)'라는 시구가 붙어 있는 것을 보고, 여기에 촉발되어 지은 것이다. 그는 이 시를 통해 위기의 현실을 극복하고자 하는 의지를 보였다. 3구의 '텅 빈 집에서 깊은 밤 얼어 죽는다'는 것이 위기의 현실을 나타낸 것이라면, 늙어도 시들지 않는 장지壯志(1구)와 갈고 닦은 소매 속의 칼 빛(2구)은 이를 극복하고자 하는 포부와 이 포부를 펴고자 하는 노력을 나타낸다. 이 같은 일련의 과정을 거치면서 그가 제시하고자 했던 것은 결국 '온 천하의 평안'(4구)이었다. 관리로서의 이상이 어디로 귀결되

---

56) 鄭逑, 「以承旨入直, 次壁上同僚韻」(『寒岡集』卷1, 『韓國文集叢刊』53, 112쪽)

고 있는가 하는 것을 여기서 확인하게 된다.

이처럼 정구는 때로는 구심력에 입각하여 내적인 천리의 세계를, 때로는 원심력에 입각하여 외적인 현실의 세계를 작품으로 형상화하였다. 여기에 작동하였던 것은 다름 아닌 성리학적 수양론이었다. 『주역』「곤괘」'문언'에서 경의敬義를 '경으로써 안을 바로하고, 의로써 밖을 반듯하게 한다(敬以直內, 義以方外)'라고 하였고, 정구의 스승 조식도 이를 변용하여 '안으로 밝게 하는 것이 경이요, 바깥으로 결단하는 것이 의(內明者敬, 外斷者義)'라고 하였듯이, 이 둘은 서로 보완적인 관계를 이루며 마음과 행동을 안팎으로 온전히 하고자 했다. 정구 역시 이를 적극적으로 받아들여 자연을 통해 자아를 성찰하고, 관직생활을 통해 현실을 구제하고자 했다. 이 같은 사물에 대한 두 방향의 접근은 그 핵심에 수양론이 깊이 내재되어 있기 때문에 가능한 것이었다. 다음 작품을 통해 논의를 조금 확장해 보자.

(가) 大丈夫心事　　대장부의 심사,
　　　白日與靑天　　밝은 해와 푸른 하늘같다네.
　　　磊落人皆見　　맑게 툭 트여 사람들이 모두 보니,
　　　光芒正凜然　　찬란한 그 빛 참으로 늠름하구나.57)

(나) 月沈空谷初逢虎　침침한 달밤 산골짜기에서 호랑이를 만나고,
　　　風亂滄溟始泛槎　바람이 거센 바다에 비로소 배를 띄운다.
　　　萬事莫於平處說　세상만사를 평탄한 곳에서만 말하지 말라,
　　　人生到此竟如何　인생이 여기에 이르면 마침내 어이하리?58)

수양론의 내적 목표는 청명한 자아를 확보하는 것이다. 앞의 작품은 「자성自省」으로 명나라 유학자 경헌敬軒 설선薛瑄(1389-1464)이 '대장부의 심사는

---

57) 鄭逑, 「自省」(『寒岡集』 卷1, 『韓國文集叢刊』 53, 111쪽)
58) 鄭逑, 「無題」(『寒岡集』 卷1, 『韓國文集叢刊』 53, 113쪽)

마땅히 푸른 하늘의 밝은 해와 같아서 사람들로 하여금 볼 수 있게 하여야 한다.'59)라고 한 것에 촉발되어, 정구는 시를 지어 스스로를 반성하는 격언으로 삼았다. 여기서 푸른 하늘의 밝은 해는 지봉芝峯 이수광李晬光(1563-1628)이 파악한 것처럼 '청명淸明'을 의미한다. 군자가 청명한 덕이 있으면 사람들이 모두 우러러 보는데, 그것은 마치 푸른 하늘의 밝은 해와 같기 때문이다.60) 정구는 이 작품의 제목을 「자성」이라 하고 있으니, 자기 성찰을 통해 도달하고자 하는 최종 지향점을 보인 것이라 하겠다.

앞의 작품이 수양론의 내적 성찰을 형상화한 것이라면, 뒤의 작품은 외적 성찰을 형상화한 것이다. 조심操心이 바로 그것이다. 수양론의 핵심개념인 '기심수렴其心收斂' 또한 이와 다르지 않다. 이 시는 1구와 2구가 서로 대구를 이루고 있으면서, 월침공곡月沈空谷과 풍란창명風亂滄溟이라는 험난한 상황 속에서 그것을 더욱 악화시키는 봉호逢虎와 범사泛槎를 제시하여 극단적 상황을 설정하였다. 이 때문에 그 반대편이라고 할 수 있는 평처平處에서도 앞서 제시한 상황을 생각하면서 조심하자는 것이다. 즉 처사處事와 접물接物에 있어서의 외적 성찰을 특별히 강조하고 있는 것이다. 이러한 사정 때문에 조선 말기의 유학자 후산后山 허유許愈(1833-1904)는 그의 제자 의재毅齋 송호완宋鎬完(1863-1919)에게 편지를 보내면서, 정구의 이 시를 특별히 들고, 항상 외우면서 그 뜻이 어디에 있는지를 깊이 생각해보라고 권유하기도 했다.61)

이상에서 우리는 정구의 사물에 대한 인식의 두 방향을 살펴보았다. 이

---

59) 薛瑄, 『讀書錄』 卷3(『欽定四庫全書』 子部), "大丈夫心事, 當如靑天白日, 使人得而見之可也."

60) 李晬光, 「薛文淸讀書錄解」(『芝峯集』 卷25, 『韓國文集叢刊』 66, 270쪽), "愚謂靑天白日, 言其淸明也. 君子有淸明之德, 則人皆仰而見之, 亦如靑天白日矣."

61) 許愈, 「答宋羽若」(『后山集』 卷7 張18), "近得寒岡先生無題詩, 詩曰, 月沈空谷初逢虎, 風亂滄溟始泛槎. 萬事莫於平處說, 人生到此竟如何. 學者, 有這箇意思, 方能前進, 而無人會得此意, 其委靡不振宜也. 幸足下須以此常常諷詠, 深究其指意之所在, 如何?"

를 통해 사물인식의 근간에 수양론이 깊이 내재해 있다고 보고, 관물찰리의 이념적 인식과 관물찰세의 역사적 인식이 각기 서로 다른 방향에서 구조화되어 있는 것을 관찰할 수 있었다. 이는 내적 심성을 바르게 하는 '경'과 외적 행위를 바르게 하는 '의'가 작동한 결과라 하겠는데, 유가사상의 핵심인 수기치인修己治人과 바로 맞물려 있기도 하다. 정구는 이 두 방향의 사물에 대한 접근방법을 시도하였으므로, 때로는 자연을 통해 천리자득의 세계를, 때로는 관리로서의 현실적 포부를 노래할 수 있었다. 이는 안으로 청명한 자아를 확보하고, 밖으로 만사에 대응하는 길을 동시에 열어 보다 큰 세계를 이룩할 수 있게 하였다.

4. 회통적 세계지향과 그 의미

정구는 사물을 두 방향으로 인식했다. 하나는 내적 이념적 인식이고, 다른 하나는 외적 역사적 인식이다. 이것은 물론 성·경·의를 핵심개념으로 한 수양론이 그 이면에서 강하게 작동한 결과이며, 이 때문에 다양한 작품을 통해 이것이 구체적으로 형상화될 수 있었다. 그러나 이 두 방향은 서로 대립되어 있는 것이 아니라, 상호보완적 관계를 유지하면서 보다 높은 차원의 회통적會通的 질서를 보여주고 있었다. 회통은 두 개 이상의 이질적인 요소가 만나 서로 소통疏通하는 것을 말한다. 여기서 우리는 정구 세계지향의 궁극을 읽어낼 수 있고, 이는 한강학에 있어 주요 특징을 이루는 것으로 생각된다.

한강학은 흔히 전체대용全體大用으로 요약한다. 이는 수기修己와 치인治人을 극대화한 용어로, 정구의 학문이 정밀하되 굉박하며, 투철한 학문적 인식과 사회적 실천을 담보하고 있다는 것을 보여준다. 여헌旅軒 장현광張顯光(1554-1637)이 스승 정구의 행장에서, '반드시 옛 성현의 전체대용全體大用의 학문을 따라 법으로 삼고자 하였으므로 그 뜻이 일찍이 작은 완성에 스스로 안주하지 않았다.'[62]라고 하거나, 신흠이 정구의 신도비명에서, '세상의 소위 유자儒者란, 높은 자는 한 가지에 치우치고 낮은 자는 비근한 데에 빠지고 마는데, 능히 전체대용全體大用과 진지실천眞知實踐에 힘을 써서 도道를 보위한 공이 있는 자는 오직 선생뿐이다.'[63]라고 한 것에서 이를 확인할 수 있다. 회통성 역시 한강학의 전체대용적 측면을 고려한 것인 바, 본 장은 바로 이러한 부분을 따져보기로 한다.

먼저, 한강학이 지니는 강안학江岸學으로서의 회통성에 대해서다. 이른바 강안학은 16세기 이후 낙동강 연안의 유학사상으로 낙동강 중류가 그 중심이 된다.[64] 여기에는 '한강학단寒岡學團'이라 할 수 있는 일련의 학단이 포진하고 있었으며 그 학맥은 근세까지 이어져 내려왔다. 한강학단이 바로 강안학단이라 할 수는 없지만, 이황과 조식 이후 한강학은 강안지역을 중심으로 영남에서 강력한 구심체를 형성하고 있었다. 상황의 이 같음을 인식할 때 한강학에 내재하고 있는 회통성은 정구가 주로 활동하였던 성주지역이 이황의 안동과 조식의 진주 사이에 있으며, 기호학畿湖學이 가장 빠르게 전파될 수 있는 낙동강 연안이라는 지리적 특수성과 일정한 관계를 맺고 있다는 것을 알 수 있다. 회통성은 기령학畿嶺學 및 퇴남학退南學의 회통으로 구성되어 있는데, 이를 차례대로 살펴보자.

기령학은 기호학과 영남학을 통합한 용어로, 정구의 학문적 배경에는 기

---

62) 張顯光, 「皇明朝鮮國, 故嘉善大夫司憲府大司憲兼世子輔養官, 贈資憲大夫吏曹判書兼知義禁府事寒岡鄭先生行狀」(『旅軒集』 13, 『韓國文集叢刊』 60, 235쪽), "必欲追古聖賢全體大用之學, 而爲之則焉. 故其志則未嘗自安於小成矣."

63) 申欽, 「鄭寒岡神道碑銘幷序」(『象村稿』 26, 『韓國文集叢刊』 72, 95쪽), "世之所謂儒者, 高者偏於一節, 下者淪於卑近, 其克用力於全體大用, 眞知實踐, 能有衛道之功者, 唯先生而已."

64) 江岸學에 대해서는, 정우락의 「江岸學과 高靈儒學에 대한 試論」(『退溪學과 韓國文化』 43, 경북대 퇴계연구소, 2008)을 참조할 수 있다. 강안학은 會通性, 實用性, 獨創性을 주요 특징으로 하는데, 본고에서는 회통성을 중심으로 살펴보기로 한다.

령학의 회통성이 보인다. 정구의 학통을 논할 때 집경수업執經受業을 하지 않았지만 우리는 가장 먼저 이황과 조식을 떠올린다. 그러나 이 밖에도 대곡大谷 성운成運(1497-1579) 및 율곡栗谷 이이李珥(1536-1584) 등과도 긴밀한 친교를 맺으면서 그의 학문은 더욱 깊어갔던 것으로 보인다. 이 때문에 상촌象村 신흠申欽(1566-1628)은 '선생의 문벌 세계世系는 한훤寒暄으로부터 나왔는데, 일찍이 퇴도退陶의 문정에 올라 연원이 있는 학문을 들어 알았고 또 남명南冥과 대곡大谷 사이에 유학하여 그 지기志氣를 갈고 닦았다.'65)라고 할 수 있었다. 그리고 남계南溪 박세채朴世采(1631-1695)는 '한강이 율곡을 크게 공경하였는데, 사모하고 좋아하는 것이 얕지 않았다.'라고 하면서 정구의 율곡학栗谷學에 대한 조예를 언급하기도 했다.66) 이이의 동생인 옥산玉山 이우李瑀(1542-1609)와의 선교善交도 같은 입장에서 이해된다. 다음 자료를 보자.

　　저는 요즘 가야산伽倻山 아래 가천伽川 가에 초당을 새로 지었는데, 매화 나무 100그루와 대나무 10여 뿌리를 심고 거문고와 서책을 갖추어둠으로써 이들을 한적한 생활의 벗으로 삼을 생각입니다. 혹 형께서 그린 매화와 대 나무 그림 너덧 폭을 얻어 저의 청아한 감상을 도울 수 있도록 해줄 수 있 겠는지요? 몇 이랑의 안개 낀 강, 몇 겹의 구름 깔린 산과 포도 한두 그루며, 물풀 한두 잎까지 포함하여 가슴 속에 있는 기발한 착상을 아끼지 말아 주시기 바랍니다. 초당 벽에 붙여두고 이 흐린 눈을 맑게 하기를 원하는데 어떻게 생각하시는지요?67)

---

65) 申欽, 「鄭寒岡神道碑銘幷序」(『象村稿』 26, 『韓國文集叢刊』 72, 95쪽), "先生家世之傳, 出於寒暄. 而早登退陶之門, 聞淵源之學, 且遊於南冥・大谷間, 淬礪其志氣."

66) 朴世采, 「記少時所聞」(『南溪集』 57, 『韓國文集叢刊』 140, 177쪽), "又曰寒岡大敬栗谷, 慕好不淺, 嘗見白沙李公所撰栗谷碑文, 歎曰 儘是好文章, 第形容叔獻之學, 豈可如是凡率之甚乎?"

67) 鄭逑, 「與李季獻瑀」(『寒岡集』 卷5, 『韓國文集叢刊』 53, 194쪽), "僕近就郥山之下, 伽水之上, 新築茅棟, 種梅百株, 種竹十叢, 蓄琴蓄書, 以爲幽居之契矣. 儻得高畫梅竹各四五軸, 助我淸賞否? 數頃煙波, 數疊雲山與葡萄一兩架, 水草一兩葉, 幷勿惜一寫胸中之奇, 願付之壁間, 醒此昏眸也, 如何如何?"

이우는 시詩・서書・화畵・금琴 4절로 유명하다. 어머니 사임당師任堂 신씨申氏(1504-1551)의 예술적 감각을 이어받아 초충草蟲・사군자四君子・포도葡萄 등을 잘 그렸다고 한다. 정구는 회연초당을 짓고 매화 100그루를 심어 백매원百梅園이라 하였는데, 여기에 어울리는 그림을 이우에게 부탁하였던 것이다. 정구는 이처럼 이이 형제 등 기호지방의 학인들과 교유가 깊었다. 이 같은 분위기 속에서 박세채는 이이와 정구의 관계를 특기하였고, 이식은 정구를 들어 '완인完人'으로 높일 수 있었으며, 한말에 정구와 장현광의 사승시비인 한려시비寒旅是非가 일어나자 연산連山의 김장생金長生 후손과 회덕懷德의 송시열宋時烈 후손들은 정구의 후손들을 적극적으로 지지하고 나설 수 있었던 것이다.[68]

퇴남학은 퇴계학과 남명학의 통합한 용어로, 한강학은 이 두 학문을 회통하면서 새로운 지평을 열었다. 정구에게 『주역』을 처음으로 가르쳤던 덕계德溪 오건吳健(1521-1574)이 그러하였듯이 그 역시 이황과 조식을 나란히 스승으로 모셨다. 21세에 이황을 만나 『심경』을 질의하고, 24세에 조식을 만나 출처에 대하여 인정을 받으면서 그의 학문은 안으로는 더욱 깊어지고 밖으로는 더욱 확장되었다. 이 때문에 정구는, 거경居敬으로 본성을 오랫동안 함양하고 나아가 천리天理가 자연히 밝아질 수 있다고 하기도 하고,[69] 집의集義를 통해 호연지기浩然之氣를 기르면서 지대至大・지강至剛・이직以直의 덕목을 이해하고자 하기도 했다.[70] 단순화시키면, 이 둘을 아우르는 것

---

68) 이 부분에 대해서는 정구의 13대손 省齋 鄭在夔(1857-1919)가 쓴 『太學日記』에 자세하다. 이 일기는 초고본의 형태로 전해진다. 이에 의하면 정재기가 1898년 寒旅是非의 문제로 서울의 성균관을 찾으면서 그 도중에 있는 連山과 懷德의 金長生과 宋時烈의 후손을 찾게 되는데, 이들은 정재기를 적극적으로 지지하고 나선다.

69) 鄭逑의 「讀書帖」(『寒岡續集』 卷4, 『韓國文集叢刊』 53, 406쪽)에 잘 나타난다. 이 『독서첩』은 『性理大典』과 『心經』, 그리고 『近思錄』 등의 독서과정에서 함양하여 천리를 기르는데 도움이 되는 글귀들을 발췌・편집한 것이다. 이 글에서 일관되게 강조되는 것은 '居敬'이다.

70) 鄭逑의 「養浩帖」(『寒岡續集』 卷4, 『韓國文集叢刊』 53, 402쪽)에 잘 나타난다. 이 「양호

은 이황과 조식의 특장처特長處를 아우르는 것이기도 하다. 다음을 보자.

(가) 모름지기 안[마음]을 곧게 하는 것이 주일主一의 뜻이다. 감히 속이지 않는 것과 감히 거만하지 않는 것, 혹시라도 옥루屋漏에 부끄럽지 않을까 하는 것이 모두 경敬의 일이다. 다만 이것을 지니고 함양하는 것을 오래도록 하면 자연히 천리가 밝아진다.[71]

(나) 호연지기浩然之氣는 천지의 바른 기운으로 이것이 크게 되면 존재하지 않는 곳이 없고, 강해지면 굽히는 것이 없다. 곧은 도로써 이치理致에 순응하여 기르면 천지에 충만해진다. 의義와 도道에 짝하는 것으로서, 그 기가 모두 의에 근본을 두고 도에 있지 않은 것이 없다. 하나라도 사심이 있게 되면 굶주리게 된다. 이는 의가 모여 생기게 한 것으로, 모든 일에 다 리가 있고 의가 있어 그렇게 된 것이지, 밖으로부터 나를 엄습하여 취한 것은 아니다.[72]

(가)는 「독서첩讀書帖」의 일부이며, (나)는 「양호첩養浩帖」의 일부이다. 이 두 편의 글에서 정구는 거경居敬과 집의集義를 각각의 중심 개념으로 삼았다. 거경은 이황이 특별히 강조한 부분인데 집의는 거경을 통해 자연스럽게 이루어진다고 보았기 때문이다. 조식의 경우는 거경 못지않게 집의를 강조하며 양기養氣의 측면 역시 다양한 자료를 통해 드러냈다. 상대적으로 볼 때 거경과 집의는 각각 이황과 조식 수양론의 핵심을 이루고 있는 것이

첩」은 『二程遺書』에서 관련된 글귀를 발췌·편집한 것이다. 이 글에서 일관되게 강조되는 것은 '集義'이다.

71) 鄭逑,「讀書帖」(『寒岡續集』卷4,『韓國文集叢刊』53, 406쪽), "須是直內, 乃是主一之義, 至於不敢欺, 不敢慢, 尙不愧于屋漏, 皆是敬之事也. 但存此涵養久之, 自然天理明." 정구는 이 문장의 '不愧'를 따서 방의 이름을 '不愧寢'이라 했다. 이 현판은 현재 성주군 수륜면 소재의 회연서원에 보인다.

72) 鄭逑,「養浩帖」(『寒岡續集』卷4,『韓國文集叢刊』53, 402쪽), "浩然之氣, 天地之正氣, 大則無所不在, 剛則無所屈, 以直道順理而養, 則充塞於天地之間, 配義與道, 氣皆主於義而無不在道, 一置私意則餒矣. 是集義所生, 事事有理而在義也, 非自外襲而取之也."

라 할 수 있다. 퇴계학과 남명학의 회통성을 보유하고 있는 한강학에는 이에 대한 깊은 성찰이 내재되어 있다. 구체적으로는 고인들의 격언 속에서 이를 찾아 첩帖을 만들고 그 스스로 깊이 체득하고자 했던 것이다.

다음으로, 한강학이 지니는 궁리窮理와 치용致用의 회통성에 대해서다.[73] 우리는 흔히 정구의 학문적 성향을 논할 때 굉박성宏博性을 그 특징으로 삼는다. 한강학이 전체대용적全體大用的 입장을 취하기 때문에 가능한 것이다. 성리학자들은 대체로 문학 내지 문장에 대한 신뢰성을 갖지 않아 그들의 문집은 대체로 빈약하다. 김굉필, 정여창, 조광조, 조식 등의 경우를 보면 이러한 사실은 쉽게 발견된다. 그러나 정구의 경우 이들과 사정이 다르다. 성리학에 입각한 심성공부에 주력하면서도 저술활동에 적극적인 노력을 보였기 때문이다. 한강학에서는 내적 궁리와 외적 치용이 서로 맞물리면서 이를 가능케 하였고, 이 두 세계지향이 서로 다른 방향에서 통일되면서 그의 정신세계는 확장되어갔다. 이것은 정구의 개방적인 저술을 분석해 보면 어렵지 않게 납득이 간다.[74]

궁리는 명도明道를 위한 것으로 성리학의 체계적인 이해에 바탕을 두고 있다. 정구의 다양한 저작물 가운데 여기에 해당하는 것으로는 『주자서절요총목朱子書節要總目』(31세), 『중화집설中和集說』(56세), 『성현풍범聖賢風範』(59세), 『심경발휘心經發揮』(61세), 『염락갱장록濂洛羹墻錄』(62세), 『수사언인록洙泗言仁錄』(62세), 『와룡암지臥龍巖志』(62세), 『곡산동암지谷山洞庵志』(62세) 등이 있다. 책의 제목을 일별해 보더라도 이 책들이 주자학 내지 성리학과 관련이 있다는 것을 바로 알 수 있다. 특히 62세 때 쓴 『곡산동암지』는 주자가 도를 강론

---

73) 정구의 학문성향을 窮理居敬과 致用的 측면에서 주목한 것은 이른 시기부터 있어왔는데, 李相弼의 「寒岡의 學問性向과 文學」(『南冥學研究』 1, 경상대 남명학연구소, 1991)이 대표적이다.

74) 정구의 저술은 蘆谷精舍의 화재(72세, 1614년)로 거의 소실되었다. 그러나 타고 남은 것을 수습하여 일부는 다시 편찬하기도 하였다. 그 방대성은 남은 것만으로도 이황과 조식 문하에서 독보적이다.

하거나 깃들어 살았던 장소인 운곡雲谷·무이산武夷山·백운동白鹿洞·회암晦庵 등지와 관련된 서序·기記·제영題詠·사적事蹟 등을 수집하여 책을 만들고 그 서명으로 삼은 것이다.[75] 정구는 이를 통해 성리학적 이치를 구명하고자 했던 것이다.

> 사람은 오직 미미한 하나의 마음으로 갈라진다. 요堯와 순舜이 되는 것도 여기에 달려 있고, 걸桀과 도척盜跖이 되는 것도 여기에 달려 있으며, 상등으로 천지와 함께 서서 만물의 화육을 돕는 것도 여기에 달려 있고, 하등으로 초목과 다름없고 금수로 돌아가는 것도 여기에 달려 있다. 아! 경계하지 않겠는가? 대개 그 갈림길의 요체는 경敬 한 글자에서 벗어나지 않는다. 요순의 정일精一에 대한 가르침으로부터 말하자면 오직 정밀하고 오직 한결같이 하라는 것이 경敬이 아닌가? 상제가 오신 것처럼 엄숙히 하고 군자를 벗 삼는 것처럼 두려운 마음을 지니며, 간사한 마음을 막고 진실된 마음을 보존하며, 분한 마음을 징계하고 사욕을 막으며, 선은 반드시 실천하고 허물은 반드시 고치되, 고치기를 당장 하여야 한다. 이러한 일 가운데 어느 것이 경敬을 위주로 하지 않는 것이 있겠는가?[76]

이 글은 1603년 8월에 쓴 「심경발휘서」의 들머리이다. 정구가 경敬개념을 중심으로 한 궁리적 측면을 얼마나 중시하고 있는가 하는 것을 바로 알 수 있다. 이 밖에도 『수사언인록洙泗言仁錄』을 편찬하여 인仁의 보존이 바로 천리를 보전하는 길임을 깊이 자각하기도 했다. '사람으로서 인仁하지 못하면 사람이라고 할 수 없는데, 인仁은 사욕이 완전히 사라지고 천리가 온전

---

75) 『寒岡先生年譜』 卷1, 62歲條, "先生一生尊尙朱子, 至於講道棲息之地, 亦莫不想像欽慕, 乃裒聚雲谷·武夷山·白鹿洞·晦庵等地序記題詠事蹟, 合爲一書而名之."
76) 鄭逑,「心經發揮序」(『寒岡集』 卷10, 『韓國文集叢刊』 53, 283쪽), "人惟一心之微, 而爲堯爲舜者在是, 爲桀爲跖者在是, 上焉而參天地贊化育者在是, 下焉而同草木歸禽獸者亦在是, 吁其可警也. 夫要其幾, 不越乎敬之一字而已. 自堯舜精一之訓, 而所以精之一之者, 非敬矣乎? 肅然如上帝之臨, 惕然若君子之友, 邪思閉而誠思存, 忿思懲而慾思窒, 善必遷而過必改, 改又必於不遠, 孰非以敬爲主乎?"

히 보존되지 않으면 인仁이라고 말할 수 없다.'[77]라고 한 것이 그것이다. 우리는 여기서 정구가 경敬개념을 중심으로 궁리를 집요하게 강조한 이유를 알게 된다. 곧 인仁을 확보하여 심성에 천리를 담지하고, 이것으로 성인의 경계에 나아가고자 하였던 것이다.

치용은 학문의 실용성을 확보하는 방향으로 진행되었다. 정구는 이 방향에서도 꾸준히 서적을 편찬하였는데, 지지地志・역사서歷史書・인물지人物志・의약서醫藥書 계열이 여기에 해당한다. 지지로서는 『창산지昌山志』(38세)・『동복지同福志』(42세)・『함주지咸州志』(45세)・『통천지通川志』(50세)・『임영지臨瀛志』(52세)・『관동지關東志』(54세)・『복주지福州志』(65세) 등이 있고, 역사서로서는 『고금충모古今忠謨』(56세)・『치란제요治亂提要』(64세)・『역대기년歷代紀年』 등이 있으며, 인물지로는 『고금인물지古今人物志』(65세)・『선현속록先賢續錄』(65세) 등이 있고, 의약서로는 『의안집방醫眼集方』(58세)・『광사속집廣嗣續集』(72세) 등이 있다. 이 가운데 다음 자료를 주목해 보자.

(가) 함주 고을은 땅이 넓지만 물산이 풍부하지 못하고, 백성들은 질박하나 풍속이 순후하지 못하다. 옛날을 살펴보면 높은 벼슬을 한 사람이 배출된 적이 없지 않지만 오늘날 찾아보면 오히려 증명할 만한 문헌이 없는 실정이다. 어떻게 이렇게 되었을까? 어찌 함주의 수치가 아니겠는가? 나는 불민하지만 이 고을에 수령으로 있는데, 만일 나의 후임이 문헌을 묻는다면 나는 또한 장차 무엇으로 대답을 할 수 있을 것인가?[78]

(나) 내가 일찍이 생각하건대, 인도人道가 천지를 이어 인寅에서 처음 열려 대대로 이어져 지금까지 계승되어 왔다. 혹 한 사람의 몸에서 불행히도

77) 鄭逑,「書洙泗言仁錄後」(『寒岡集』卷9, 『韓國文集叢刊』53, 258쪽), "人而不仁, 不可以爲人, 仁非私欲盡而天理全, 不足以言仁."
78) 鄭逑,「咸州志序」(『寒岡集』卷10, 『韓國文集叢刊』53, 284쪽), "咸之爲郡, 地廣而物不能阜, 民質而俗不能淳, 求之於古, 非無搢紳之輩出, 而質之於今, 尙無文獻之可徵, 胡爲其然哉? 豈非咸之可羞乎? 余之不敏, 旣叨於玆, 使後於今者, 復有問焉, 則余亦將何以爲辭哉?"

대가 끊긴다면 살아서 홀아비가 되고 죽어서는 곤궁한 귀신이 될 것이니 이어찌 슬프지 않겠는가? 만일 이를 구제할 방법이 있다면 어진 사람이 마땅히 마음을 다해야 할 만한 일일 것이다.[79]

(가)는 「함주지서咸州志序」의 일부로 『함주지』를 편찬하는 이유를 말한 부분이다. 정구는 창녕현감으로 관직생활을 시작하게 되는데 부임하는 곳마다 읍지를 편찬한다. 고을을 제대로 다스리기 위해서는 그 고을과 관련한 자료가 구비되어야 하는데, 정구는 이를 깊이 자각하고 읍지 편찬에 진력하였던 것이다. (나)는 『광사속집廣嗣續集』을 편찬하면서 쓴 서문의 일부이다. 『광사속집』은 명나라 유교兪橋의 『광사요어廣嗣要語』를 계승한 것인데, 산부인과적 의서에 해당한다. 1614년에 편찬한 이 책은 당대의 현실상황과 밀접한 관련이 있다.[80] 정구는 이보다 앞서 1611년에는 성주의 읍성 서문 밖에 의국醫局을 설치하여 임란 이후 병고에 시달리는 백성들을 질병으로부터 구제하고자 하기도 했다.[81] 이러한 몇 가지 사실을 통해 우리는 한강학에 내재되어 있는 치용성致用性을 분명히 알게 된다.

그렇다면 한강학의 회통성은 어디로 귀결되는가? 이상에서 논의한 것처럼 한강학에는 회통성이 깊숙이 내재되어 있다. 학문 외적으로는 지역과 스승을 넘나들며 기령학과 퇴남학이 회통하고, 학문 내적으로는 전체대용全體大用의 논리에 입각하여 궁리窮理와 치용致用이 서로 회통하고 있었던 것이다. 여기서 우리는 정구가 조선의 대표적인 예학자禮學者임을 상기할 필요가

---

79) 鄭逑, 「廣嗣續集序」(『寒岡集』 卷10, 『韓國文集叢刊』 53, 286쪽), "余嘗念自人道之繼天地而始開於寅, 世世相續, 以至於今, 而或不幸見絶於一人之身, 生爲獨夫, 死爲窮鬼, 豈不誠惻然可悲哉? 如有可救之道, 仁人之所當盡心處也."

80) 『광사속집』의 편찬은 정구가 임진왜란을 거치면서 백성들의 수많은 죽음으로 인한 절손을 경험했기 때문이다. 이로 인해 그는 '이 책이 인류를 늘이는데 반드시 일조를 할 수 있을 것'이라면서 편찬의 이유를 밝히기도 했다.

81) 宋熀(1631-1701)이 지은 「星州醫局重修記」에 이 사실이 잘 드러난다. 이 문건은 2016년 4월 28일 경상북도의 문화재자료 제642호로 지정되었다.

있다. 예학은 천리天理와 인사人事의 회통성을 근간으로 하고 있기 때문이다.[82] 정구는 예학 방면의 저서로, 『가례집람보주家禮輯覽補註』(31세)·『혼의昏儀』(37세)·『관의冠儀』(40세)·『오선생예설분류五先生禮說分類』(61세)·『오선생예설분류개찬五先生禮說分類改撰』(72세)·『예기상례분류禮記喪禮分類』(73세)·『오복연혁도五服沿革圖』(75세) 등을 남긴다. 이 가운데 「오선생예설분류서五先生禮說分類序」의 들머리는 이러하다.

> 예는 천리가 현상으로 드러난 것이고 인사의 법칙이 되는 것이다. 그것을 흩으면 예의禮儀 삼백 위의威儀 삼천으로 질서가 있고, 집약하면 각자의 몸과 마음에 근간이 되는 것으로 일찍이 잠깐이라도 군자의 몸에서 떠난 적이 없다. 도덕과 인의가 이것으로 이루어지고 군신과 부자, 그리고 형제가 이것으로 정해진다. 이 때문에 고인들은 보고 들으며 말하고 행동하는 등의 가까운 것에서부터 멀리로는 가정과 고을 및 나라에 이르기까지 성경誠敬을 쓰지 않은 경우가 없었다.[83]

이 자료에서 보듯이 정구는 예가 '천리天理의 절문節文'이면서 '인사人事의 의칙儀則'임을 먼저 자각하고, 가까이로는 자신의 신심身心으로부터 멀리로는 방국邦國에 이르기까지 두루 적용된다고 하였다. 여기서 우리는 예가 수기修己와 치인治人을 위한 것임을 알 수 있다. 즉 예는 우주의 질서를 인간의 심성 속에 내재화시켜 구체적 상황에 알맞은 행동이나 생활규범, 그리고 사회제도 등으로 나타난다는 것이다. 인간이 우주의 자연 법칙에 순응하여 거기에 알맞게 생활하기 위한 행동강령이나 규칙이 바로 예라면, 이 예의 근간을 이루고 있는 것을 정구는 성경誠敬이라고 하였다. 우리는 여기서 사

---

82) 『論語』「學而」朱子註, "禮者, 天理之節文, 人事之儀則也."
83) 鄭逑, 「五先生禮說分類序」(『寒岡集』卷10, 『韓國文集叢刊』53, 282쪽), "節文乎天理, 而儀則乎人事, 散之爲三百三千之有秩, 統之爲一身一心之所幹, 未嘗斯須去乎君子之身, 道德仁義以之而成, 君臣父子兄弟以之而定, 所以古之人, 自視聽言動之近, 達之家鄕邦國之遠, 無所不用其誠敬焉."

물인식의 논리적 기초가 되었던 수양론의 핵심 개념을 다시 만나게 되고, 이것으로 귀결되는 한강학의 회통적 의미의 귀결처 역시 확인하게 된다.

서상敍上한 바와 같이 한강학에는 회통적 세계지향이 강하게 내재되어 있다. 기호학과 영남학의 회통과 퇴계학과 남명학의 회통이 바로 그것이다. 기령학과 퇴남학이 대체로 상호교유와 사승관계에 의해 마련된 것이라면, 전체대용全體大用으로 요약되는 궁리와 치용의 회통성은 학문 내적인 특징을 이루며 한강학을 구성한다. 성리학은 물론이고 문학·예학·역사학·지리학·의약학 등 전방위적인 그의 학문경향을 보면 쉽게 납득이 간다. 특히 예학은 본질적으로 천리와 인사의 회통성에서 출발한다는 점을 감안할 때, 한강학의 회통성 역시 수양론에 근거하고 있다는 것을 알 수 있다. 이로써 사물인식의 기초논리를 제공하는 정구의 수양론은 한강학의 처음이자 마지막이라 해도 과언이 아니다.

5. 맺음말

본 논의는 한강寒岡 정구鄭逑(1543-1620)의 사물인식이 어떠한 방법으로 이루어지고 있으며, 이를 통해 그가 지향한 궁극의 세계는 무엇인가 하는 문제를 탐구하기 위한 것이다. 이 과제를 수행하기 위하여 먼저, 성誠·경敬·의義를 핵심개념으로 하는 성리학적 수양론을 살펴볼 필요가 있었다. 정구는 이들 개념에 민감하게 반응하면서 청소년기부터 노년에 이르기까지 꾸준히 수양론을 중심으로 사유하고 행동하였다. 즉 지경持敬을 통해 한편으로는 명성明誠으로 수렴하고 다른 한편으로 행의行義로 확산하면서 사물인식에 대한 논리의 기초를 마련하였던 것이다. 이는 정구가 수양론에 근거한 선험적 가치와 경험적 가치를 동시에 추구한 결과라고 하지 않을 수 없다.

정구 사물인식의 두 방향은 이념적 인식과 역사적 인식으로 구조화되어 있다. 이 때문에 자연을 통한 천리자득의 세계와 관리로서의 현실적 포부를 함께 작품화할 수 있었다. 두 방향의 사물인식은 상보 내지 조화를 잃지 않았고, 이 같은 내외상양적內外相養的 성향은 한강학의 회통적 세계지향을 가능케 하는 중요한 원리로 작용하였다. 기호학과 영남학의 회통, 퇴계학과 남명학의 회통으로 이는 구체화되며, 전체대용全體大用에 근거한 궁리와 치용의 회통도 예학이라는 귀결처가 마련되면서 그 선명성을 확보하였다. 우주의 질서를 인간의 구체적 생활규범이나 사회제도에 적용시키는 것이 바로 예학이기 때문이다.

한강학에 깊이 내재되어 있는 회통성은 결국 천인합일이라는 성학聖學의 궁극처를 추구하는 과정에서 마련된 것이라 하겠다. 여느 문인들이 그러하였듯이 한강은 이를 관념적으로 이해하는데 그치지 않았다. 심학과 역사지리학 혹은 의약학을 아우르는 전방위적 학문분야는 말할 것도 없고, 그 저술의 호한성浩瀚性은 이를 설명하는 좋은 예가 된다. 그러나 수양론에 입각한 천인합일의 구심력을 갖추고 있었기 때문에 많은 저작물이 있음에도 불구하고 상호 분열 현상이 발생되지는 않는다. 즉 원심력에 입각한 서로 다른 방향의 저술이 이루지고 있었지만 수양론적 구심성을 강하게 유지하고 있었다는 것이다. 그 구심력 안에 다음과 같은 합일적 세계인식이 놓여 있음은 물론이다.

海也人知集大成	바다는 사람들이 집대성이라는 것을 알지만,
一湖誰認聖之淸	호수 속에 성스런 맑음이 고여 있음을 누가 알겠는가?
靑山凝寂心如靜	푸른 산은 고요함을 머금어 마음이 고요해진 듯하고,
白水涵虛德似明	흰 강은 허공을 담아 덕이 밝은 듯하다.
雨後秋容眞玉色	비 갠 뒤 가을 풍경은 참으로 옥색 같고,
馬前沙響是金聲	말굽 앞의 모래소리 울림은 금 부딪는 소리라네.
古亭獨坐忘機處	옛 정자에 홀로 앉아 세상만사 잊으니,

俯仰瞻聆摠性情 부앙俯仰하며 보고 들음이 모두 성정이로다.[84]

이 작품은 귤산橘山 이유원李裕元(1814-1888)이 『임하필기林下筆記』에서도 특기하고 있지만, 정구가 사선정四仙亭[85]에서 선조先祖인 문간공文簡公 원재圓齋 정추鄭樞(1333-1382)의 시를 차운한 것이다. 52세 때 강릉부사로 재직할 당시로 보인다. 바다가 갖는 회통성, 즉 세류의 집대성集大成을 자각하면서 인간과 자연의 합일을 묘파하였다. 수련의 '해海:집대성集大成'과 '호湖:성지청聖之淸', 함련의 '청산靑山:심여정心如靜'과 '백수白水:덕사명德似明'이 모두 그것이다. 인간이 지녀야 할 덕목을 자연에 결부시켜 이 양자 사이에 어떤 간극도 없게 하였다. 정구는 여기서 자연과 인간은 '응적凝寂'과 '함허涵虛'를 통해서 합일될 수 있다며 수양방법을 제시하기도 했다. 그리고 미련에서 보듯이 굽어보고 우러러 보는 자연 모두가 인간의 성정性情 아닌 것이 없다고 하면서 '자연'과 '인간'의 합일을 명시화하였다. 여기서 우리는 한강학에 내재한 다양한 이질적 요소들이 합일의 논리를 통해 회통하고 있음을 확인하게 된다.

본 연구는 정구의 수양론이 사물인식 방법의 기초가 된다는 점, 이념적 인식과 역사적 인식이 방향을 달리하여 함께 나타나지만 보다 큰 세계인식으로 귀결된다는 점 등을 밝혔다. 그럼에도 불구하고 여전히 풀어야 할 과제들이 연구자들 앞에 다량 놓여있다. 예컨대, 본고에서 잠시 언급한 것이긴 하지만 기령학과 퇴남학의 구체적 회통성은 어떤 학문내용으로 구성되어 있으며, 정구의 회통성이 낙동강 연안을 중심으로 형성하고 있었던 '강안학파'에 어떻게 계승되고 있는가 하는 것이 그것이다. 이뿐만 아니라 성리학자들의 사물인식 방법을 문학연구의 일반이론으로 체계화할 수 없는가

---

84) 鄭逑, 「四仙亭, 仰次先祖文簡公韻」(『寒岡續集』 卷1, 『韓國文集叢刊』 53, 373쪽)
85) 강원도 고성군의 三日浦에 있는 정자로 관동8경이 시작하는 곳이다. 신라 때 永郎·述郎·南石行·安詳 등 네 화랑이 이곳에 왔다가 아름다운 경치에 매료되어 3일 동안 머물렀다고 하여 삼일포라는 이름이 생겼다고 한다.

하는 부분도 시간을 두고 고민해 볼 만하다. 이를 통해 많은 과제들을 해결할 수 있기 때문이다.

사상사적 측면에서 볼 때 한강학은 독특한 위치에 있다. 퇴남학을 회통하면서 두 갈래의 길을 만들어 후대로 이어주기 때문이다. 한 갈래가 장현광을 통한 영남 내륙의 주리적 전통과 연결된다면, 다른 한 갈래는 허목을 통한 근기지방의 실학계열과 결합된다. 한강학을 전체대용全體大用의 입장에서 관찰할 때, 전자는 '전체'의 측면에서 사물에 대한 이념적 인식이 강조되었다면, 후자는 '대용'의 측면에서 사물에 대한 역사적 인식이 강조되었다. 이것은 하나의 가설이기는 하지만, 영남학의 정립을 의미하는 이황과 조식의 시대 이후, 정구와 그 문인들이 어떤 학문적 역량으로 조선 중후기의 지성사를 이끌어가고 있었는지를 간파할 수 있다.

1980년대 중반에 비로소 한강학 연구가 시작되었고, 이후 여러 편의 논문이 발표되었지만 아직까지 이렇다 할 만한 대표적인 성과물이 나오지 않고 있다. 연구자들의 자유로운 연구가 꾸준히 진행되면서도 한강학의 전체적인 구도 속에서 연구가 기획되고, 그 기획에 의거하여 지속적인 성과물들이 제출되어야 한다. 거시적으로는 영남학이나 한국학의 자장 속에서 한강학의 위상을 밝히고, 미시적으로는 일기 등의 자료를 충분히 활용하면서 인적 관계망 속에서 한강학의 특징을 파악할 수도 있어야 한다. 이 같은 체계적이면서도 역동적인 연구과정을 통해 우리는 퇴계·남명학과는 또 다른 소통과 공존을 위한 제3의 영남학을 발견하고, 이것이 지닌 사상사적 의미를 이해하게 될 것이다.

* 『한국사상과 문화』 제49집(한국사상문화학회, 2009)에 수록된 글을 수정 게재함.

2장 한강 정구의 정주학 수용양상

권진호(한국국학진흥원)

1. 머리말

한강寒岡 정구鄭逑(1543, 중종 38-1620, 광해 12)가 활동했던 16세기 후반에서 17세기 전반기는 성리학의 심오한 발전과 학파가 성립되었을 뿐만 아니라 사림간의 분열이 생기면서 붕당정치가 시작되던 때이다. 동인과 서인이 갈라지고 동인에서 남인과 북인으로 분열하였으며, 이들 각 정파는 자신들이 추구했던 학문적 성과를 바탕으로 각기 다른 학파적 특색을 드러내었다. 이를테면 이황 계열의 퇴계학파, 조식 계열의 남명학파와 이이 계열의 율곡학파 등을 들 수 있다. 한강은 이 시기 영남사림의 대표적 인물로서, 임진왜란과 광해정권의 정치적 현안을 몸소 겪으며 자신에게 주어진 임무를 성실히 수행하였고, 나아가 나름의 독특한 학문사상을 견지하여 이후 하나의 학풍을 형성하는데 단초적인 역할을 하기에 이른다.

한강은 타고난 자질이 워낙 빼어난데다 가학연원으로 내려오는 충의와 풍절風節, 덕업 그리고 우애를 물려받았고[1], 게다가 오로지 위기지학을 추

---

1) 鄭逑, 『한강집』권10, 「西原鄭氏族會圖序」. "上將軍府君, 著忠西京, 筆光史冊, 章敬淸河風

구하여 진실한 실천으로 학문의 요체를 삼은[2] 외증조부 한훤당寒暄堂 김굉
필金宏弼(1454-1504)의 학문정신을 이어받아 자신의 학문적 기반으로 삼았다.
이렇게 한강은 내외 조상의 유풍을 이어받아 그 법도를 잘 준수하면서 가
풍을 굳게 다져나가는 한편, 사문斯文의 종사宗師가 있는 곳을 찾아 나섰다.

13세 때 성주부 학궁에서 생도들을 가르치고 있는 덕계德溪 오건吳健
(1521-1574)에게 나아가 『주역』과 『논어』를 배웠으며, 가까이 모시면서 학문
에 대해 구체적인 가르침을 받는 가운데 그의 드넓은 도덕과 기량에 심취
하였다.[3] 그 뒤 퇴계의 문하로 들어가 연원淵源의 학문을 들어 귀숙歸宿할
곳이 있음을 알았으며, 높은 풍도風度를 남명에게서 전습傳習하고 고상한 취
미를 대곡大谷 성운成運(1497-1579)에게서 이어받아 기개와 지조를 배양하는
데에 도움을 받은 것이 또한 많았다.[4] 뿐만 아니라 한강은 동강東岡 김우옹

節德業, 歷世不磨, 豈非吾後孫所共仰? 至於軒谷兩祖友愛之盛, 則誦詠遺稿, 情溢詞外, 吾諸
姪諸孫, 其不體奉而服膺也哉?" 이하『한강집』(53책)은 민족문화추진회에서 간행한 것
을 텍스트로 하였으며, 번역은 민족문화추진회에서 간행한『국역 한강집』(2001)을 참
조하였다.

2) 정구, 『한강집』 권15, 「寒暄堂金先生師友門人錄(趙光祖)」. "求其專事爲己, 直以眞踐實履
爲學者, 惟寒暄爲然."

3) 정구, 『한강집』 권11, 「祭德溪吳先生文」. "上而天命之微, 近而人事之誼也, 大而經綸之法,
切而進修之軌也, 論難反覆, 必極其歸趣, 蓋亦無隱乎爾也. 謂我消磨乎客氣, 務宜涵泳乎天理
也, 堅脊梁以勤邁, 必先由乎平易也, 多面命之懇懃, 亦書論之不置也. 惟薄質之淺率, 恐不克
乎遵履也, 恩奉戴之罔極, 敢替心於終始也."『한강집』 권11, 「제덕계오선생문」. "藐玆小
子, 早自丱角之年, 奉几杖於左右而以爲依歸之地也. 當時年齡稚弱, 志氣昏愚, 固不足以測先
生之所存, 而其沖然德宇之可悅而可敬, 則已不自覺其心醉也." 기실 덕계도 만년에 대학자
인 남명과 퇴계의 문하에 들어가 옛 성현의 연원을 탐구하였는데, 남명의 엄격한 진퇴
출처의 도리와 퇴계의 난초향기 같은 도덕학문을 우러러보고 상상하는 가운데 많은
것을 얻었다.[『한강집』 권11, 「제덕계오선생문」. "晚親有道, 沂洄古人之淵源, 其所謂學
問者, 實與吾前日之躬行, 有以暗符, 而心獨覺其意憙也. 淸標霜潔, 望之儼然, 而尤務於進退
出處之幾, 德山之千層壁立也. 馨德蘭薰, 卽之也溫, 而仁義在躬, 道德博洽, 退溪之萬頃止水
也. 優游乎二老先生之間, 而得之於觀望瞻想之際. 至於見益進德益就, 則其規模氣像, 亦有與
曩時之云云者, 有不得不異者也."]

4) 정구,『寒岡全書 下』연보 부록 권2,「行狀」. "又早尋斯文宗師之所在, 登退陶之門, 聞淵源之
學, 而知有所歸宿焉, 至其襲高風於南冥, 承雅趣於大谷, 有以資助其氣槩志操者, 其亦多矣."

金宇顒(1540-1603)과 한마을에서 자라 어려서부터 사이가 좋았으며, 송암松庵 김
면金沔(1541-1593), 존재存齋 곽준郭趁(1551-1597), 옥산玉山 이기춘李起春(1541-1597)[5]
도 당대의 명사였는데, 한강은 이들과 의기투합하여 서로 만나면 의리에
대해 강론하며 저녁 내내 지칠 줄을 몰랐고 밤새 잠도 자지 않았다.[6] 한마
디로 한강은 한훤당의 정학正學과 남명의 정론正論, 그리고 퇴계의 진실한
도[的旨]를 받아들여,[7] 즉 그들의 학문적 장처를 두루 섭렵하여 당대에 독특
한 학문경향을 형성하게 된다.

　본고에서는 우선 이 같은 한강의 학문연원 위에 그가 추구한 학문경향의
대체적인 내용을 살펴보고, 이후 한강의 저술과 편찬을 통해 정주학의 수
용 양상을 알아본 뒤, 그의 수양론의 특징을 조명해보고자 한다.

2. 한강의 학문경향

1) 하학 중시의 경향

　한강의 문집을 일별해보면 성리학에 대한 이론적 저술이 거의 없다. 바
로 앞선 시기에 성리학의 핵심의제인 '사칠이기설四七理氣說'에 대해 퇴계와
고봉高峰 기대승奇大升(1527-1572) 간의 8년 논쟁이 있었고, 율곡과 우계牛溪 성
혼成渾(1535-1598) 간의 6년에 걸친 왕복 논쟁이 있었다. '사칠이기설'은 당시
지성사의 화두였으며, 그로 인해 성리학의 이론적 측면이 최고조로 발전하

---

5) 이기춘(李起春, 1541-1597)은 자는 季郁, 본관은 星山이다. 고령 館洞에 살았으며 한강
　과는 어릴 적부터 형제처럼 가깝게 지내는 사이였다.
6) 정구, 『한강전서 하』 언행록 권2, 「交際」. "先生, 與東岡金先生, 同里閈, 自少友善. 金松
　庵沔郭存齋趁李玉山起春, 亦一時名流也, 許爲義交, 相遇則講論義理, 終夕無倦, 達夜不寢."
　(이서)
7) 정구, 『한강전서 하』 연보 부록 권3, 「士林祭文」. "東賢正學, 至寒暄而篤實, 先生爲其外
　裔, 卽餘訓之有驚, 正論於頭流, 所以對立者, 如柱得礎, 聞的旨於陶山, 所以契悟者, 如入蘭
　室."(장현광)

게 되는 계기가 되었다. 한강도 이 같은 학계의 동향에 무관심하지 않았다. 한강이 퇴계의 문인인 백암栢巖 김륵金玏(1540-1616)에게 답한 편지에 『사칠변四七辨』과 『우율문답牛栗問答』에 대한 언급이 나온다.8) 단편적인 언급이어서 구체적인 정황은 잘 모르지만, 『우율문답』에 대해 삭제하고 취사선택할 부분이 있다고 말한 것에서, 우리는 한강의 성리설에 대한 논점을 간접적으로나마 짐작할 수 있다. 그러나 그럼에도 한강은 성리이론에 대한 구체적인 저술을 남기지 않았다. 여기에는 한강 나름의 하학의 실천을 중시하는 학문관점이 내재해 있다고 할 수 있다. 먼저 한강이 사람을 가르칠 때 무엇을 중시하고 있는지를 통해 이 점을 알아보기로 한다.

○ "대체로 학문하는 것은 높고 깊고 현묘한 데에 있지 않고 오직 인륜과 일상생활에서 분발하여 깨우치는 것이니, 만나는 경우마다 잘 살펴 모든 계모計謀와 행위를 반드시 이치에 맞게 해야 한다. 그리하여 힘껏 실천하고 조금도 간단間斷이 없어야 한다."9)

○ "선생은 사람을 가르칠 때 독서와 문장을 짓는 것을 중시하지 않고 오직 물 뿌리고 쓸고 응대하고 나아가고 물러나는 등의 일상 예절이 법도에 맞는 것을 우선시하였다."10)

학자의 학문자세는 높고 깊고 현묘한 것을 추구하는 데 있지 않고, 오직 물 뿌리고 응대하고 나아가고 물러나는 등 일상예절이 법도에 맞게 행하는 것을 우선시해야 함을 강조하고 있다. 이는 곧 형이상학의 천리天理에 앞서

---

8) 정구, 『한강속집』 권7, 「答金希玉玏」. "仍白四七辨兩冊, 想蒙命繕寫否? 牛栗問答, 固當添入, 而有刪削取舍之處. 難於遙指, 空紙十餘張, 令命添束, 則欲逐旋商量, 寫入伏計. 令亦欲謄寫, 則元本畢寫, 因便呈納伏計."

9) 정구, 『한강전서 하』 언행록 권1, 「敎人」. "大凡爲學, 不在高深玄妙, 只就人倫日用上, 提撕警覺, 隨遇加察, 凡百猷爲, 亦宜必求合理, 有以力行, 無小間斷."(崔恒慶)

10) 정구, 『한강전서 하』 언행록 권1, 「교인」. "先生敎人, 不以讀書綴文爲貴, 惟以灑掃應對進退中規爲先."(李天封)

하학인 인사人事를 먼저 공부하고 실천할 것을 강조한 것에 다름 아니다. 뿐만 아니라 하학인 인사를 강조하는 태도는 바로『소학』의 가르침을 중시하는 학문경향과 맞물려 있다고 할 수 있다. 한강은 처음 배움을 청하는 학자에게 "학문을 하는 데에 있어 급선무는『소학』에 힘을 쏟는 것이니, 그런 뒤에야 사서四書·『심경』·『근사록』·『주자대전』등의 글을 차례로 이해할 수 있다."11)고 하였다. 또한 어떤 학자가『심경』을 배우겠다고 청하자, 한강은 "『심경』이 실로 좋기는 하나 초학자에게는『소학』이 더 긴요하고 절실하다."12)고 하는 등, 소학의 중요성을 재삼 강조하였다. 이처럼『소학』은 동몽의 수신서로서 배우는 자에게 있어 다른 무엇보다 먼저 공부해야 할 과목이었다.

한편, 한강의 소학중시의 경향은 학문연원으로부터 영향 받은 바가 크다. 외증조부인 한훤당 김굉필은『소학』을 점필재 김종직 문하에서 배운 뒤로 한결같이『소학』의 가르침대로 행동하여 '소학동자'라고 불려졌다. 한훤당의 소학중시의 학문관이 조부를 통해 가학연원으로 한강에게 미쳤음은 물론이거니와 한강도 한훤당의「연보」13)와「사우문인록師友門人錄」14)을 편찬하는 등 외증조부의 남긴 업적을 정리하여 후세에 물려주고자 하였다. 또한 남명의 실천을 중시하는 학문관도 한강에게 일정한 영향을 미치게 된다. 한강은 남명의 학문자세에 대해 다음과 같이 말하고 있다.

"어쩌다가 경서를 배우는 아이나 문자를 익히는 사람이 의식이나 규칙의 말단에 빠져 들어 즐기면서 천명天命의 성性을 함부로 이야기하고, 쓸고 닦

---

11) 정구,『한강전서 하』언행록 권1,「교인」. "初拜先生請教, 先生曰: '爲學急務, 當先致力 於小學, 然後四書心經近思錄朱子大全等書, 可以次第理會.'"(李潤雨)
12) 정구,『한강전서 하』언행록 권1,「교인」. "有學者, 請學心經, 先生曰: '心經固好, 然於 初學, 小學書尤緊切.'"(崔恒慶)
13) 정구,『한강집』권15,「寒暄堂金先生年譜」참조.
14) 정구,『한강집』권15,「寒暄堂金先生師友門人錄」참조.

고 하는 기초적인 도리에 어두운 것을 보시면 너무도 하찮아 대방가大方家
의 눈에 들지 않았습니다."15)

남명은 평소 학자들이 『소학』에서 말하는 쇄소응대의 실천도 하지 못하
면서 함부로 고묘高妙한 성리이론에 대해 말하는 것을 하찮게 여겼다. 나아
가 남명은 요즘의 학자들에게 다음과 같이 경계하였다.

> "지금의 학자들은 절근切近한 것을 버리고 고원高遠한 것을 추종한다. 학
> 문을 하는 것이 어버이를 섬기고 형을 공경하며 어른을 존경하고 어린이를
> 사랑하는 것에서 벗어나지 않는데, 간혹 여기에 힘쓰지 않고 갑자기 성명性
> 命의 심오한 것을 탐구하려고 한다면 이는 인사상人事上에서 천리天理를 구
> 하지 아니하여 끝내 마음에 실득實得이 없을 것이니, 깊이 경계할지어다."16)

자신에게 절근한 학문을 도외시하고 고원한 성명이기性命理氣만을 탐구하
려는 학자들의 학문태도를 경계시킴과 동시에 실득實得이 있는 하학의 인사
상에 나아가 학문할 것을 강조하였다. 뿐만 아니라 남명은 퇴계에게 보낸
편지에서 "근래 공부하는 자들을 보건대, 손으로는 물 뿌리고 청소하는 범
절도 모르면서 입으로는 천리天理를 담론하여, 이름만 도적질하고 이로써
사람을 속이려 하다가 도리어 상처를 입고, 또 다른 사람에게 해를 미치게
하니, 선생 같은 장로長老께서 이것을 꾸지람해서 말리지 않기 때문입니까?
(중략) 선생 같은 분은 몸소 상등의 경지에 도달하여 우러러 보는 이가 참
으로 많을 터이니, 십분 억제하고 타이르심이 어떠할까 합니다."17)라고 하

---

15) 정구, 『한강집』 권11, 「祭南冥曹先生文」. "時見經童學豎, 顚蹟嬉戱於儀文度數之末, 妄談
天命之性, 而昧夫灑掃之方, 瑣瑣碌碌, 終不足議爲於大方家之家."
16) 曹植, 『南冥集』 부록 권5, 「墓碣銘」. "常語學者曰: '今之學者, 捨切近趨高遠. 爲學, 初不
出事親敬兄悌長慈幼之間, 如或不勉於此, 而遽欲窮探性命之奧, 是不於人事上求天理, 終無
實得於心, 宜深戒之.'"(成運)
17) 조식, 『南冥集』 권2, 「與退溪書」. "近見學者, 手不知洒掃之節, 而口談天理, 計欲盜名, 而
用以欺人, 反爲人所中傷, 害及他人, 豈先生長老, 無有以訶止之故耶? (중략) 若先生則身到

여, 하학인 인사의 실천을 멀리하고 상달인 천리天理를 탐구하는 학자들의 학문자세를 '헛된 명예를 도적질하고 세상을 속이는[盜名欺世]'것이라고 호되게 비판하면서, 이 같은 학문풍조에 대해 퇴계에게 광정匡正해 줄 것을 요청하였다. 이는 사변적 이론을 추구하기보다 성현의 가르침을 깊이 체득하고 실천할 것을 강조한 남명의 학문관에 연유한 것이다. 한강은 이렇게 한훤당과 남명의 하학인 인사를 중시하는 학문경향에 대해 직·간접적인 영향을 받아 실천을 중시하는 학문관점을 견지하게 되었던 것이다. 반면, 여기에는 당시 학자들의 학문풍조에 대한 비판적 인식이 들어있다.

한강은 요즘 세상의 유자들이 한갓 구이口耳의 학문에만 종사하고 마음과 몸으로 실천하지 아니한 채, 부귀와 영달을 얻는 것을 급하게 여길 줄만 알고 일찍이 자신을 위하는 진유眞儒의 본업을 행하지 않는다고 하였다.[18] 이는 위기지학을 행하지 않고 명리名利만을 추구하려는 학자의 사심私心이 작용한 결과이며, 한강은 이렇게 된 데는 과거에 마음이 얽매였기 때문이라고 보았다. 그래서 한강은 후생들에게 가르침을 펼 때는 세상의 학자들이 심장적구尋章摘句를 발신發身하는 도구로 삼는 것을 가슴 아프게 생각하였다. 그리하여 물 뿌리고 쓸고 상대의 물음에 대답하고 하는 등의 기본예절에서부터 사물의 이치를 궁리하고 사람의 성정을 탐구하는 단계까지 큰 요강을 거론하고 잗단 세목을 분석해가며 미묘한 부분을 밝혀내고 핵심의 경지까지 진입하되 차근차근 순서를 밟아 가르쳐 주었다.[19] 문인 미수眉叟 허목許穆(1595-1682)은 한강의 학문관에 대해 다음과 같이 말하였다.

上面, 固多瞻仰, 十分抑規之如何?"

18) 정구, 『한강전서 하』 연보 부록 권2, 「행장」. "夫世之所謂儒者, 徒事口耳, 不着心身, 只知利達富貴之爲急, 而曾不聞眞儒爲己之本業者, 莫非科擧累之也."

19) 정구, 『한강전서 하』 언행록 부록 권4, 「實記」. "其設教也, 則病世之學者, 以尋章摘句爲拔身之資. 下自灑掃應對, 上至窮理盡性, 綱振條拆, 發微詣極, 循循有序, 有如冰解而的破,"(李天封)

"선생은 남을 가르칠 때는 반드시 수신修身을 근본으로 삼고 순서를 밟아 학문에 나아가게 하여 한결같이 등급을 건너뛰는 것을 경계하였다. 무엇보다 예절과 위의威儀의 법도가 삼가 주도면밀하였고 규모가 광대하였으나 요점은 정밀하고 전일하여 허점이 없는 데[精一無間]로 귀결하였다. 의義가 정밀하고 인仁이 완숙한 경지에 이르러서는 도道가 더욱 커지고 덕이 더욱 완전해졌다."[20]

한강의 학문은 절목節目이 상세하고 규모가 박대博大하며 요체가 간약簡約함을 특징으로 한다. 그런 가운데 일상생활의 기본예절을 실천하는 하학공부를 통해 천리天理인 상달上達로 나아가는 학문차서를 강조하였다. 하학중시의 학문관점은 올바른 학문을 지향하는 유자儒者라면 누구나 일컫는 말이지만, 여기에는 당대 학문 풍조에 대한 비판적 의미가 있다. 하학인사인 이륜법칙의 실천없이 고원高遠한 이론만을 내세우는 학자들의 병폐와 성현이 남긴 가르침에 대해 독실한 배움의 과정없이 함부로 자신의 학설을 내세워 남의 이목을 끌려고 하는 학문풍조에 대한 경종의 의미가 바로 그것이다.

2) 박학의 추구

한강의 학문에 있어 또 다른 특징의 하나는 학문의 규모와 범위가 '박대博大'하다는 것이다. 이는 영남학파의 정통 성리학자들의 학문과 비교해 보면 분명하게 드러난다. 그들의 문집에는 성리학과 경학, 그리고 예학에 관한 저술이 대부분을 차지하는 데 비해 한강은 상대적으로 학문의 관심영역이 넓다. 다음 글은 한강의 학문규모를 알아볼 수 있는 자료이다.

○ "선생은 어렸을 때 스스로 자신의 재주가 충분하다고 여겨 생각하기를 '우리 인간은 우주 사이의 허다한 일들을 자신의 책임으로 삼지 않을 수

---

20) 許穆, 『記言』 권39, 「文穆公壙銘」. "其教人, 必以修身爲本, 循序進學, 一以躐等爲戒. 尤謹於禮節威儀之則, 詳密周盡, 規模博大, 要歸於精一無間. 至義精仁熟, 道益大而德益全."

없다. 그렇다면 일의 대소大小와 정조精粗를 막론하고 모두 배우지 않으면 안 된다.'고 하였다. 그래서 산수算數, 병법兵法, 의약醫藥, 풍수風水 등의 학설까지도 반드시 그 이치를 연구하여 대략을 터득하였다. 그러다가 말년에 이르러서는 오로지 학문을 강론하고 책을 저술하는 것을 본업으로 삼고 다른 것은 달갑게 여기지 않았다."[21]

○ "선생은 타고난 자질이 보통 사람들보다 뛰어나 매우 영민하였다. 학문에 뜻을 둔 이후 각고의 노력을 경주하여 서책에 대해 읽지 않은 것이 없고 행실에 대해 힘쓰지 않은 것이 없으며, 사무에 대해 익히지 않은 것이 없고 기예에 대해 탐구하지 않은 것이 없었다. 심지어 천문天文, 지리地理, 의술醫術까지도 모두 공부하여 통하였다. 관혼冠婚의 의식과 상제喪祭의 제도에 대해서도 모두 정밀히 탐구하고 의심스러운 부분을 강명하며 말하기를 '천지간의 도리를 강구하는 일을 우리 유자儒者가 사업으로 삼지 않는다면 세상에 누가 그것을 담당할 것인가?'고 하였다."[22]

한강은 우주사이의 허다한 일이나 천지간의 도리를 강구하는 것을 유자의 학문적 사업으로 여겼다. 그래서 학문의 규모와 범위가 이처럼 굉박宏博하다는 것을 알 수 있다. 이를테면 성리학과 경학, 그리고 예학은 물론, 천문, 지리, 산수, 병법, 의술, 풍수 등의 설에 대해 두루 섭렵하고 널리 통하였다. 심지어 이단異端의 서적도 섭렵하지 않은 것이 없었으나 그것이 이단이 되는 까닭을 탐구하여 알고 난 다음에는 더 이상 보지 않았다.[23] 그의

---

21) 정구, 『한강전서 하』 연보 부록 권2, 「행장」. "先生幼時, 自優其才, 以爲'吾人於宇宙間許多事, 無不以爲己責, 則事無大小精粗, 皆不可以不學焉.' 至於算數兵陣醫藥風水等說, 亦必究知其理而得其大略矣. 及其晩歲, 一以講學著書爲專業, 他無所屑也."

22) 정구, 『한강전서 하』 언행록 권1, 「學問」. "先生資禀超群, 穎悟絶倫. 志學以來, 勤劬刻苦, 於書無所不讀, 於行無所不力, 於事無所不習, 於藝無所不究, 至於天文地理醫方, 亦皆講而通之. 冠婚之儀, 喪制之制, 莫不精求而講明, 以爲'天地間道理, 非吾儒以爲事業, 更誰擔當?'"(文緯)

23) 정구, 『한강전서 하』 언행록 권1, 「讀書」. "異端之書, 亦無不涉獵, 究知其所以爲異端之故, 然後輒不復看."(張興孝)

학문세계를 문집을 통해 구체적으로 살펴보면 다음과 같다.

우선 성리학과 경학에 관한 저술로는 『개정주자서절요총목改定朱子書節要總目』(31세), 『중화집설中和集說』(56), 『성현풍범聖賢風範』(59), 『심경발휘心經發揮』(61), 『수사언인록洙泗言仁錄』(62), 『염락갱장록濂洛羹墻錄』(62), 『곡산동암지谷山洞庵志』(62) 등이 있고, 예학에 관한 저술로는 『가례집람보주家禮輯覽補註』(31), 『혼의昏儀』(37), 『관의冠儀』(40), 『오선생예설분류五先生禮說分類』(61), 『예기상례분류禮記喪禮分類』(73), 『오복연혁도五服沿革圖』(75) 등이 있으며, 역사·전기에는 『역대기년歷代紀年』, 『고금충모古今忠謨』(56), 『경현속록景賢續錄』(62), 『와룡암지臥龍巖志』(62), 『무이지武夷志』(62), 『치란제요治亂提要』(64), 『고금인물지古今人物志』(65), 『유선속록儒先續錄』(65), 『일두선생실기一蠹先生實記』(75), 『고금명환록古今名宦錄』 등이 있고, 지지地志로는 『창산지昌山志』(38), 『동복지同福志』(42), 『함주지咸州志』(45), 『통천지通川志』(50), 『임영지臨瀛志』(52), 『관동지關東志』(54), 『충원지忠原志』, 『복주지福州志』 등이 있으며, 의서醫書로는 『의안집방醫眼集方』(58), 『광사속집廣嗣續集』(72) 등이 있고, 문학으로는 『고문회수古文會粹』(57), 『낙천한적樂天閒適』(57), 『주자시분류朱子詩分類』(57) 등이 있다. 한강의 편찬저술은 문인 인재訒齋 최현崔晛(1563-1640)의 기록에 의하면 100여 권에 이르렀는데 화재로 인해 보전할 수 없게 되었다고 하였다.[24] 우리는 위에서 언급한 편찬저술의 목록만 보더라도 단번에 한강의 학적 관심과 대상이 넓고 크다는 것을 확인할 수 있다. 게다가 학문의 범위 안에는 이론적·사변적인 성리설의 내용은 거의 없고 현실의 쓰임에 대비할 수 있는 응용구시應用救時의 내용들이 많은 부분을 차지하고 있다.

이를테면, 『치란제요』는 정치의 요체는 나라를 다스리는 군주가 인물을 취사선택하는데 달려 있으며, 결국 군자를 취하느냐 소인을 취하느냐에 따라 나라의 흥망성쇠가 결정된다고 하였다.[25] 『역대기년』은 3권 2책으로 되

---

24) 정구, 『한강전서 하』 연보 부록 권3, 「祭文」. "百卷謨言, 非不盛矣, 而莫保回祿之餘, 士林之痛, 庸有極乎?"(崔晛)

어 있으며, 상·중권은 중국사를 기록하였고, 하권은 단군조선부터 광해 원 년까지 기록하고 있다. 중국사와 한국사를 연표형식으로 정리하되 치란의 요체만 뽑아 간략히 서술하고 있다. 비록 강목체綱目體의 형식을 취하지 않 은 연표年表형식의 간략한 사서지만, 『강목』과 『속강목』 등을 적극적으로 이용하고 정통론正統論에 의해 서술된 중국사와 같은 형식으로 한국사를 정 리한 점은 다음 시기에 출현하는 강목체사서綱目體史書, 정통론사서正統論史書 의 단초적인 의미를 갖는 것으로 생각된다.26) 요컨대 『치란제요』와 『역대 기년』은 치란의 요체를 역사적인 사실에서 추출하여 장차 세교世敎에 도움 이 되고자 하는 의도하에 지어진 것이라고 할 수 있다.

한강은 지방수령으로 부임하는 곳마다 그 지방의 읍지를 편찬하였다. 기 록에 의하면 7개의 읍지를 편찬했다고 하지만, 안타깝게도 현재 남아 전하 는 것은 『함주지』 하나밖에 없다. 『함주지』는 함안군수로 부임하여 그 지 방의 이수里數, 제도의 연혁과 고을의 호칭, 지형, 풍속, 풍토와 전결田結, 호 구戶口의 수효, 산천, 토산품, 성곽, 학교, 사찰과 고적의 유래, 고을의 성씨 와 인물 등 함안의 모든 역사를 기록하여,27) 이후 지방관들이 이 『함주지』 를 통해 선량한 정치를 해 줄 것을 바라는 입장에서 편찬하였다. 『함주지』 는 임진왜란 이후 지방사회의 재건에 크게 이용되었을 뿐만 아니라 그의 문인들에게도 영향을 주어 최현의 『일선지一善志』와 허목의 『척주지陟州志』 편찬으로 그 맥락이 계승되었다.28) 이 밖에 전해지지 않은 다른 여러 지지 들도 같은 맥락에서 편찬되었음을 유추해 볼 수 있다.

『의안집방』은 한강이 성천 부사로 있을 때 오른쪽 눈이 갑자기 붉어지며 아픈 이후로 시력이 안 좋아, 여러 의서에서 눈에 관한 부분을 간추려 모으

---

25) 정구, 『한강집』 권10, 「治亂提要小敍」 참조.
26) 金恒洙, 「寒岡 鄭逑의 學問과 歷代紀年」, 『韓國學報』 第45輯(일지사, 1986), 62-64쪽.
27) 정구, 『한강집』 권10, 「咸州志序」 참조.
28) 楊普景, 「16-17世紀 邑誌 編纂背景과 그 性格」, 『地理學』 27(1983) 참조.

고, 여기에다 『본초강목本草綱目』, 『단방單方』, 『침구鍼灸』 등 의서의 내용까지 포함하여 한 권의 책으로 만든 것이다. 한강은 "이 책을 한번 훑어보면 전후 명의名醫들의 견해가 한 곳에 환히 모여 있으니, 어찌 앞을 보지 못해 고생하는 사람에게 편의를 제공하지 않겠는가?"[29] 라고 하여, 이 책이 효과적으로 요긴하게 쓰임이 있을 것이라고 하였다. 『광사속집』은 대를 이을 아들을 낳는 방법을 기록해 놓은 의서이다. 한강은 명나라 유교兪橋가 편찬한 『광사요어廣嗣要語』에 좋은 처방과 정확한 이론이 많이 빠져 있음을 간파하고, 자신이 소장한 의서에서 그에 관련한 사례들을 모아 증보하였다. 한강은 이 책이 인류를 늘리는 데에 반드시 일조할 것이라고 하였다.[30]

박학의 추구는 한강만이 지닌 특징적인 면모가 아니라 한강의 학문연원 속에서 찾을 수 있다. 남명은 "시문, 병법, 의서, 지지地志 등에 있어서도 두루 통달하여 세상의 수요에 응할 만한 수준이 되지 않은 것이 없었다."[31]고 할 정도로 학문의 범위와 규모가 넓고 크다. 이 같은 남명의 박학적 경향과 경세적 측면이 위에서 살펴보았듯이 한강이 추구한 학문경향과 비슷함을 알 수 있다. 그리고 우리는 박학의 측면에서 한강의 형 백곡栢谷 정곤수鄭崑壽(1538-1602)[32]의 학문경향을 주목하지 않을 수 없다.

> "공은 옛날 중국의 역사서와 우리나라 전고典故에 대해 모두 섭렵하여 훤히 꿰뚫었고, 기타 소설, 잡기雜記, 냉화冷話, 쇄록瑣錄 등 잡서까지도 두루 열람하고 기억하였다. 언젠가 사문斯文 권문해權文海(1534-1591)와 우리나라

---

29) 정구, 『한강집』 권10, 「醫眼集方序」. "然而一寓目, 而前後名醫之所見, 瞭然具萃, 豈不爲病視者之便哉?"

30) 정구, 『한강집』 권10, 「廣嗣續集序」. "故更取家藏醫書, 取其類而增續之, 亦未必不爲人物繁殖之一助云."

31) 정구, 『한강집』 권11, 「祭南冥曺先生文」. "至於詩文兵法醫經地志, 雖無不曲暢旁通, 爲應世之用."

32) 한강은 백곡 정곤수의 평생 업적에 대해 장문의 「행장」을 지어 드러내었다. 『한강집』 권14, 「西川府院君鄭公行狀」 참조.

의 역사를 함께 토론한 적이 있었다. 초간도 사학史學에 밝다는 평판을 들은 사람이었으나 토론을 마치고 주위 사람에게 '정 아무개가 바로『동국사략東國史略』이다'고 하였다."[33]

그 뿐만 아니라 백곡은 성씨姓氏와 보첩譜牒에 밝아 경향京鄕 사족士族의 선대 조상에 관한 이름과 자字, 진퇴와 사적들을 널리 통달하였다.[34] 이렇듯 남명의 학풍과 형 백곡의 역사에 대한 해박한 조예가 한강의 박학풍에 직접적인 영향을 끼쳤을 것으로 생각된다.

그러나 여기서 한 가지 짚고 넘어갈 것은 학문의 범위와 규모가 넓고 크다고 해서 이것저것 잡다하게 공부하는 것을 가리키는 것은 아니다. 이는 단순히 널리 배운다는 '박학'의 차원에서만 머무른 것이 아니라 그것의 실천의 측면, 즉 '약례約禮'의 측면에도 공력을 기울였다. 위에서 언급했듯이 한강이 만년에 오면 추구한 학문대상이 굉박함으로 인해 학업이 정밀하지 않을 수 있다는 이유로 학문을 강론하고 책을 저술하는 것을 본업으로 삼고, 다른 것은 달갑게 여기지 않았다. 젊었을 때의 굉박한 학문경향이 말년에 이르러 간략함으로 수렴되기에 이르렀다. 이 같은 '박문약례'의 학문방법에 대해 미수 허목은 "선생의 학문은 지극히 커서 두루 완비하였고 지극히 간결하여 요점을 담고 있다."[35]고 하여, 한강의 학문규모와 요점을 정확하게 지적하였다.

요컨대, 박학적 경향은 하나의 학설에만 집착하지 않고 학문의 다양성을 추구하며, 나아가 그만큼 현실의 쓰임에 대비하는 실용적인 성격을 지닌다고 할 수 있다. 바로 이점이 당대 학문 경향에 비추어 보았을 때 반성적인

---

33) 정구,『한강집』권14,「서천부원군정공행장」. "公於前古史籍東國典故, 涉獵貫穿, 旁至小家雜記冷話瑣錄, 無不閱覽强記. 嘗與權斯文文海, 共論東方前代事. 權亦以史學稱焉, 而退謂人曰: '鄭某是東國史略也.'"

34) 정구,『한강집』권14,「서천부원군정공행장」. "尤長於姓氏譜牒, 京鄕士族歷世名字出處事蹟, 無不該洽."

35) 정구,『한강전서 하』언행록 권1,「成德」. "此先生之學, 至大而備, 至簡而約."(許穆)

의미를 지니는 것이다. 나아가 한강의 이러한 학문경향이 미수 허목을 통하여 근기 학통에 속한 학자들에게 발전적으로 계승되었고, 성호 이익, 순암 안정복, 다산 정약용 등에 의한 저술 편찬의 사조가 성행하면서 경세치용적 이론과 사상의 심화 확대를 보게 되었던 것이다.[36]

3. 한강의 정주학 수용양상

1) 정주학의 저술과 편찬

한강의 학문세계에서 정주학의 수용이 구체적으로 어떤 양상을 보이고 있는지를 그가 남긴 저술을 통해 알아보고자 한다.

한강은 태어날 때부터 특이한 자질이 있어 뛰어나게 총명하고 슬기로웠다. 그래서 7-8세에 『대학』과 『논어』를 배워 대의大義를 통달하였고,[37] 9세에 부친이 세상을 떠난 이후 더욱 분발하여 책을 읽었으며, 12세에 공자의 초상화를 손수 모사하여 벽에 걸어두고 매일 반드시 우러러보며 절을 하는 등[38] 이때까지는 가학을 통해 주로 경전에 대한 학문적 기반을 다져나갔다.

이후 13세에 덕계 오건에게 나아가 『주역』의 건괘와 곤괘를 배웠고, 21세 때는 퇴계를 찾아뵙고 인사를 드린 이후, 23세 때는 『심경』의 의심나는 부분을 질문하는 등 퇴계가 돌아가시기 전까지 직접 왕래하거나 편지를 통해 학문에 대해 질정하는 일이 계속 이어졌다.[39] 특히 어려서부터 『심경』을 읽었던 한강으로서는[40] 이때 퇴계를 통해 『심경』에 대한 이해의 성숙도

---

36) 李佑成, 『寒岡全書』 해제(景仁文化社, 1978), 8쪽.
37) 정구, 『한강전서 하』 연보 부록 권2, 「행장」. "七八歲, 受大學論語, 已通大義."
38) 정구, 『한강전서 하』 연보 부록 권1, 「연보」(12세조). "手摹先聖畵像, 揭諸壁上, 日必瞻拜."
39) 편지를 통해서는 심학에 대한 내용보다는 주로 예학에 관해 질문한 것이 다수를 차지하고 있다.

를 높이는 계기가 되었음은 물론, 훗날 한강이 『심경발휘』를 편찬하게 되는 기반이 되었다고 할 수 있다. 24세 때는 남명에게 나아가 사군자의 출처 대절에 대해 배우게 된다. 그러나 이즈음 한강은 회시會試의 시험장에 나갔다가 응시하지 않고 돌아오게 되며, 그 후로는 과거공부를 그만두게 된다. 덕계 오건이 한강에게 "그대 같은 재주와 기량으로는 분명히 세상에 크게 쓰여질 수 있을 것이네. 그러니 어찌 세속 사람들이 하는 대로 과거시험에 급제하고 나서 그 다음에 자신이 원하는 대로 따르는 것보다 더 나을 게 뭐가 있겠는가?"라고 충고하였으나 한강은 스승 덕계 오건의 말을 따르지 않고 도道를 구하는 뜻을 한층 더 가다듬고 성리학에 종사하였다.41) 이처럼 한강은 가학연원과 당대의 큰 스승에게 나아가 학문의 장처를 배우는 한편, 자신이 추구해 나가야할 학문의 방향성을 분명하게 제시하고 있다. 그것은 다름 아닌 과거의 길을 단념하고 구도의 자세로 정주가 남긴 성리학에 종사하는 것이었다. 다음 한시를 통해 우리는 그가 추구한 성리학의 이해수준을 가늠해 볼 수 있다.

태어날 때 훌륭한 자질을 부여받고	受命當年得其秀
서서 걷는 동물이라 이름하여 인간이네	形肖上下人其名
온갖 선을 주재하는 일개의 마음이	一箇靈臺主萬善
접하는 일일마다 무불통지 묘한 작용	妙用觸處知虛靈
사물의 신묘 변화 알아서 인극人極 세우고	通神知化立人極
천품 자질 구현해야 삶과 죽음 편안한 법	踐形然後能順寧
그런데 별난 사람 어이 이걸 팽개치고	如何放倒一種人
취중 꿈속 늙어가 끝내 아니 깨어나나	迷老醉夢終不醒
밝은 낮에 하는 행위 선한 마음 잘라내니	朝晝所爲致牿亡
가엾어라 선한 싹 돋아날 길이 없네	可憐生意無由萌

---

40) 정구, 『한강집』 권10, 「心經發揮序」. "自少受讀, 亦嘗親質於先生矣."
41) 정구, 『한강전서 하』 연보 부록 권1, 「연보」(22세조). "德溪嘗謂先生曰: '以子才器, 當爲世用, 豈若從俗取科而後, 唯吾所欲乎?' 先生不從, 益勵求道之志, 從事性理之學."

탐욕 잔인 거침 오만 사단四端을 방해하고	貪殘暴慢賊四端
음식 여색 냄새 맛이 칠정七情을 무너뜨려	食色臭味淪七情
어진 마음 싹트는 곳 사심 이미 움직이고	良心發處私已動
바른 생각 일어날 제 왜곡 먼저 이뤄지니	正念起時邪先生
추운 날이 열흘이요 따스한 날 아예 없네	堪嗟十寒無一曝
취중인가 꿈속인가 그 언제나 깜깜해	醉邪夢邪長昏暝
삼강 이미 무너지고 구법九法 또한 막히어	三綱旣淪九法斁
귀머거리 소경으로 한 백년을 갈팡질팡	倀倀百年甘聾盲
하늘이 부여해 준 귀한 몸을 가지고서	自將皇天付卑身
혼미한 길 더듬다가 함정 속에 빠뜨리네	槁埴迷路空墜坑
그러나 다행이라 한 가닥 희망 있어	雖然一脉尙碩果
정도正道 속에 생의 뜻 뿌리를 두었거니	生意所以根於貞
이 몸 주인 불러 깨울 그 도가 없을쏘냐	喚醒主人豈無道
한 치짜리 아교로도 황하수를 맑게 하리	才膠可使黃流淸
물勿이라는 글자에다 삼군 깃발 세우고	三軍旗脚勿字上
천군天君의 바른 이치 밝게 밝혀 되찾은 뒤	天君正理要明誠
동과 정 사이에서 경의敬義 함께 지키면	敬義夾持動靜間
끝에 가선 마침내 명덕明德이 밝아지고	下梢遂使明德明
하루아침 자연스레 깨달음의 문을 뚫어	依然一朝透覺關
부모님과 내 형제를 똑바로 바라보리	得見爺孃與弟兄
하지만 서두르세 서산에 해 기울면	却怕天日已遲暮
외로울사 홀로 서서 먼 앞길 한탄하리	俯仰獨立愁前程[42]

이 시는 한강의 나이 15세 때 지은 7언 32구의 장편고시이다. 시의 제목인 '취생몽사醉生夢死'는 『염락관민서濂洛關閩書』의 「정자군자조程子君子條」에 나오는 말로서, 술에 취하거나 꿈을 꾸는 것처럼 분명한 목적이 없이 흐리멍덩하게 세월을 보낸다는 뜻이다. 한강은 이것을 시의 소재로 삼아 결국 이렇게 된 데는 인간의 마음이 문제라는 점을 인식하고, 인간의 마음에 초

---

42) 정구, 『한강집』 권1, 「醉生夢死嘆」 참조.

점을 맞추어 시로써 형상화하였다. 전반부는 우리 인간이 당초에 사단칠정의 순수한 천품을 타고난 만물의 영장임을 제시하고, 그 다음에는 이 순수한 천품을 제대로 잘 지켜가지 못하고 결국 외물의 갖가지 사리사욕에 현혹된 것을 자책하였으며, 마지막에는 하루빨리 사리사욕을 걷어내고 본래 마음인 명덕明德을 회복할 것을 강조하였다. 본래 마음을 되찾는 방법, 즉 마음 수양의 방법으로 한강은 역대 성현의 수양론, 이를테면 공자의 극기복례에 따른 '사물론四勿論'43)과 『주역』 곤괘 문언전文言傳에 나오는 '경의론敬義論'44)과 『대학』의 삼강령에 나오는 '명덕론明德論'과 팔조목, 그리고 정자와 주자의 마음을 수양하는 이상적인 방법으로 제시한 동動과 정靜의 명제를 끌어다가 제시하고 있다. 우리는 이 시를 통해 두 가지 점을 지적할 수 있다. 한강이 20세 이전에 사서오경으로 대표되는 유가경전과 주렴계, 정자, 주자로 대표되는 송대 유학에 대한 공부가 예사롭지 않다는 것이고, 다른 하나는 경전과 정주의 학문 가운데서도 그의 주된 관심사는 마음의 수양공부, 즉 수양론에 놓여있다는 것이다. 이 같은 학문경향은 이후 한강 학문의 방향성을 규정하는 중요한 관점이라고 생각된다.

한강은 한시를 짓는 것을 좋아하지 않았다. 이는 과거에의 뜻을 접고 학문의 길로 방향을 잡은 학자적 태도에서 기인한 것이다. 『한강집』에는 57제 73수의 시가 수록되어 있는데, 이 가운데 만시(11제 15수)를 제외하면 순수 한시는 58수가 된다. 한시의 소재적 측면에서는 주자의 무이구곡 시의 운자에 차운한 「앙화주부자무이구곡시운仰和朱夫子武夷九曲詩韻」(10수)45)이 있고, 시의 내용적 측면을 살펴보면 대부분 성리학적 사유를 담고 있다. 그 가운데 인간의 심성에 관한 문제가 주류를 이루고 있음을 알 수 있다. 이를

---

43) 『논어』 12, 「顔淵篇」. "顔淵問仁, 子曰: '克己復禮爲仁, 一日克己復禮, 天下歸仁焉, 爲仁由己, 而由人乎哉?' 顔淵曰: '請問其目.' 子曰: '非禮勿視, 非禮勿聽, 非禮勿言, 非禮勿動.' 顔淵曰: '回雖不敏, 請事斯語矣.'"

44) 『주역』, 「坤卦·文言傳」. "敬以直內, 義以方外."

45) 정구, 『한강집』 권1, 「仰和朱夫子武夷九曲詩韻」 참조.

테면 「효기우음曉起偶吟」,⁴⁶⁾ 「자성自省」,⁴⁷⁾ 「제청휘당題晴暉堂」,⁴⁸⁾ 「갑신춘첩甲申春帖」,⁴⁹⁾ 「우음偶吟」,⁵⁰⁾ 「무제無題」,⁵¹⁾ 「증이근사贈李謹思」,⁵²⁾ 「우음偶吟」,⁵³⁾ 「자성自省」,⁵⁴⁾ 「사선정앙차선조문간공운四仙亭仰次先祖文簡公韻」,⁵⁵⁾ 「망해대앙차선조설곡선생운望海臺仰次先祖雪谷先生韻」⁵⁶⁾ 등의 작품과 「춘첩春帖」,⁵⁷⁾ 「제회연초당題檜淵草堂」,⁵⁸⁾ 「제사창신구題社倉新構」,⁵⁹⁾ 「회연우음檜淵偶吟」,⁶⁰⁾ 「우음偶吟」,⁶¹⁾ 「차조성주백옥원운次趙城主伯玉瑗韻」⁶²⁾ 등의 작품을 들 수 있다. 그 중에 「증

---

46) 정구, 『한강집』 권1, 「曉起偶吟」. "夜宿松間屋, 晨興水上軒. 濤聲前後壯, 時向靜中聞."

47) 정구, 『한강집』 권1, 「自省」. "大丈夫心事, 白日與青天. 磊落人皆見, 光芒正凜然."

48) 정구, 『한강집』 권1, 「題晴暉堂」. "一宿華堂意欲驕, 更逢佳雨便崇朝. 須臾日出雲收盡, 綠樹晴暉映小橋."

49) 정구, 『한강집』 권1, 「甲申春帖」. "陽回地上天和發, 何物人間不共春. 猶幸病夫無外事, 閉門終日養吾眞."

50) 정구, 『한강집』 권1, 「偶吟」. "春山如錦水如藍, 風詠冠童共數三. 若會當時夫子歎, 唐虞氣像許君參."

51) 정구, 『한강집』 권1, 「無題」. "月沈空谷初逢虎, 風亂滄溟始泛槎. 萬事莫於平處說, 人生到此竟如何?"

52) 정구, 『한강속집』 권1, 「贈李謹思」. "萬事浮雲似, 晴空我本然. 身心同一養, 思慮莫牽連."

53) 정구, 『한강속집』 권1, 「偶吟」. "心閑增道氣, 忍事適災屯. 謹言終少禍, 節儉勝求人."

54) 정구, 『한강속집』 권1, 「自省」. "每恨悠悠過一生, 晨窓獨起感懷長. 昭昭聖訓皆吾戒, 計自如今立脚剛."

55) 정구, 『한강속집』 권1, 「四仙亭仰次先祖文簡公韻」. "海也人知集大成, 一湖誰認聖之清. 青山凝寂心如靜, 白水涵虛德似明. 雨後秋容眞玉色, 馬前沙響是金聲. 古亭獨坐忘機處, 俯仰瞻聆摠性情."

56) 정구, 『한강별집』 권2, 「望海臺仰次先祖雪谷先生韻」. "山容排錦繡, 澗韻奏㽵洋. 銀海君看雨後光,, 新磨鏡面蒼."

57) 정구, 『한강집』 권1, 「春帖」. "翁惟靜坐終日, 兒亦讀書自修. 蔬食羹羹亦樂, 萬般此外何求?"

58) 정구, 『한강집』 권1, 「題檜淵草堂」. "小小山前小小家, 滿園梅菊逐年加. 更教雲水粧如盡, 擧世生涯我最奢."

59) 정구, 『한강집』 권1, 「題社倉新構」. "小小生涯小小家, 志存容膝更無加. 半生已熟茅茨下, 瓦覆新居便覺奢."

60) 정구, 『한강집』 권1, 「檜淵偶吟」. "伽川於我有深緣, 占得寒岡又檜淵. 白石清川終日翫, 世間何事入舟田."

61) 정구, 『한강속집』 권1, 「偶吟」. "沂水冠童六七偕, 聖師猶樂遠方來. 從來所得宜人共, 滿壑風光莫自猜."

이근사」의 내용을 살펴보기로 한다.

세상만사 뜬구름 다름없거니　　　萬事浮雲似
우리 본성 해맑은 창공이로세　　　晴空我本然
몸과 마음 하나같이 고이 길러서　　身心同一養
이런저런 잡념에 끌리지 마오　　　思慮莫牽連

　이 작품은 한강의 문인 근사謹思 이심민李心慜에게 준 시다. 뜬구름[浮雲]같은 세상만사의 잡스런 생각에 이끌리지 말고 심신을 수양해 나간다면, 한점 티끌 없는 해맑은 창공[晴空]같은 인간 본연의 심성을 회복할 것이라고 강조하였다. 나아가 「춘첩」의 시는

할아비는 정좌靜坐하여 날을 보내고　翁惟靜坐終日
아이 또한 글 읽으며 몸을 닦노라　　兒亦讀書自修
거친 밥 나물국도 즐겁고말고　　　　疏食菜羹亦樂
이 밖에 하많은 일 구할 게 뭐냐　　萬般此外何求

라고 하였다. 할아비와 아이가 거친 밥과 나물국을 먹으면서도 즐거워하는 모습을 그리고 있다. 그 이유는 늙은 자신은 하루 종일 정좌를 통해 내면을 성찰하고, 아이는 곁에서 독서를 통해 마음을 닦으며 제 각기 자신의 일에 자족해 하기 때문이다. 내면의 수양에서 얻어지는 정신적 즐거움을 다른 무엇에 비교할 수 있겠는가? 결국 앞의 시는 외부의 물욕에 유혹되지 말고 순수한 본성을 갈고 닦을 것을 강조한 것이라면, 뒤의 시는 본성을 회복한 후에 얻어지는 자족감과 기쁨을 표현한 것이라고 말할 수 있다.

　심성의 수양에 관한 탐구는 한시뿐만 아니라 서간문 중에서도 학문에 대

---

62) 정구, 『한강별집』 권2, 「次趙城主伯玉瑗韻」. "謝世歸來一僻村, 朱幡忽訝映柴關. 盡日淸談談底事, 不離梅菊與溪山."

해 문답한 「답문答問」 형식의 글에서 확인된다. 「답문」은 전체 13권의 서간문 가운데 반 이상을 차지하고 있다. 「답문」의 주 내용은 예학과 성리학으로 이루어져 있는데, 예학에 조예가 깊은 학자답게 예와 관련한 문답이 많은 부분을 차지하고 있으며, 그 외에는 성리학에 대해 문답한 것이다. 여기서는 예학에 대한 것은 논외로 하고 성리학에 관해 문답한 것을 분석해 보기로 한다. 우선 외형적으로 살펴보면, 『한강집』 7권에 문인 용담龍潭 임흘任屹(1557-1620)과 『고경중마방古鏡重磨方』에 문답한 7조목, 『심경』에 문답한 50조목이 수록되어 있고, 『한강속집』 3권에는 역시 임흘과 『심경』에 문답한 16조목과 『한강속집』 9권에는 여헌 장현광과 사서四書에 문답한 9조목이 수록되어 있으며, 『한강별집』 3권에는 경당敬堂 장흥효張興孝(1564-1633)와 '무극이태극無極而太極'에 관해 문답한 1조목과 임흘과 『심경』에 문답한 26조목이 수록되어 있다. 결과적으로 '무극이태극' 1조목, 『고경중마방』 7조목, 사서 9조목, 『심경』 92조목으로, 『심경』에 관해 문답한 것이 단연 압도적이다.

'무극이태극'에 관한 조목은 '무극이태극'에 대해 어떻게 해석하는 것이 합당한가에 대한 문답이고,[63] 『고경중마방』에 관한 조목은 주로 자구字句나 시 해석, 또는 인물의 출전에 대한 문답이며,[64] 여헌과 사서에 대한 문답은 『대학』 4조목,[65] 『중용』 2조목,[66] 『논어』 2조목,[67] 『맹자』 1조목[68]으로 되

---

63) 정구, 『한강별집』 권3, 「答張行原興孝」. "'무극이태극'을 풀이하는 자들이 혹자는 '극이 없으되 가장 극하다.'하고 혹자는 '극이 없을 때 가장 극하다.'고 하니, 이 두 가지 풀이 가운데 어느 것이 옳은지의 물음에 한강은 후자의 풀이가 옳다고 하였다."

64) 이를테면, 武王이 지은 '席四端銘'의 뜻을 물은 것이나 '調息箴' 가운데 '雲臥天行', '守一處和', '千二百歲'나 '警學者贊'의 '惟斯未啓', '傳心閣銘'의 '三'자의 해석문제와 魏下蘭과 李至의 출처에 대한 문답이 그것이다.

65) 이를테면, 誠意와 正心을 어떻게 구분할 것인가의 문제, 齊家治國章의 仁山金氏 註에 대한 해석의 문제, 情의 발현문제, 즉 正心章의 '忿懥', '恐懼' 등 네 가지와 修身章의 '親愛', '賤惡' 등 다섯 가지를 誠意章의 好와 惡와의 관련성에 대한 문제이며, 마지막은 正心章의 존양성찰의 의미에 관한 문제로 되어 있다.

66) 이를테면, 『중용』 27장의 '國有道 其言足以興'의 주석에 '興起在位'의 해석 문제, 6장

어 있다.

『심경』은 총 92조목으로 다른 것에 비해 가장 많은 부분을 차지하고 있으며, 용담 임흘의 물음에 한강이 답변하는 것으로 되어 있다. 대체적으로 제일 먼저 심학도心學圖의 '심心'자에 원이 있는 이유와 '심'자 위에 '허령지각신명虛靈知覺神明' 여섯 자를 써 놓은 이유에 대한 물음으로 시작하여, 『심경』 가운데 자신이 평소 공부하면서 의심난 부분에 대해 자유롭게 질의하고 있다.69) 질의 내용은 한자음의 문제, 토吐를 어떻게 달 것인가의 문제, 자의字義의 문제, 자구(문구)의 해석문제, 전체 문맥상의 해석문제에 대한 물음으로 되어 있다. 한강은 이런 제 문제에 대하여 간단명료하게 답변을 하는 방식을 택하고 있으며, 그런 가운데 스승 퇴계의 해석을 끌어다가 답변하거나70) 더러 자기 나름의 해석을 가한 곳도 있다.71)

이상으로 「답문」한 내용을 검토해 보았다. 여기서 먼저 지적할 것은 문답한 주 텍스트가 『고경중마방』과 『심경』 등 수양과 관련한 책이라는 사실이며, 그리고 사서 중에서도 수양에 대해 문답한 것이 다수를 차지하고 있다는 점이다. 『고경중마방』은 퇴계가 고금의 문헌 가운데서 신심을 수양하는데 필요하다고 생각되는 잠箴, 명銘, 찬贊 등을 모아 엮은 책이다. 그 내용

의 '執其兩端, 用其中於民'에서 '용기중어민'의 해석의 문제에 대한 문답이다.

67) 이를테면, 『논어』「八佾篇」의 '三歸'와 '反坫' 아래 註의 유향의 『說苑』에 관중이 삼귀의 누대를 축조한 것에 대한 해석의 문제, 『논어』序說의 '程子曰讀論語有全然無事者'라고 한 註에 나오는 '操縵', '博依', '雜服'의 해석에 관한 문제로 되어 있다.

68) 이를테면, 『맹자』首篇의 註에 '造端託始之深意'라고 하였는데, 여기서 '端始'의 정확한 의미에 대해 문답한 것이다.

69) 정구, 『한강집』 권7, 「答任卓爾」와 『한강속집』 권3, 「答任卓爾」, 그리고 『한강별집』 권3, 「答任卓爾」 참조.

70) 정구, 『한강집』 권7, 「答任卓爾」. 제1장의 魯齋王氏 주의 '原자는 밖으로부터 미루어 들어간 것이다.'에 대한 물음에 답한 부분과 『한강별집』 권3, 「答任卓爾」. '操一操'에 대한 물음에 답한 부분과 '顔子問仁章張子曰' 아래 소주의 물음에 답한 부분을 들 수 있다.

71) 정구, 『한강집』 권7, 「答任卓爾」. 그 아래 伊川涪陵行 조의 '舍去'와 '違去'에 대한 물음에 답한 부분과 '家事'에 대한 물음에 답한 부분을 들 수 있다.

의 핵심은 물욕에 가려져 더럽혀진 인간의 마음을 낡은 거울[古鏡]에 비유하되, 낡은 거울은 매일 갈고 닦으면 밝아지듯이 물욕에 가려진 인간의 마음은 경 공부를 통해 본연의 선한 심성을 되찾을 수 있다는 것이다. 한강도 이 책의 중요성을 인지하고 발문을 쓰면서 먼저 주자와 퇴계의 시를 제시하고, 그런 뒤에 대우大禹가 순임금으로부터 '유정유일惟精惟一'의 가르침과 무왕武王이 여상呂尙으로부터 '경의敬義'의 가르침을 받은 사실을 상기시키면서 마지막에 노소를 막론하고 수양에 게을리 하지 말고 노력할 것을 당부하였다.72) 『심경』은 송나라 진덕수眞德秀가 성현의 경전 가운데서 수양에 관한 내용을 가려 뽑아 심학의 큰 근본을 세운 책이다. 이후 명나라 정민정程敏政이 『심경부주心經附註秀』를 편찬하게 되는데, 이 책은 퇴계 심학에 많은 영향을 끼쳐 퇴계의 「심경후론」과 한강의 『심경발휘』의 편찬으로 이어지게 된다. 우리는 문집 중에서 학문적 주제를 놓고 문답이 이루어지는 「답문」 형식의 글을 통해 볼 때, 한강 학문의 관심분야는 심성수양에 있으며, 또한 『고경중마방』과 『심경』으로 대표되는 텍스트는 퇴계의 심학과 밀접한 관련이 있다는 사실을 확인할 수 있다. 나아가 이는 한강의 수양론이 퇴계의 심학과 상호 긴밀한 관련성이 있음을 감지할 수 있다. 또 하나 지적할 것은 주 텍스트에서 문답한 내용은 기실 심오한 학문적 내용에 대한 문답이 아니라 기초적인 문제, 즉 해석의 문제에 치중되어 있다는 점이다. 이는 주 텍스트를 얼마만큼 정확하게 해석하고 이해하느냐로 귀결된다고 할 수 있다.

반면 「잡저」 속의 「양호첩養浩帖」73)과 「독서첩讀書帖」74)은 성현의 글 가운데서 본격적으로 수양에 관해 언급한 내용을 수록하고 있다. 「양호첩」은 『

---

72) 정구, 『한강별집』 권2, 「書古鏡重磨方後」. "大禹受精一之訓, 年七十三歲矣, 武王受敬義之書, 年八十七歲矣. 今人少而自棄者, 固不足云, 老而不力者, 亦已矣夫, 寧不哀哉?"
73) 정구, 『한강속집』 권4, 「養浩帖」 참조.
74) 정구, 『한강속집』 권4, 「讀書帖」 참조.

맹자』의 '호연지기'장의 '양기집의養氣集義'에 대해 정자가 발명해 놓은 것을 한강이 『이정유서二程遺書』 가운데서 발췌해 놓은 것이고, 「독서첩」은 『성리대전』・『심경』・『근사록』・『주자어류』・『연평답문』에서 정자, 사양좌謝良佐, 주자, 이동李侗, 설선薛瑄 등이 본성을 지키고 함양하는 공부 방법에 대해 말한 부분을 간추려 뽑아 편집한 것이다. 그러니까 「독서첩」은 수양론의 두 축 가운데서 본성의 함양공부와 관련이 깊은 '경敬'에 해당되는 것이라면, 「양호첩」은 심성의 외부적 판단의 준거가 되는 '의義'에 해당한다고 할 수 있다. 한강은 '경'과 '의'를 「독서첩」과 「양호첩」으로 나누어 설명하고 있지만, 이 둘의 관계는 어느 하나만을 지켜서는 안 된다고 하였다. "'경'은 함양하는 공부 가운데 한 가지 일일 뿐이다. 반드시 일삼는 것을 둔다는 것은 모름지기 '의'를 축적하는 공부를 해야 한다. '경'을 쓸 줄만 알고 '의'를 축적할 줄 모르면 곧 그 일 자체가 없는 것이다."[75]라든가 "'경'은 다만 처신하는 도일 뿐이고, '의'는 곧 옳고 그름을 알아서 도리에 순응하여 행하는 것을 말한다. 만일 한 개의 '경'자 만을 지키고 '의'를 축적할 줄 모른다면 곧 전혀 일이 없는 것이다."[76]라는 언표에서 알 수 있듯이, 한강은 내면의 심성을 함양하는 '경'공부와 그 '경'을 토대로 외부적 실천의 준거인 '의'를 함께 중시하는 '경의협지敬義夾持'의 수양론을 견지하였던 것이다. '경의협지'의 수양론은 한강 수양론의 특징이라고 할 수 있는데, 이 점에 대해서는 다음 장에서 좀 더 검토해 보기로 하겠다.

한강은 30세 이후부터는 학문을 연마하는 동시에 학도들을 모아 학문을 강론하는가 하면,[77] 자신의 학적 결실을 편찬 간행하게 된다. 31세 때는 퇴

---

75) 정구, 『한강속집』 권4, 「양호첩」. "'問, 必有事焉, 當用敬否?' 曰: '敬只是涵養一事. 必有事焉, 須當集義. 只知用敬, 不知集義, 却是都無事也.'"

76) 정구, 『한강속집』 권4, 「양호첩」. "'問, 敬義何別?' 曰: '敬只是持己之道, 義便知有是有非, 順理而行, 是爲義也. 若只守一箇敬, 不知集義, 却是都無事也.'"

77) 37세에 『소학』을 강론하고, 41세에 문하의 제생들과 月朔講會稧를 하였으며, 47세에 『심경』을 강론하고, 48세에 『근사록』을 강론하였다.

계가 편찬한『주자서절요』를 가지고 그 나눈 권수에 따라 목록을 옮겨 따
로 붙여『개정주자서절요총목改定朱子書節要總目』을 편찬 간행하였고, 56세 때
는『중화집설』과『고금충모』, 59세 때는『성현풍범』을 편집하였으며, 61세
때는『심경발휘』를 편찬하였다. 62세 때는『염락갱장록』과『수사언인록』·
『무이지武夷志』를 편찬하고,『곡산동암지』를 저술하였다. 이 가운데『중화
집설』·『성현풍범』·『염락갱장록』·『곡산동암지』·『무이지』 등은 72세
때 노곡정사蘆谷精舍의 화재로 인해 소실되어 그 전체적인 모습을 확인할 길
이 없다. 그러나 서문이나 발문 또는 문집 가운데 단편적인 언급을 통해 그
편린이나마 짐작할 수 있다.『성현풍범』(9책)은 당우(요순)에서부터 송대의
관민關閩까지 역대 성현의 풍범風範을 집성한 것이다. 그 가운데 공자 문하
의 제자諸子에 관한 내용이 가장 자세하다고 하였다. 문인 배상룡은 한강이
화재로 인해 이 책이 없어진 것을 못내 애석해하였다고 적고 있다.[78]『곡
산동암지』는 한강이 무흘산 서재에 있을 때 운곡雲谷, 무이산武夷山, 백록동白
鹿洞, 회암晦庵 등지의 서序, 기記, 사실事實, 제영題咏을 수집하여 합쳐 1책으
로 만든 것이고,[79] 또『무이지』는 주자가 무이산을 주제로 하여 지은 시문
을『주자대전』과『일통지一統志』를 참조하여 모두 수록하고, 마지막에 퇴계
의 관련한 시문도 수록하였다. 이는 기존에 통행되고 있는『무이지』가 내
용적으로 소략하여『무이지』로서의 역할을 제대로 할 수 없다고 보았기 때
문이다.[80]

　　『심경발휘』는 4권 2책으로 한강의 학문사상에서 수양론의 핵심을 담고
있는 책이다. 한강은 평소 우리 학문의 비결은 진덕수의『심경』한 권에 모
여 있다고 하면서,『심경』을 신명처럼 공경하였을 뿐만 아니라 우리 유학

---

78) 정구,『한강전서 하』언행록 권3,「著述」. "先生最惜聖賢風範. 其書凡九冊, 上自唐虞,
　　下逮關閩, 尤詳於孔門諸子."(배상룡)
79) 정구,『한강전서 하』언행록 권3,「저술」. "先生嘗在武屹山齋, 裒聚雲谷武夷山白鹿洞晦
　　庵等地序記事實題咏, 合爲一冊, 名曰谷山洞庵誌."(이육)
80) 정구,『한강집』권10,「武夷志跋」 참조.

에 있어서 거칠게 흐르는 강물을 막는 지주산砥柱山이자 올바른 방향을 가리키는 지남거指南車와 같다고 하였다. 그런데 정민정程敏政이 주해한 『심경부주心經附註』가 취사선택에 분명하지 못한 점이 있다고 생각하고, 정자와 주자 및 여러 선유先儒들의 말씀 중에 『심경』 37장의 본래의 의미를 드러내 밝힌 것을 손수 모아 추가하되, 정민정의 주석을 삭제하거나 줄이고 부록을 덧붙여 『심경발휘』를 편찬하였다.[81] 한강은 이 책을 책상 위에 놓아두고 잠시도 이 책과 떨어져 있는 적이 없었다고 하였다. 『심경발휘』는 요순공맹으로부터 정주에 이르기까지 수양의 공부 방법을 일목요연하게 편집 수록해 놓았으며, 그 수양의 핵심은 '경' 한 글자에 있다고 하였다.[82]

『수사언인록』은 정자의 명에 의해 장식張栻이 편찬한 『수사언인洙泗言仁』에다 한강이 주자의 집주集註와 거기서 인용한 정자와 장자(장식) 이하 제현의 말씀을 첨부하여 한 책으로 만든 것이다. 그러니까 정자가 배우는 자들에게 유별로 모아 살펴보기를 바랐고, 그 뜻에 따라 남헌 장식이 관련 자료를 엮어 따로 한 책을 만들었으며, 뒤에 주자가 이 책을 보고 성급하게 지름길로 달려가려 하거나 입으로만 외고 귀로만 듣고 넘어가는 등 피상적인 데로 흐르지나 않을까 두려움이 생긴 나머지 배우는 자들에게 이치를 깊이 탐구하고 힘써 행동에 옮겨야 한다는 뜻으로 당부했던 것이다.[83] 한강은 사람으로서 인仁하지 못하면 사람이라고 할 수 없고, 인은 사욕私欲이

---

81) 정구, 『한강전서 하』 연보 부록 권2, 「행장」. "先生以爲此學眞訣, 萃在眞西山心經一部, 見其註解, 取舍有所未瑩. 乃自裒取程朱及諸先生之語, 有以發明本義者, 增入之, 而多所損節於舊註. 又足之以附錄, 而目其書曰心經發揮." 『한강전서 하』 언행록 권3, 「저술」. "眞西山心經一部, 實爲此學防川之柱, 指南之車, 而欠其補註之有未盡. 遂爲之收聚先儒之片言隻句, 有以發揮乎三十七章之義者, 無所滲漏, 其有功於後學, 亦大矣."(이윤우)

82) 정구, 『한강집』 권10, 「心經發揮序」 참조. 『심경발휘』에 대해서는 全在康, 「'心經發揮'에 나타난 寒岡 心學의 特性 硏究」(『南冥學硏究論叢』 第7輯, 남명학연구원, 1999)에 자세하게 분석해 놓았다.

83) 정구, 『한강집』 권9, 「書洙泗言仁錄後」. "程子所以欲令學者, 類聚觀之, 而南軒先生, 遂編成書, 朱子始懼其有速經口耳之患, 而終勉學者, 以深覩力行之意者也."

완전히 사라지고 천리天理가 온전히 보전되지 않으면 인이라고 말할 수 없다[84]고 하였다. 그래서 사람이 되려면 인해야 되고, 인을 하려면 천리를 보전하고[存天理] 사람의 욕심을 막아야 한다[遏人欲]는 '알인욕 존천리'는 마음 수양의 핵심적인 내용이다. 한강은 『수사언인록』에서 내면의 수양을 통해 '알인욕 존천리'할 수 있는 인의 도를 체득할 것을 강조하였다.

이상에서 우리는 정주학에 관련한 한강의 저술과 편찬을 살펴보았다. 여기서 두 가지 점을 지적해 보면 다음과 같다. 첫째, 정주학의 핵심의제인 '이기론'이나 '사단칠정론'과 같은 사변적 성리설에 대한 내용은 거의 없고, 심성의 함양이나 내면의 수양에 초점이 맞추어져 있음을 알 수 있다. 이는 한강의 학문경향이 이론 성리학보다는 실천 성리학에 무게 중심이 있다는 것이다.

둘째, 정주학에 관한 편찬저술의 대부분이 자기의 주관적 입장에 의해 학설을 내세우는 저서의 형태라기보다는 경전 중에서 학문의 요점을 발췌 요약하고, 간간히 자신의 견해를 덧붙이는 저술방식을 택하고 있다. 이는 방대한 서적 가운데서 요긴한 부분을 발췌하여 일정한 체계 속에서 책으로 엮었던 '편록編錄'이나 '집록集錄'의 저술방식이라고 할 수 있다. 이를테면 『근사록』·『심경』이나 『이학통록』·『고경중마방』 등의 편찬저술 방식을 본받고 있다는 것이다. 이 같은 편찬저술 방식은 학문의 대체와 규모를 알기 쉽도록 하는 등 학문의 간편함을 위해 널리 쓰던 방식이다. 그러나 여기에는 한강이 송대의 정주학자, 특히 정자와 주자, 그리고 퇴계의 학문과 기상을 흠모한 나머지, 그들의 편찬저술 방식에 의해 자신의 학문관점을 담아낸 것이라고 유추해 볼 수 있다.

---

84) 정구, 『한강집』 권9, 「서수사언인록후」. "人而不仁, 不可以爲人, 仁非私欲盡而天理全, 不足以言仁."

2) 한강 수양론의 특징

이제까지 한강의 정주학과 관련한 저술과 편찬을 대략 살펴보았다. 그 결과 우리는 한강이 추구한 정주학의 대체적인 내용이 수양론에 있으며, 그 수양론의 핵심은 '경'과 '의'라는 사실을 확인할 수 있었다. '경'과 '의'는 한강만의 독특한 면모가 아니라 송대 정주학자들이 한결같이 내세우는 수양론의 핵심이기도 하다. 한강 역시 송대 여러 선현들이 수양론에 대해 말한 것을 「독서첩」과 「양호첩」에 발췌하여 수록해 놓고 있다. 「독서첩」은 본성을 함양하는 '경' 공부에 해당한다면 「양호첩」은 '경' 공부를 통한 심성의 외부적 실천준거인 '의'에 해당한다고 할 수 있다. 표면상으로도 「독서첩」과 「양호첩」을 나란히 싣고 있는데서 짐작하듯이, 한강은 수양의 두 축인 '경'과 '의' 가운데 어느 하나만을 강조한 것이 아니라 다 같이 중시하는 관점을 견지하였다. 이 점은 다음 예시에 잘 드러나 있다.

> "'경'은 다만 처신하는 도일 뿐이고, '의'는 곧 옳고 그름을 알아서 도리에 순응하여 행하는 것을 말한다. 만일 한 개의 '경'자만을 지키고 '의'를 축적할 줄 모른다면 곧 전혀 일이 없는 것이다."[85]

이는 마치 효를 행하려는 사람이 그냥 한 개의 효孝자만 지키고 있을 수 없는 것과 같다. 모름지기 효를 행하는 도리로서 시봉侍奉은 어떻게 하고 추울 때와 더울 때는 어떻게 해드려야 할 것인지 안 다음에야 효도를 유감없이 할 수 있는 것이다.[86] 마음속에 효만 지키고 있으면서 효의 구체적 실천이 없다면 그 실제적인 효과가 없듯이, '경'으로써 내면을 바르게 하기만 하고 기를 기르고 의를 축적하지 않으면 외부의 구체적인 일에 전혀 도움

---

85) 정구, 『한강속집』 권4, 「양호첩」. "'問, 敬義何別?' 曰: '敬只是持己之道, 義便知有是有非, 順理而行, 是爲義也. 若只守一箇敬, 不知集義, 却是都無事也.'"

86) 정구, 『한강속집』 권4, 「양호첩」. "且如欲爲孝, 不成只守着一箇孝字. 須是知所以爲孝之道, 所以侍奉當如何, 溫凊當如何, 然後能盡孝道也."

이 안 된다고 하였다. 그래서 한강은 배우는 이에게 "경으로써 내면을 곧게 하고 의로써 외면을 방정하게 하는 것, 이것이 배우는 사람이 긴요하게 공부해야 할 부분이다."[87]라고 가르쳤던 것이다.

한마디로 '경'과 '의'를 함께 중시하는 '경의협지'의 수양론이라고 할 수 있다. 그러나 그렇다고 '경'과 '의' 중에 선후가 없는 것은 아니다.

  ○ "경은 다만 본성을 함양하는 한 가지 일일 뿐이다."[88](정자)
  ○ "나의 한 마음을 함양하는 것이다."[89](정자)
  ○ "본원을 함양하고 의리를 사색해야 한다."[90](주자)
  ○ "함양이 숙련된 자는 저절로 법도에 맞게 된다."[91](주자)
  ○ "함양涵養, 체인體認, 치지致知, 역행力行 등 네 가지는 선후의 차례를 매길 수 없으나 또 선후가 없을 수 없다. 모름지기 함양을 우선으로 하는 것이 마땅하다."[92](주자)

정자와 주자의 말을 인용하여 '경'을 통한 함양공부를 우선시 하고 있음을 알 수 있다. 또한 한강은 「심경발휘서」에서 우리 인간이 요순이 되느냐 도척이 되느냐, 아니면 상등 인물로서 천지의 조화에 동참할 수 있느냐 하등 인간으로서 초목과 함께 썩어지고 금수로 돌아가느냐의 관건은 그 갈림길을 따져보면 '경' 한 글자에 벗어나지 않는다고 하면서, 요순의 심법 가운데 '유정유일惟精惟一 윤집궐중允執厥中'에서 마음가짐을 정밀히 하고[精] 전일하게[一] 하도록 하는 것이 모두 '경'이라고 하였다.[93] 뿐만 아니라 한강

---

87) 정구, 『한강전서 하』 언행록 권1, 「교인」. "先生教學者曰: '敬以直內, 義以方外,' 此學者喫緊用工處也."(李天封)
88) 정구, 『한강속집』 권4, 「독서첩」. "又曰: '敬只是涵養一事.'"
89) 정구, 『한강속집』 권4, 「독서첩」. "又曰: 涵養吾一.'"
90) 정구, 『한강속집』 권4, 「독서첩」. "又曰: 涵養本原, 思索義理.'"
91) 정구, 『한강속집』 권4, 「독서첩」. "又曰: 涵養熟者, 自然中節.'"
92) 정구, 『한강속집』 권4, 「독서첩」. "又曰: '涵養體認致知力行四者, 不可先後, 又不可無先後. 須當以涵養爲先.'"

은 『심경발휘』의 '경이직내敬以直內'장에 '경'을 중시하는 다양한 사례를 수록해 놓고 있다.[94] 이런 점을 통해볼 때 '경'을 중시하는 한강의 관점을 여실히 알 수 있다.

그러나 본성의 함양공부를 우선시했다고 하여 결코 함양공부만을 주장한 것은 아니었다. 이미 함양한 뒤에는 또 성찰하여 함양과 성찰을 하지 않는 때가 없어야 한다[95]고 하였다. 함양은 마음이 움직이기 이전에 주체적으로 존심양성存心養性하는 공부이고, 성찰은 마음이 움직여 사물과 접할 때 사리사욕私利私慾에 빠지지 않도록 엄히 살피는 것이다. 이런 구도 속에서 '경'은 함양의 공부이고, '의'는 성찰의 공부가 된다.[96] 그러니까 함양의 공부가 체體라면 성찰의 공부는 용用이라고 할 수 있다. 한강은 함양과 성찰을 체용의 관계로 파악하여 다 같이 중시하는 가운데 함양공부를 우선에 두었던 것이다. 그렇다고 해도 외부적 실천의 판단준거가 되는 '의'도 절대 소홀히 하지 않았다. 위에서 잠시 언급했지만 이는 '경'에 해당하는 「독서첩」과 '의'에 해당하는 「양호첩」의 양적인 분량을 비교해 보아도 알 수 있다. 「독서첩」은 「양호첩」에 비해 분량이 반 정도밖에 안 된다. 단순한 양의 문제지만 이는 그만큼 수양론의 두 축의 하나인 '의'를 '경'에 못지않게 중요하게 인식한 반증의 예라고 할 수 있다. 기실 그의 문집에서 성리이론에 대한 저술은 거의 없고 사회적 실천에 대한 글이 많은 것도 '의'를 중시한 그의 수양론과 관련이 깊다고 할 수 있다. 이 점이 한강 수양론에 있어서 독특한 면모라 할 수 있다.

---

93) 정구, 『한강집』 권10, 「心經發揮序」. "人惟一心之微, 而爲堯爲舜者在是, 爲桀爲跖者在是, 上焉而參天地贊化育者在是, 下焉而同草木歸禽獸者亦在是. 吁其可警也. 夫要其幾, 不越乎敬之一字而已. 自堯舜精一之訓, 而所以精之一之者, 非敬矣乎."

94) 정구, 『한강전서 상』, 「心經發揮」 권1, '敬以直內'장 참조. 정민정의 『심경부주』와는 달리 한강은 '경의직내'장의 내용을 크게 확대하여 '경'과 관련한 다양한 사례들을 수록해 놓고 있다.

95) 정구, 『한강속집』 권4, 「독서첩」. "又曰: '旣涵養, 又省察, 無時不涵養省察.'"

96) 최석기, 『나의 南冥學 읽기』(景仁文化社, 2005), 83쪽.

한강의 '경의협지'의 수양론의 학문적 연원은 그의 사승관계에서 찾을 수 있다. 한강은 도동서원道東書院의 원규院規를 지으면서 '강습을 부지런히 한다[勤講習]'라는 조목 아래에 "본 서원에 들어온 선비는 과거시험을 대비한 공부를 하지 않을 수 없으나 과거시험 이외에도 옛사람의 이른바 위기지학이란 것이 있다. 만일 과거공부를 하지 않고 위기지학을 하는 자가 있다면 마음을 두어야 할 곳과 힘을 들여야 할 길은 아마도 '경敬' 한 자를 벗어나지 않을 것이다."97)라고 하면서, "한훤당께서 일생동안 절실히 추구한 것은 다 이 '경' 자였다. 이에 대해 제군과 함께 노력하고 감히 중단하지 않기를 원한다."98)고 하였다. 한강은 가학을 통해 외증조부 한훤당의 '경'을 중시하는 학문을 자신의 학문적 자양분으로 섭취했음은 짐작하고도 남음이 있다. 뿐만 아니라 한강 수양론의 직접적인 스승은 퇴계와 남명이라고 할 수 있다.

한강은 남명의 실천궁행을 중시한 '경의사상'99)과 '경'을 중시한 퇴계 심학의 영향을 받아 자기 나름의 수양론의 학문체계를 수립해 나갔다. 진정한 유학자라면 수양론의 두 축인 '경'과 '의'를 함께 중시했음은 자명한 일이다. 그러나 자신에게 주어진 당대 시대정신의 차이에 의해 두 스승이 추구한 수양론도 그 강조점이 다를 수가 있다. 이를테면, 퇴계는 수양론의 두 축 가운데 본성의 함양을 중시한 '경'에 무게 중심이 있다면 남명은 실천을 중시한 '의'에 무게 중심이 있다고 할 수 있다. 이런 관점에서 보면 학문방

---

97) 정구, 『한강속집』 권4, 「院規」. "夫入院之士, 雖不能不爲科擧之事, 而科擧之外, 亦有古人所謂爲己之學者. 苟能不全爲彼所奪, 而或能用心於此焉, 而求之於日用性分之內, 則其存心之地, 用力之方, 庶幾不越乎敬之一字矣."

98) 정구, 『한강속집』 권4, 「원규」. "寒暄堂一生辛苦, 皆是此字. 願與諸君, 共電勉而不敢已也."

99) 정구, 『한강전서 하』 언행록 권1, 「학문」. "선생(한강)은 束脩를 싸들고 남명 선생의 門庭을 찾아가 뵙고서 '敬'과 '義'에 관한 가르침을 깊이 새겨듣고 실천적인 노력을 더욱 독실히 하였다.[先生束脩, 往拜于南冥先生之門, 佩服敬義之訓, 益篤踐履之功]"(이서)

법과 수양론에 있어서 「독서첩」은 퇴계와 가까운 것이라면 「양호첩」은 남명에 가깝다고 할 수 있을 듯하다.100)

한편, 수양론의 근원은 『서경』의 요순심법에서 비롯되어 공맹을 거쳐 송대에 이르지만, '경'이 수양론과 밀접한 관련을 맺으면서 더욱 빛을 발하게 된 것은 송대의 정자와 주자에 이르러서이다. 정자(이천)는 "본성을 함양하는 것은 모름지기 '경敬'으로써 해야 하고 학문을 진취되게 하려면 '치지致知'에 달려 있다."101)고 하였고, 주자 또한 정이천의 수양론의 바탕위에 "큰 근본은 함양을 준용하고, 법도에 맞게 하는 것은 이치를 궁구하는 공부를 필요로 한다."102)고 하여, 거경궁리의 수양론을 제시하였다. 나아가 주자는 거경과 궁리의 두 측면에 대해 다음과 같이 말하였다.

> "배우는 자의 공부는 오직 거경居敬과 궁리窮理 두 가지 일에 있다. 이 두
> 가지 일은 서로 상호적으로 발전하여, 궁리하면 거경공부가 날로 더욱 나아
> 가고, 거경하면 궁리공부가 날로 더욱 상밀詳密해지니, 기실은 다만 한 가지
> 일 뿐이다."103)

거경과 궁리는 학자의 공부방법의 두 요체이지만, 각자 별개로 존재하는 것이 아니라 상보적인 관계에 있기에 실제로는 한 가지 일이라고 하였다. 이처럼 주자는 정이천이 주장한 거경과 궁리의 설을 더욱 완비하여 내외병진內外竝進의 과정을 강조하였다. 한강은 이러한 '경'사상을 정이천이 처음 세상에 밝혔고 운곡(주자)이 크게 천명하였다104)고 했다. 그 뒤 그러한 '경'

---

100) 崔英成, 「寒岡 鄭逑의 學問方法과 儒學史的 位置」, 『한국철학논집』 제5집(한국철학사연구회, 1996), 100-106쪽.

101) 정구, 『한강속집』 권4, 「독서첩」. "程子曰: '涵養須用敬, 進學則在致知.'"

102) 정구, 『한강속집』 권4, 「독서첩」. "又曰: '大本用涵養, 中節則須窮理之功.'"

103) 『朱子語類』 권9, 「學三」(知行·廣錄). "學者工夫, 惟在居敬窮理二事. 此二事相互發, 能窮理則居敬工夫日益進, 能居敬則窮理工夫日益密, 其實只一事."

104) 정구, 『한강속집』 권4, 「원규」. "伊川夫子, 始表章之, 而雲谷夫子, 大發明之."

사상이 퇴계에 이르러 더욱 심화되어 핵심개념으로 부각되었던 것이다.[105)]
한강은 주자와 퇴계에 대한 존경심이 남달랐다. 한강의 「행장」을 쓴 여헌
장현광은 이렇게 적고 있다.

> "우리나라에서 친히 접견한 분으로는 퇴계를 표준으로 삼았고, 송나라의 유
> 자 중에 대성大成한 분으로는 회암晦庵(주자)을 모범으로 삼았다. 그리하여 마
> 음을 제재하고 몸을 다스리는 법과 집안에 거처하고 관청에서 봉직하는 법과
> 군주를 섬기고 백성을 대하는 법을 한결같이 두 선생으로 법을 삼았다."[106)]

마음을 제재함으로부터 백성을 대하는 법에 이르기까지 한강은 주자를
모범으로 삼았고[107)] 퇴계를 표준으로 삼았다. 다시 말해 한강의 삶에 있어
서 주자와 퇴계의 학문과 인품은 바로 자신이 본받아야할 모범이고 표준이
었던 것이다.[108)] 당연히 한강의 수양론도 정자(이천), 주자, 퇴계로 내려오는
심학의 학문적 전통위에 기반하고 있으며, 그런 심학의 전통 속에서 자신
의 수양론의 핵심을 담고 있는 『심경발휘』가 편찬되었다.
　『심경발휘』의 편찬은 정민정의『심경부주』에 대한 비판에서 출발하였으

---

105) 김현수, 「寒岡 鄭逑의 敬義夾持와 禮」, 『한국철학논집』 제9집(한국철학사연구회,
　　　2000), 129-130쪽.
106) 정구, 『한강전서 하』 연보 부록 권2, 「행장」. "其在吾東所親接, 則以退溪爲準的, 其在
　　　宋儒之大成, 則以晦庵爲模範. 所以制心律己, 居家在官, 事君臨民者, 一唯二先生是式焉."
107) 정구, 『한강전서 하』 언행록 권1, 「학문」. "한강은 일생동안 노력을 들일 때 오로지
　　　주자에게서 그 법을 취하였다. 이 때문에 무엇보다『주자대전』・『주자어류』・『주
　　　자어록』・『근사록』 등의 서적에 힘을 다하여 언제나 그 글을 읽을 적에는 주자의
　　　말씀을 곁에서 직접 듣는 것처럼 실감하였다. 심지어 주자가 도를 강론하고 머무르
　　　던 장소에 대해서까지 모두 그 경관을 상상하며 느낌을 자아내었다."(李堉)
108) 정구, 『한강전서 하』 연보 부록 권2, 「神道碑銘」. "아, 四賢이 세상에 나옴으로써 正
　　　學이 밝아졌는데, 우리 유학을 절충하여 집대성한 자는 오직 退陶 이 선생만 그렇게
　　　하였다. 선생(한강)은 이 선생을 직접 만나 눈으로 보고 깨달아 그 정통을 전수받았
　　　다. 그리하여 주 부자(주자)를 모범으로 삼고 이 선생을 指南으로 삼아 축적한 식견
　　　이 넓고 배양한 志氣 또한 깊었으므로 거의 자신을 완성하고 나아가 남을 완성하여
　　　뒤틀린 世道를 만회할 수 있을 정도였다."(申欽)

며, 그 비판의 핵심은 정민정의 사람됨[爲人]109)과 존덕성尊德性 위주의 학문적 편향성에 있다고 할 수 있다.110) 퇴계는 「심경후론」에서 존덕성의 문제에 대해 대부분을 할애하고 있다. 그만큼 이 문제가 당시에 심각하게 받아들여졌던 것이다. 퇴계는 정민정이 『심경부주』의 말미에다 육상산陸象山(陸九淵)의 학설에 가까운 오징吳澄의 설을 제시하고 있을 뿐만 아니라, 그의 저술인 『도일편道一編』에서 주자가 초년에는 육상산을 비판했다가 만년에는 육상산의 견해와 합치되었다고 한 것에 대해 깊은 우려를 표명하였다. 퇴계는 주자와 육상산의 학문은 근본적으로 같을 수가 없다고 하면서, 육상산은 존덕성에 치중한 반면, 주자는 존덕성과 도문학道問學에 대해 어느 한쪽을 폐할 수 없는 것이 마치 수레의 두 바퀴와 새의 양 날개와 같다고 하였다. 그런데도 정민정이 존덕성을 강조한 것은 당시 학자들이 문의文義의 말단[도문학]에만 너무 몰두한 나머지 본원本原으로 돌아가는 공부[존덕성]를 소홀히 하여, 결국 한쪽으로 치우치는 폐단을 바로잡기 위한 것이라고 하였다. 퇴계는 다소 정민정의 순수하지 못한 학문에 대해 직접적인 비판을 가하지 않고, 자신의 학문관점에서 『심경부주』를 이해하여 긍정적으로 재해석하려고 하였다.111)

그러나 한강은 이 점에 대해 불만을 품고, 『심경부주』 말미의 존덕성재명'存德性齋銘'장에서 진덕수의 『심경』 원문만 그대로 두고 정민정이 부주附註한 대부분의 내용을 삭제하고, 그 대신 주자의 설을 가져다가 채워 넣었다. 사실 정민정은 '존덕성재명'장에서 주자가 만년에 존덕성을 중시했다

---

109) 李滉, 『退溪集』 권41, 「心經後論」. 여기서 퇴계는 정민정의 사람됨의 문제에 대해 두 지를 들고 있는데, 첫째는 과거시험 문제를 팔았다는 것[賣題事]과 둘째는 勢利 두 자를 벗어버리지 못했음을 지적하였다. 그러나 퇴계는 이 두 문제에 대해 전자는 劉健의 모함에 의한 소행이고, 후자는 汪循이 정민정의 실상을 모르면서 일찍이 과거 문제를 팔았다는 罪名을 쓰고 있는 것을 보고 잘못 지목했던 것이라고 변론하였다.
110) 최영성, 위의 논문, 101-102쪽.
111) 이황, 『퇴계집』 권41, 「심경후론」 참조.

는 사실에 초점을 맞추어 기록하고 있다. 우선 정민정의 생각을 알아보기
로 한다.

"주자가 만년에 학자들이 강설에 전념하고 함양을 폐하여, 장차 언어와
문자의 고루함에 빠지고도 스스로 깨닫지 못했기 때문에 존덕성을 중시하
여 이미 정윤부程允夫를 위해 명銘을 짓고 또한 종유從遊한 자들에게 누차
경계하였으니 대개 이것이 정론定論이다. 그러므로 『심경』은 이것으로 마쳤
으니, 후학들은 여기에 진실로 힘을 다하여 돌아가 머물 바를 알게 되면 덕
이 닦여지고 도가 모여서 성인이 되는 공부를 거의 할 수 있을 것이다."[112]

만년에 주자가 언어 문자에 매인 학문, 즉 도문학에 빠진 학자들의 폐
단을 시정하기 위해 존덕성을 중시하였으며, 이것이 결국 주자 만년의 정
론이라고 하였다. 그러나 한강은 이 같은 정민정의 학문 관점을 비판하며
『심경발휘』에서는 이 부분을 완전히 삭제하고, 대신 『중용』 27장의 존덕성
조목의 아래에 나오는 주자의 주를 인용하여 비판하였다.

"주자가 또 말하였다. '존덕성은 존심存心하여 도체道體의 큰 것을 다하는
것이고, 도문학은 치지致知하여 도체道體의 세밀한 것을 다하는 것이니, 이
두 가지는 덕을 닦고 도를 모우는 큰 단서이다. 일호一毫의 사의私意로 스스
로 가리지 않고 일호一毫의 사욕私欲으로 스스로 누되지 않게 하며, 그 이미
알고 있는 것을 함영하고 이미 능한 것을 돈독히 하는 것은 이 모두 존심存
心의 등속이다. 이치를 분석하면 털끝만큼의 오차도 있지 않게 하고, 일을
처리하면 지나치거나 미치지 못하는 오류를 있지 않게 하며, 의리를 다스리
면 날로 그 알지 못했던 것을 알고, 절문節文을 하면 날로 그 삼가지 않았던
것을 삼가는 것은, 이 모두 치지致知의 등속이다. 대개 존심存心이 아니면 치
지致知를 할 수 없고 존심하는 데에는 또한 치지를 하지 않을 수 없다.'"[113]

---

112) 程敏政, 『心經附註』按, 317쪽. "朱子晚年, 以學者專講說而廢涵養, 將流於言語文字之陋
而不自覺. 故又於尊德性爲重, 旗爲程允夫作銘, 且屢有懲于從遊者, 蓋定論也. 故心經以是
終焉. 後之學者, 誠力於斯而知所歸宿, 則德可修道可凝, 而作聖之功, 可幾矣."

여기서 한강은 정민정의 견해와는 달리, 존덕성과 도문학을 함께 중시한 주자의 학문관점을 밝히고 있다. 존덕성은 도체의 큰 것을 다하는 것이고 도문학은 도체의 세밀한 것을 다하는 것이라고 하면서, 존덕성과 도문학을 존심과 치지에 관련시켜 논의하였다. 사의에 가리지 않고 사욕에 누가 되지 않으며, 알고 있는 것을 함영하고 능한 것을 돈독히 하는 것은 존심에 해당되며, 이치의 분석에는 오차가 없게 하고 일을 처리할 때는 오류를 없게 하며, 의리를 다스릴 때는 알지 못했던 것을 알고 절문할 때는 삼가는 것이 치지에 해당된다고 하였다. 한마디로 존덕성에 해당하는 존심의 방법과 도문학에 해당하는 치지의 방법을 상수적相須的인 관계에서 함께 중시해야 함을 역설한 것이다. 이는 결국 정민정이 주장한 존덕성 중심의 주자만년설이 심학의 절대성을 강조하는 상산학象山學의 폐단에 빠졌다고 보았기 때문이다. 이 점은 다음 대화에서도 잘 나타나고 있다. 문인 황종해가 주자와 육상산이 대립한 까닭을 묻자, 한강이 "주자는 덕성을 높이고 학문을 닦는 양 방향의 공부를 주장하여 어느 한쪽을 폐한 적이 없는데, 육상산의 학문은 덕성을 높이는 방향의 공부만 주장하였으니, 이 때문에 대립한 것이다."고 하여,[114] 주자와 육상산의 학문의 특성과 그로 인해 서로 간에 대립하게 된 까닭을 분명하게 인식하고 있었다.[115]

---

113) 정구, 『한강전서 상』, 「심경발휘」 권4, 484-485쪽. "又曰: '尊德性, 所以存心而極乎道體之大也, 道問學, 所以致知而盡乎道體之細也, 二者, 修德凝道之大端也. 不以一毫私意自蔽, 不以一毫私欲自累, 涵泳乎其所已知, 敦篤乎其所已能, 此皆存心之屬也. 析理則不使有毫釐之差, 處事則不使有過不及之謬, 理義則日知其所未知, 節文則日謹其所未謹, 此皆致知之屬也. 蓋非存心, 無以致知, 而存心者, 又不可以不致知.'"

114) 정구, 『한강전서 하』 언행록 권1, 「講辨」. "問朱陸角立之由, 先生曰: '朱子主尊德性道問學兩邊工夫, 未嘗偏廢, 象山之學, 偏主尊德性一邊工夫, 此乃所以角立也.'"(黃宗海)

115) 이 같은 학문관점은 한강의 문인 경당 장흥효와의 문답에서도 공히 보인다. "장흥효가 물었다. '朱陸이 서로 버티어 굴복하지 아니한 까닭은 무엇 때문입니까?' 한강이 대답하기를 "주자는 존덕성·도문학 이 양쪽의 공부를 들어서 말하였기 때문에 한쪽을 버려야만 한다는 설을 위주로 하여 말한 적이 없으나, 상산의 학문은 존덕성이 한 쪽만을 위주로 하여 말하였으니, 이것이 서로 버티어 굴복하지 아니한 까닭이다."라고 하였다.(張興孝, 『敬堂別集』 권3, 「연보」 45년 丁巳年 9월 13일 條)

이상에서 살펴보았듯이 한강 수양론의 특징은 거경과 궁리, 즉 '경'과 '의'를 동시에 중시하는 '경의협지'의 수양론이라고 할 수 있다. 이 같은 수양론은 퇴계의 '경'을 중시하는 수양론과 남명의 실천궁행을 중시하는 '경의사상'의 장점을 취하여 한강 나름의 학문관점에서 받아들여 자기화한 것이다. 그것은 다름 아닌 '경'을 통한 함양공부를 우선시하면서도 외부의 실천적 판단의 준거인 '의'를 동시에 강조하기 때문에 한강의 수양론이 단순히 내면의 수양단계에 머물지 않고 실천적 영역으로 확대, 적용될 수 있는 강력한 동력動力을 갖추고 있다는 것이다.[116] 아울러 그런 가운데서도 한강은 정자(이천)와 주자, 그리고 퇴계로 내려오는 수양론의 학문적 전통을 중요하게 여긴다는 것이다. 이 점이 한강 수양론의 특징이라고 할 수 있다.

4. 맺음말

본고는 한강 정구의 학문경향과 정주학의 수용양상을 조명해 본 것이다. 한강은 16세기 후반에서 17세기 전반기에 활동했던 영남사림의 대표적 인물이다. 그는 타고난 자질과 가학으로 내려오는 학문적 전통을 계승한 바탕 위에 당대의 큰 스승을 찾아뵙고 그들의 학문적 장처를 두루 섭렵하였다. 이를테면, 한훤당 김굉필의 정학正學과 남명 조식의 정론正論과 퇴계 이황의 진실한 도[的旨]를 받아들여 이후 당대의 독특한 학문경향을 형성하였다.

그의 학문경향은 하학의 중시와 박학의 추구이다. 하학중시의 경향은 일상생활의 기본예절을 실천하는 하학공부를 통해 천리天理인 상달上達로 나아가는 학문차서를 강조하는 학문관점이다. 여기에는 고원高遠한 이론만 내세우는 학자들의 병폐와 독실한 배움의 과정없이 함부로 자신의 학설을 내

---

116) 林宗鎭,「寒岡 鄭述의 修養論」,『東洋禮學』第6輯(동양예학회, 2001), 46-50쪽.

세워 남의 이목을 끌려고 하는 학문풍조에 대한 경종의 의미가 들어있다. 박학의 추구는 학문의 규모와 범위가 굉박宏博하다는 것이다. 한강의 굉박한 학문세계에는 성리이론에 대한 내용은 거의 없고 현실의 쓰임에 대비할 수 있는 응용구시應用救時의 내용들이 많은 부분을 차지하고 있다. 그만큼 현실의 쓰임에 대비하는 실용적인 성격을 지닌다고 할 수 있으며, 바로 이 점이 당대 학문경향에 비추어 보았을 때 반성적인 의미를 지니는 것이다. 한강의 박학풍은 당대의 외로운 울림으로 끝난 것이 아니라 미수 허목을 통해 근기남인에 의해 발전적으로 계승되어 나갔다.

한편, 한강은 20세 전반에 자신이 추구해야 할 학문의 방향성을 분명하게 제시하였다. 그것은 다름 아닌 과거의 길을 단념하고 구도의 자세로 정주가 남긴 성리학에 종사하는 것이었다. 그 결과 그의 문집에는 정주학과 관련한 많은 저술과 편찬이 있다. 그 저술과 편찬의 특징을 지적해보면 다음과 같다. 첫째, 정주학의 핵심의제인 이기론이나 사단칠정론과 같은 사변적 성리설에 대한 내용은 거의 없고, 심성의 함양이나 내면의 수양에 초점이 맞추어져 있음을 알 수 있다. 이는 한강의 학문경향이 이론 성리학보다는 실천 성리학에 무게 중심이 있다는 것이다. 둘째, 정주학에 관한 편찬저술의 대부분이 자기의 주관적 입장에 의해 학설을 내세우는 저서의 형태라기보다는 경전 중에서 학문의 요점을 발췌 요약하고, 간간히 자신의 견해를 덧붙이는 '편록'이나 '집록'의 저술방식을 택하고 있다. 이는 정자와 주자, 그리고 퇴계의 학문과 기상을 흠모한 나머지, 그들의 편찬저술 방식에 의해 자신의 학문관점을 담아낸 것이라고 유추해 볼 수 있다.

한강의 수양론은 '경'과 '의'를 동시에 중시하는 '경의협지'의 수양론이라고 할 수 있다. 이는 퇴계의 '경'을 중시하는 수양론과 남명의 실천궁행을 중시하는 '경의사상'의 장점을 취하여 한강 나름의 학문관점에서 받아들인 결과였다. 그러면서도 한강은 정이천과 주자, 그리고 퇴계로 내려오는 수양론의 학문적 전통을 중요하게 받아들이고 있다. 이 점이 한강 수양론의 특징이라고 할 수 있다.

요컨대, 한강이 추구했던 학문경향과 수양론은 한강 학문의 지역적 기반이기도 했던 영남 중부권의 학문적 토대가 되었거니와[117] 그의 '경의협지'의 수양론은 이후 성리학적 심학의 발전에 하나의 초석이 되었다고 생각한다.

* 『남명학연구』 제24집(경상대학교 남명학연구소, 2007)에 수록된 글을 수정 게재함.

---

117) 이점에 대해서는 장윤수·임종진, 「한강 정구와 조선 중기 대구권 성리학의 연계성에 관한 연구」, 『東洋社會思想』 第8輯(東洋社會思想學會, 2003)에서 시사하는 바가 있다. 추후에 논의를 더해 가기로 한다.

3장 남헌학의 수용을 통해 본 한강학의 새로운 이해

이영호(성균관대학교)

1. 서론

고려말에 주자학을 수용한 이래, 고려에서 조선말에 이르기까지 중국주자학의 수용과 전래는 비교적 신속하였다. 이는 주자학 수용에 있어서 조선의 재조와 재야의 유학자들이 가지고 있었던 지식의 경사를 반영하는 현상이라 할 수 있다. 사정이 이러하였기에 조선의 유학은 주자학이 대세였으며, 간혹 양명학 혹은 실학이 등장하기도 하였으나 주자학의 자장에서 자유롭지 못하였다. 그러나 이것이 곧 중국주자학에 대한 조선 학문의 종속을 의미하는 것은 아니었다. 조선은 주자학을 수용한 이래, 퇴계 이황을 거치면서 조선적 특징을 지닌 조선주자학으로 거듭났으며, 우암 송시열을 필두로 하는 우암학파에 이르러서는 주자의 전적을 고증적으로 연구하는 주자서 문헌학이 탄생하였다. 이는 동아시아유학사에서 조선에만 유별난 현상이기에, 이를 두고서 우리는 조선주자학이라고 평가할 수 있을 것이다.[1]

---

[1] 퇴계학파와 율곡학파에 의해 정립된 조선주자학의 면모에 관해서는, 이영호, 「퇴계 경학을 통해 본 조선주자학의 독자성 문제」, 『퇴계학논집』 8호(영남퇴계연구원, 2011)

조선이 주자학의 나라가 되는 데는 이처럼 퇴계와 율곡, 우암 같은 조선중기 주자학의 거벽들이 핵심적 역할을 하였는데, 그 영향은 조선후기를 거쳐 지금도 이어지고 있다. 그러면 조선전기에서 중기에 이르기까지 우리의 유학 사상사는 주자학 일변이었던가?

이러한 주자학 일변의 틈새를 비집고서 새로운 유학의 물줄기를 우리의 유학사상사에 제공한 학자가 있었으니, 바로 한강寒岡 정구鄭逑(1543-1620)이다. 한강은 한국유학사에서 매우 특별한 지위를 지닌다. 바로 조선주자학의 거두인 퇴계학과 남명학의 적전이면서 실학의 연원에 위치하는 것으로 평가받기 때문이다. 한강학의 원류는 무엇이며 어떠한 특징을 함유하고 있기에 이러한 양면적 평가가 가능한가? 그리고 한강학은 조선전기 유학사에서 중국 유학의 어떠한 흐름을 새로이 수용하였던가? 종국적으로 한강학은 조선전기 유학사의 지형도를 새롭게 구성하는데 어떤 역할을 하였던가?

본고에서는 이에 대한 답을 모색하고자, 한강에 대한 당대 및 후대의 다양한 평가를 일람한 후, 한강학의 연원을 추적해 보고자 한다. 먼저 논의의 편의를 위해 한강에 관한 당대 및 후대의 다양한 평가 중, 본고의 논의와 유관한 평가를 추출하여 제시해 보기로 하겠다.

① 『한강언행록』에 실린 이서의 기록
나의 소견으로 보면 **퇴계는 주자 이후에 첫째가는 사람이고 선생[한강寒岡]은 퇴계 이후에 첫째가는 사람이다.**[2]

② 『여헌선생문집』에 실린 장현광의 제문
정론正論을 두류산頭流山(조식曹植)에서 받았으니 확고히 세운 것은 마치 기둥이 주춧돌을 얻은 것 같았고, **진실한 도를 도산陶山(이황李滉)에게서 얻**

참조
2) 李䎘,「寒岡先生言行錄」,『東湖先生文集』卷二. "以余觀之, 退溪朱子後一人也, 先生退溪後一人也."

었으니 묘리를 깨우친 것은 마치 향기로운 난초가 있는 방에 들어간 듯하였습니다.[3]

③ 『여유당전서』에 실린 윤진사행장

퇴계와 한강의 학문이 대령大嶺(조령鳥嶺)의 남쪽에만 전하고 있을 뿐, 서울 사는 사람과 귀한 집의 자제들은 육경六經을 변모弁髦처럼 여겨 제멋대로 거리낌 없이 노닐었다.[4]

④ 『번암선생집』에 실린 성호선생묘지명

생각건대 우리의 도는 전해진 도통이 있으니, 퇴계선생은 우리나라의 부자夫子이시다. **이 도는 한강寒岡에게 전해졌고, 한강은 이 도를 미수眉叟(허목許穆)에게 전했으며, 선생(이익李瀷)은 미수를 사숙하였다.**[5]

①에서 보듯이 한강 당대에 한강의 위상은 주자에서 퇴계로 이어진 주자학의 맥을 계승한 학자이다. 한편 ②에서 보듯이 조선유학사에서 한강의 위상은 조선주자학의 태두인 퇴계와 남명을 동시에 계승한 것으로 설정된다. 이러한 한강의 학문은 이후 ③과 ④에서 보듯이 한줄기는 영남퇴계학파로 계승이 되며, 또 다른 갈래는 미수 허목을 통하여 근기실학파로 계승이 된다. 즉 주자학과 실학이라는 어찌 보면 연속이면서 달리 보면 단절적 층위가 가능한 조선의 이 두 학통의 분기점에 한강이 있는 것이다.

한편 한강학의 이러한 특징에 대하여 홍원식은 장현광이 「한강선생행장」에서 한강학을 '명체적용明體適用'[6]이라고 규정한 것을 근거로 다음과 같이

---

3) 張顯光, 「祭寒岡鄭先生文」, 『旅軒先生文集』 卷十. "承正論於頭流, 所以樹立者, 如柱得礩, 聞的旨於陶山, 所以契悟者, 如入蘭室."
4) 丁若鏞, 「玄坡尹進士行狀」, 『與猶堂全書』, 第一集 詩文集 第十七卷. "退溪寒岡之學, 獨傳於大嶺之南, 而京輩貴游之子, 弁髦六經, 放曠不羈."
5) 蔡濟恭, 「星湖李先生墓碣銘」, 『樊巖先生集』 卷五十一. "但念吾道自有統緒, 退溪我東夫子也. 以其道而傳之寒岡, 寒岡以其道而傳之眉叟, 先生私淑於眉叟者."
6) 張顯光, 「皇明朝鮮國 故嘉善大夫司憲府大司憲兼世子輔養官 贈資憲大夫吏曹判書兼知義禁

평가하였다. 한강의 성리학이 명체의 학이라면, 그의 예학과 경세학은 적용의 학인데, 전자는 계승적 측면이 강하다면 후자는 한강학이 일궈낸 영역이다.[7] 즉 홍원식의 주장에 의하면, 한강학은 주자학(퇴계학)과 실학적 요소가 공존하고 있는데, 전자는 주자와 퇴계를 계승하였다면, 후자는 한강학의 독자적 지평이라는 것이다. 본고에서는 바로 이 지점에 착목하여 과연 한강학의 독자적 지평은 그 자체로 순수하게 한강이 일궈낸 영역인지, 아니면 한강학의 또 다른 연원이 있어 이것이 가능하였는지를 고찰해 보고자 한다. 논의의 집중을 위해서 한강의 『논어』에 관한 여러 해석을 중심으로 연구를 진행하고자 한다. 조선유학자들의 사유의 핵심에 『논어』가 자리하고 있는데, 한강 또한 예외가 아니었기 때문이다. 만년에 한강은 『논어』의 인에 관한 제설을 모아『수사언인록』을 편찬하였고, 『심경발휘』에서는 『논어』의 몇 구절에 대하여 선현들의 주석을 새롭게 수합하였다. 차례대로 살펴보면서, 한강학의 특징과 그 연원에 대하여 탐색해 보기로 하겠다.

2. 한강 논어학의 분석

1) 『수사언인록』 : 장식 『수사언인』의 재편찬

1604년 12월 18일에 한강은 『수사언인록洙泗言仁錄』이라는 책을 편찬하고서 그 말미에 다음과 같은 발문을 썼다.

> 사람으로서 인仁하지 못하면 사람이라고 할 수 없는데, 인이란 사욕私欲
> 이 완전히 사라지고 천리天理가 온전히 보전되지 않으면 인이라고 말할 수

府事寒岡鄭先生行狀」, 『旅軒先生文集』 卷十三. "先生以明體適用之學, 自期焉."
7) 홍원식, 「정구의 한강학과 퇴,남학」, 『영남학』 26호(경북대학교 영남문화연구원, 2014), 222쪽.

없다. 이는 성문聖門의 제자諸子들이 참마음으로 정성스럽게 인에 관해 물었던 이유이며, 부자夫子가 평소에 인에 대해서는 드물게 언급하는 가운데서도 정성스럽고 친절하게 가르쳐 주지 않을 수 없었던 것이다. 이 때문에 정자程子가 공부하는 자로 하여금 유별로 모아 살펴보기를 바랐었고, 남헌南軒 선생이 마침내 관련 자료를 엮어 책을 만들었다. …… 나는 이 나라 동국東國의 후학으로 일찍이 성현의 학문에 뜻이 있었으나 결국 이룬 것은 없으니, 이는 도를 깊이 체득하는 면에 스스로 온 힘을 쓰지 못한 때문이었다. 부끄럽고 서글픈 심정이 사무치는 가운데 항상 장자張子가 엮은 이 책을 볼 수 없는 것을 유감으로 여겨 오던 중에 다행히 다른 글 속에서 그 내용을 끄집어내 베껴 쓰고 주자의 집주集註와 거기서 인용한 정자와 장자 이하 제현의 말씀을 첨부하여 한 권의 책으로 만들어 깊이 탐구하고 익히 읽어볼 수 있는 자료로 삼았다.8)

한강의 이 발문을 보면, 『수사언인록』은 『논어』에 나오는 인仁에 관하여 정자程子가 일차 수집을 시도하고 남헌南軒 장식張栻(1133-1180)이 재차 관련자료를 모아서 일종의 『논어』 인설仁說로 편찬한 책이다. 이 책을 한강은 애타게 구하다가 결국 구하지 못하고서, 자신이 직접 관련자료를 모아서 재편찬하였다. 그런데 남헌의 『수사언인』을 구하고자 한 한강의 시도는 애초에 헛된 노력이었다.

남헌이 편찬한 『수사언인』은 송대에 각본刻本이 있고 우무尤袤(1127-1194)가 편찬한 『수초당서목遂初堂書目』에 저록이 되어있다고 한다. 그러나 『송사』 「예문지」에 이미 그 모습이 보이지 않고, 이후 여러 서목이나 서지에도 언급되지 않고 있다. 이로 보아 이 책은 어떤 연유에서인지 일찍이 일실되었

---

8) 鄭逑, 「跋文」, 『洙泗言仁錄』, 국립중앙도서관, 泗南書庄藏板. "人而不仁, 不可以爲人, 仁非私欲盡而天理全, 不足以言仁. 此聖門諸子所以拳拳於問仁, 而夫子亦不得不諄諄於罕言之餘也. 程子所以欲令學者類聚觀之, 而南軒先生遂編成書. … … 余以東偏末學, 早而有志, 晚而無成, 由不能自力於體認之方也. 深切愧悼, 常恨不得見張子所編, 幸而得於他書之中, 拈出而書之, 添附朱子集註與所引程, 張以下諸賢之論, 作爲一書, 以爲潛翫熟復之地."(이 발문은 「書洙泗言仁錄後」라는 제목으로 『寒岡先生文集』 卷九에 실려 있음.)

다.9) 그러나 그 흔적을 통행본『남헌집南軒集』권14에「수사언인서洙泗言仁序」가 남아 있는 데서 찾을 수 있다. 즉 이 책은 중국에서도 일찍이 서문만 남아있는 책이었던 것이다. 한강은 저간의 이러한 사정을 모르고서 애타게 이 책을 구하였던 것이다. 결국 한강은 이 책을 도저히 찾을 수 없자,『남헌집』의「수사언인서」를 비롯하여 남헌이 남긴 기록들에 의거하여 이 책을 재편집하고서『수사언인록』이라 명명하였다.

한강의『수사언인록』의 편집체제를 살펴보면,『논어』에서 인에 관하여 공자가 말한 54조목의 경문을 뽑고서 그 아래에 이정자, 주자, 남헌의 인설을 순차적으로 나열하고 있다. 한강이 뽑은『논어』54조목을 편별로 제시하면 다음과 같다.

「학이學而」: 2장, 3장
「팔일八佾」: 3장
「이인里仁」: 1장, 2장, 3장, 4장, 5장, 6장, 7장
「공야장公冶長」: 4장, 7장, 18장
「옹야雍也」: 5장, 20장, 21장, 24장, 28장
「술이述而」: 6장, 14장, 29장, 33장
「태백泰伯」: 2장, 7장
「자한子罕」: 1장, 28장(*「헌문憲問」: 30장 → 유사내용이라서 뒤에 붙인 것으로 판단됨)
「안연顏淵」: 1장, 2장, 3장, 20장, 22장, 24장
「자로子路」: 12장, 19장, 27장
「헌문憲問」: 2장, 5장, 7장, 17장, 18장
「위령공衛靈公」: 8장, 9장, 32장, 34장, 35장
「양화陽貨」: 6장, 8장, 21장
「미자微子」: 1장

---

9) 이에 대한 자세한 사항은, 張栻,「前言」,『張栻全集(上)』(長春出版社, 1999), 10쪽; 程元敏,「張栻「洙泗言仁」編的源委」,『孔孟學報』제11기(中華民國孔孟學會, 1966) 참조.

「자장子張」: 6장, 15장, 16장

『수사언인록』에 수록된 정자와 주자의 경설은 주로 『이정집二程集』과 『논어집주論語集注』에서 인용되고 있는데, 우리가 주목하고자 하는 부분은 이 두 학자의 뒤에 수록된 남헌의 논어설이다. 이 책 자체가 남헌의 『수사언인』을 모방하여 한강이 편집한 것이기도 하지만, 남헌의 논어설은 이정자 및 주자와 구별되는 지점이 있기 때문이다. 먼저 한강이 남헌의 논어설을 어디에서 찾아 인용했는지를 살펴보겠다. 주지하다시피 남헌은 이른바 『논어해論語解』(일명 『계사논어해癸巳論語解』)라 불리는 『논어』주석서를 편찬하였다. 한강의 『수사언인록』의 내용 대부분은 바로 남헌의 『논어해』에서 그대로 인용한 것이다. 그런데 자세히 살펴보면 통행본 『논어해』와 차이를 보이는 부분도 있다. 그 양상을 보면 아래와 같다.

① 「八佾」3장. 子曰: "人而不仁, 如禮何? 人而不仁, 如樂何?"
『論語解』「八佾」3장 : 禮樂無乎不在, 而其理則著於人心. 人仁則禮樂之用, 興矣, 人而不仁, 其如禮樂何?
『洙泗言仁錄』「八佾」3장 : 禮樂無乎不在, 而其理則著於人心. 人仁則禮樂之用, 興矣, 人而不仁, 其如禮樂何?

② 「里仁」2장. 子曰: "不仁者, 不可以久處約, 不可以長處樂. 仁者安仁, 知者利仁."
『論語解』「里仁」2장 : 安仁者其心純一, 不待勉强, 而無不在是也. 利仁者知仁之美, 擇而爲之, 故曰利也.
『洙泗言仁錄』「里仁」2장 : 安仁者其心純一, 不待勉强, 而無不在是也. 利仁則有所擇, 知其爲美, 而爲之, 故曰利也.

③ 「學而」2장. 有子曰: "其爲人也孝弟, 而好犯上者鮮矣, 不好犯上, 而好作亂者, 未之有也. 君子務本, 本立而道生, 孝弟也者, 其爲仁之本與!"

『論語解』「學而」2장：其爲人也孝弟, 與孟子所言其爲人也寡欲, 其爲人也多欲, 立語同. 蓋言人之資質, 有孝弟者, 孝弟之人, 和順慈良, 自然鮮好犯上. 不好犯上, 況有悖理亂常之事乎? 君子務本, 言君子之進德, 每務其本, 本立則其道生而不窮. 孝弟乃爲仁之本, 蓋仁者無不愛也, 而莫先於事親從兄, 人能於此, 盡其心, 則夫仁民愛物, 皆由是而生焉. 故孝弟立則仁之道生, 未有本不立, 而末擧者也. 或以爲由孝弟可以至於仁, 然則孝弟與仁爲異體也, 失其旨矣.

『洙泗言仁錄』「學而」2장：親親仁也. 仁莫大於愛親, 其次則從兄, 故曰行仁必自孝弟始. 愛之所施, 由是而無不被者矣.

한강의 『수사언인록』에 인용된 내용의 대부분은 ①에서 보듯이 남헌의 『논어해』에서 그대로 가져온 것이 대부분이다. 이는 한강이 『수사언인록』에서 인용한 남헌 논어설의 저본이 『논어해』임을 보여주는 것이다. 그런데 ②의 밑줄 그은 예처럼, 문리는 통하면서 글자의 출입이 있는 경우와 ③의 예처럼 아예 문장 자체가 다른 경우가 있다. 『논어해』는 주자와 논변을 통해 수정을 거친 저작으로, 주자가 『남헌집』을 간행하기 이전에 이미 간행되었다.[10) 지금 이 책의 판본의 종류를 알 수 없지만, 남헌의 저작 중 일찍 출간되었고 주자의 교정을 받아 다시 출간된 점을 고려해 본다면, 현존 통행본 『논어해』와는 다른 판본이 있을 가능성이 있다. 통행본 『논어해』와 『수사언인록』에 인용된 『논어해』의 글자의 출입, 혹은 문장의 상이성이 이러한 가능성을 보여주고 있다. 특히 ③의 예문에서 한강이 『수사언인록』을 통해 인용한 남헌의 논어설은 현재 남아있는 남헌의 문집이나 경전주석에서 찾아볼 수 없다. 그런데 문장은 다르지만 자세히 읽어보면, 글의 의미는 유사함을 알 수 있다. 이는 어쩌면 주자의 교정을 거치면서 문장을 대폭 수정한 흔적이라고 추측할 수 있다. 그리고 한강은 이러한 교정의 와중에 생성된 『논어해』의 판본 중 하나를 『수사언인록』의 인용저본으로 삼았을 가

---

10) 이에 관해서는 주자가 지은 남헌의 碑銘인 「右文殿修撰張公神道碑」와 『四庫全書總目提要』의 『癸巳論語解提要』에 그 정황이 실려 있다.

능성이 있다. 이는 현재 통행본『논어해』와 다른 판본의『논어해』가 조선에 들어와 읽혔을 가능성을 보여주고 있다.[11)]

한강은 남헌의『논어해』에서 인仁에 관한 주석을 추출하여 책으로 엮고서 이를 숙독하고 자기 삶의 지남으로 삼았다. 이는 곧 남헌의 사상이 한강의 사유에 스며들었음을 암시하는 것이라 할 수 있다. 주지하다시피 한강의 사유의 근간은 주자학과 퇴계학이다. 그런데『수사언인록』을 읽다보면, 주자학과 미세하나마 구별되는 지점에서 남헌학을 숙독하고 수용하였음을 볼 수 있다. 특히「학이」2장과「술이」14장에서 이 지점이 두드러진다.

『논어집주』「학이」2장에서 주자는 인에 대하여 "인은 사랑의 이치이자 마음의 덕"이라고 정의하면서, 이를 부연하는 주석을 정자의 말을 통하여 "본성의 측면에서 논하자면 인을 효제의 근본으로 삼아야 된다. …… 대체로 인은 본성이고 효제는 작용이다. 본성 가운데는 인의예지 네 가지가 있을 뿐이니, 어찌 효제로부터 오는 것이겠는가."[12)]라고 하였다. 이는 명백하게 '인'을 실천의 영역이 아닌 추상적 본성으로 파악한 것이다. 이에 비하여 남헌의 주석은 위의『수사언인록』에서 인용한 데서 보았다시피, "어버이를 친애하는 것이 인이다. 인은 어버이를 친애하는 것보다 큰 것이 없으니, 그 다음이 형을 따르는 것이다. 그러므로 '인을 행할 때는 반드시 효제로부터 시작한다'라고 한 것이다. 사랑의 베풂은 이로 말미암아 펼쳐 나가지 않음이 없는 것이다."[13)]라고 하였다. 이는 '인'을 명백하게 실천적 덕목으로 파악한 것이다. 즉 주자가 인을 추상적 덕성으로 본 것에 비하여, 남헌은 인을 실천적 덕목으로 파악하였다. 한강은『수사언인록』에서『논어집

---

11) 이 주장에 해당하는 서지학적 증거를 찾지 못하였기에, 이는 다만 그 가능성의 차원에서 논한 것이다.

12) 朱熹,「學而」2장,『論語集注』. "仁者, 愛之理, 心之德也. …… 論性則以仁爲孝弟之本. …… 蓋仁, 是性也, 孝弟, 是用也. 性中, 只有箇仁義禮智四者而已, 曷嘗有孝弟來?"

13) 鄭述,「學而」2장,『洙泗言仁錄』, 국립중앙도서관, 泗南書庄藏板. "親親仁也. 仁莫大於愛親, 其次則從兄, 故曰行仁必自孝弟始. 愛之所施, 由是而無不被者矣."

주』의 주자설과 남헌의 설을 동시에 인용하고 있다. 이는 주자학적 사유체계를 근간으로 하면서, 동시에 남헌의 실천중시의 사고를 겸채하고 있음을 보여주는 것이다.

한편 「술이」 14장에서 공자가 당시 아버지에 대한 부당한 행위로 지탄을 받던 위나라 임금 첩輒을 보필하겠는가라는 문제에 대하여, 주자는 위나라 군주 첩이 나라를 등에 업고 아버지 괴외蒯聵의 입국을 거절하였다고 하면서 심하게 가치절하하였다.14) 이는 명분론의 입장에서 편언片言으로 엄단한 것이다. 그런데 남헌의 이 경문에 대한 주석을 보면, "위나라 첩의 일을 국인國人의 입장에서 논해 보기로 하겠다. 괴외는 이미 선군(위령공衛靈公)에게 죄를 얻어 도망쳤고, 첩은 선군의 명을 받았다. 나라에는 군주가 없어서는 안 되니, 첩이 즉위하여 괴외를 거절한 것은 괜찮다. 일찍이 괴외가 아비이고 첩이 자식임을 알지 못하겠으니, 부자의 의리가 먼저 없어졌는데, 나라가 하루라도 존속할 수 있겠는가."15)라고 주석을 달았다. 이는 주자와 주장을 같이 하면서도, 주자에 비하여 당시의 역사적 정황을 충분하게 고려한 다음 자세하게 서술한 것이라 할 수 있다. 이는 기본적으로 역사를 중시하는 남헌의 학문적 특징이 경전주석에 투영된 것이라 할 수 있다. 후술하겠지만, 한강학의 핵심은 주자학이지만, 한강학의 실천중시의 지향이나 역사와 당대 지역에 관한 관심16)은 바로 남헌의 이러한 학문적 특징과 어느 정도 접맥해 있다. 다음으로 『심경발휘』의 『논어』조 분석을 통하여 한강학의 특징을 보다 더 규명해 보기로 하겠다.

---

14) 朱熹, 「述而」 14장, 『論語集注』. "若衛輒之據國拒父, 而唯恐失之, 其不可同年而語, 明矣."
15) 張栻, 「述而」 14장, 『論語解』. "衛輒之事, 國人論之, 以爲蒯聵旣得罪於先君而出奔, 而輒受先君之命, 宗國不可以無主, 則立輒而拒蒯聵, 可也. 曾不知蒯聵父也, 輒子也, 父子之義先亡, 而國其可一日立乎?"
16) 이우성은 「해제」, 『국역 한강집』 1(민족문화추진회, 2001)에서, 한강학의 특징을 宏大하고 博洽함으로 들면서, 예로 역사, 전기류의 저술을 거론하였다.

2) 『심경발휘』: 정민정 『심경부주』의 재구성

정민정程敏政(1445-1499)이 편찬한 『심경부주心經附註』는 퇴계에 의해 그 중요성이 인식된 뒤로[17] 조선주자학자들의 필독서가 되었다. 그러나 정민정의 『심경부주』는 지나치게 존덕성尊德性으로 흘렀다는 비판을 받으면서 이에 대한 논의가 다양하게 일어났다. 퇴계가 『심경부주』의 뒤에 붙인 「심경후론心經後論」을 보면, 문제의 발단은 정민정이 원나라의 대표적 유학자였던 오징吳澄(초려선생草廬先生 혹은 임천오씨臨川吳氏로 불림, 1249-1333)의 글을 인용한 데서 비롯된 것 같다. 오징의 학문에 대해서는 일찍이 중국에서 선학禪學에 물들었다는 비판이 있었는데도 불구하고 정민정은 오징의 설을 『심경부주』의 「한사존성장閑邪存誠章」, 「시운잠수복의장詩云潛雖伏矣章」, 「주자경재잠朱子敬齋箴」, 「존덕성재명尊德性齋銘」 등 4군데에 걸쳐 인용하고 있다. 퇴계는 정민정이 오징의 이러한 설들을 인용한 것에 대하여, "오씨가 이 말을 한 것은 무슨 소견인가? …… 두 공(오징과 정민정)은 주자 뒤에 태어나 이 도를 자임하고 유폐를 바로잡으려는 뜻이 간절하여 부득이 이런 말을 하였을 것이다. 이 또한 주자의 뜻일 뿐이다. 또한 무엇이 나쁠 것이 있겠는가."[18]라고 하였다. 퇴계는 오징의 설이 '선학'에 물들었다는 것을 인정하면서도,[19] 이렇듯 정민정이 오징의 설을 인용한 것에 대하여 지지를 하였다.

퇴계는 주자학을 충실하게 계승하였지만, 한편으로는 '존덕성尊德性'과 '도문학道問學'을 공히 중시하는 주자학에서 '존덕성'에 치우친 감이 있다. 조선주자학으로서의 퇴계학의 특징이 '이발설理發說'로 규정됨은 주지의 사실인데, 이러한 이발설은 인간존재의 내면에 대한 탐색을 통해 퇴계가 발명해 낸 것이다. 사정이 이러하다보니 존덕성에 근간을 두고서 퇴계학은

---

17) 퇴계는 「심경후론」에서 『심경부주』를 평소 四書와 『近思錄』 만큼 존신하였다고 하였다.
18) 程敏政, 「心經後論」, 『心經附註』. "吳氏之爲此說, 何見, 篁墩之取此條, 何意? …… 二公生於其後, 而任斯道捄流弊之意切, 不得已而爲此言, 是亦朱子之意耳, 亦何傷之有哉?"
19) 퇴계는 「심경후론」의 말미에서, "초려공의 말은 반복하여 연구해 봄에 마침내 불교의 기미가 있다."고 하였다.

전개되어 나갔다. 퇴계학의 이러한 존덕성 치중은 그 내면으로 초점이 맞추어짐에 따라, 외재 사물에 비하여 인간 내면을 중시하는 육왕학陸王學에 침습당했다는 비판(혹은 오해)을 불러일으키기도 하였다.[20]

한강은 퇴계의 적전이지만, 이 지점에 대하여서는 스승과 견해를 조금 달리하는 것 같다. 그 일례로 한강은 퇴계가 긍정한 『심경부주』에 인용된 오징의 설을 『심경발휘』를 편찬하면서 모두 삭제하였다. 그리고 퇴계가 중시한 '경敬'을 한강 또한 매우 중시하였는데, 『심경발휘』에서 이 '경'에 대한 주석에 특히 공을 들였다. 그런데 이 과정에서 한강학의 면모가 드러나고 있다. 『심경발휘』「서문」을 통해 이 점을 좀 더 살펴보기로 하겠다.

> 서산선생西山先生이 또 전후 경전의 가르침을 낱낱이 가려 뽑아 이 책을 엮어서 심학心學의 큰 근본을 세움으로써 경敬이라는 것이 마음을 수양하는 데에 역할을 한다는 사실이 더욱 분명해졌다. …… 항상 정씨程氏(정민정程敏政)의 주석에 대해 이상한 생각이 들었던 것은, 그 취사선택을 한 기준이 간혹 분명치 않은 경우가 많았다.[21]

한강은 『심경발휘』에서 5장(敬以直內), 12장(天命之謂性天命之謂性), 14장(誠意), 16장(禮樂不可斯須去身), 22장(牛山之木), 24장(仁人心), 37장(尊德性齋銘) 등에 대하여 『심경부주』의 내용을 크게 보완하였다. 특히 5장(경이직내)에 대하여 『심경발휘』 전체 주석의 약 20% 이상을 할애할 정도로 대폭 보완하였다.[22] 그러면 『심경발휘』에서 한강이 보완한 부분은 무엇인가? 이는 한강이 『심경부주』에 거론된 학자들을 취사선택한 정민정의 안목을 의심하고, 자신만의 안목으로 새롭게 학자들의 설을 취사선택하여 『심경발휘』를 재구성한데서

---

20) 대표적으로 대만학자인 李明輝, 『四端與七情』(臺大出版中心, 2008)의 연구가 그러하다.
21) 鄭逑, 「心經發揮序」, 『寒岡集』 卷十. "西山先生又歷選前後經傳之訓, 編爲此書, 以立心學之大本, 於是敬之爲公於此心, 益明且顯. …… 常怪程氏之註其所取舍, 或多未瑩."
22) 엄연석, 「한강 정구 『심경발휘』의 경학사상적 특징과 의의」, 『퇴계학논집』 13호(영남퇴계학연구원, 2013), 192쪽 참조.

명료하게 드러난다. 그러면 한강이 어떤 학자들의 설을 취하여 『심경』을 재구성하였는지에 대하여, 한강이 가장 공을 들인 5장「경이직내장」에서 취한 학자들의 면면을 살펴보기로 하겠다. 이는 정민정의 『심경부주』와 대비하여 살펴보면, 훨씬 명료하게 드러난다.

『심경부주』: 程子, 朱子, 尹和靖, 上蔡謝氏, 祁寬, 西山眞氏, 勉齋黃氏, 覺軒
蔡氏, 五峯胡氏
『심경발휘』: 程子, 朱子, <u>龜山楊氏(2조)</u>, 西山眞氏, 五峯胡氏, <u>南軒張氏(15조)</u>,
<u>尹彦明</u>, <u>東萊呂氏(4조)</u>, 上蔡謝氏, 勉齋黃氏, 和靖尹氏, 覺軒蔡氏, <u>范氏</u>, <u>藍田</u>
<u>呂氏</u>, <u>北溪陳氏(2조)</u>, <u>致堂胡氏</u>, <u>周子</u>, <u>延平李氏</u>, <u>敬齋胡氏</u>, 武夷胡氏

위의 밑줄 그은 부분에서 보듯이, 한강은 『심경발휘』에서 『심경부주』에 비해 2배 이상의 다른 인물들을 더 인용하고 있다. 그런데 자세히 살펴보면, 특히 『심경부주』에서는 아예 거론되지 않은 남헌장씨의 설을 압도적으로 인용하고 있다.[23] 동래여씨(여조겸) 4회, 귀산양씨(양시)와 북계진씨(진순) 2회, 나머지 학자들이 1회인데 비하여 남헌의 설은 무려 15회 인용하고 있다. 그러면 한강이 인용한 남헌의 경설敬說은 어떤 특징을 가지고 있는가? 다음은 한강의 『심경발휘』에 인용된 남헌 경설의 일부이다.

남헌장씨는 말하였다. "경이란, 마음을 자리 잡게 하는 요체요 성학의 연원이다."[南軒張氏曰: "敬者, 宅心之要, 而聖學之淵源也."]
또 말하였다. "이른바 '주일무적'은 참으로 배우는 자의 지남指南이다."[又日: "所謂主一無適, 眞學者指南."]
또 말하였다. "위 성현으로부터 정자의 설에 이르기까지 상세하게 고찰해보면, 하학下學을 논한 지점에서 의관을 바로하고, 용모를 엄숙하게 함을 우선으로 삼지 않음이 없었다. 아마도 반드시 이처럼 한 뒤에야 얻는 바가 사악하거나 편벽됨으로 흘러가지 않을 것이다. 『주역』에서 이른바 '사악함을

---

23) 엄연석, 앞의 글, 186쪽 참조.

막고 그 성誠을 보존한다'라거나 정자의 이른바 '밖을 제어하여 마음을 기른 다'는 것이 바로 이것이다."[又曰: "詳考從上聖賢以及程氏之說, 論下學處, 莫 不以正衣冠肅容貌爲先. 蓋必如此然後得所存, 而不流於邪僻. 『易』所謂閑邪存其 誠, 程氏所謂制之於外, 以養其中者, 此也."]

완원阮元이 편찬한 『경적찬고經籍纂詁』를 보면, 당唐 이전에는 '경敬'자의 의미가 주로 '삼가함', '공손함', '엄숙단정함' 등의 의미로 이해되었다.[24] 그러다가 주자학의 시대에 오면, 이러한 외형적 실천으로서의 경에, 내면적 심태로서 '주일무적主一無適', '성성법惺惺法' 등의 의미가 첨가된다.[25] 즉 주 자학의 시대에 와서, 경은 내內와 외外를 아우르는 공부법으로 자리매김을 하게 되는 것이다.

남헌의 '경'에 관한 관점을 보면, '경'을 성학聖學의 연원으로 보고 그 함 의를 '주일무적'으로 파악하였다는 점에서 정주程朱의 '경'에 대한 정의를 수용하고 있다. 그런데 남헌의 경은 주자학의 내외를 합일한 경에서, 좀 더 외적실천으로 그 의미가 치중되어 있다. 위의 마지막 인용문의 '의관을 바 로하고, 용모를 엄숙하게 함'과 '밖을 제어함'은 남헌의 이러한 경설敬說을 잘 보여주고 있다. 이렇게 보면, 한강은 비록 주자학의 내외를 아우르는 경 설을 수용하였지만, 남헌의 외外에 치중한 경설을 특필함으로써 경에 관한 자신의 지향을 보여주고 있다.

한편 한강의 남헌에 대한 경사는 『심경발휘』의 『논어』조에 대한 주석의 회집에서도 잘 드러나고 있다. 정민정의 『심경부주』에서 인용한 『논어』 원 문과 주석은 「자한子罕」 4장(子絶四章), 「안연顏淵」 1장(顏淵問仁章), 「안연顏淵」 2 장(仲弓問仁章) 이다. 한강은 『심경발휘』에서 『논어』의 이 세 경문을 그대로 인용하고서 정민정과 다르게 주석을 달았다. 그러면 한강은 『심경발휘』에

---

24) 阮元, 『經籍纂詁』(中華書局, 1982), 1777, 1789쪽 참조.
25) 陳淳 저, 김영민 역, 「敬」 條, 『北溪字義』(예문서원, 1993) 참조.

서 누구의 학설을 가져다가 주석을 달았기에 정민정과 차별성을 보이고 있는가? 이는 『심경부주』와 『심경발휘』에서 정민정과 한강이 인용한 학자들을 비교해 보면, 다음과 같이 선명하게 드러난다.[26]

① 「자한子罕」 4장(子絶四章)
『심경부주心經附註』: 程子, 朱子, 西山眞氏, 勿軒熊氏
『심경발휘心經發揮』: 程子, 張子, 朱子, 黃氏, **南軒張氏**

② 「안연顔淵」 1장(顔淵問仁章)
『심경부주』: 程伊川, 張橫渠, 朱子, 西山眞氏
『심경발휘』: 程伊川, 謝氏, 朱子, **南軒張氏**, 西山眞氏

③ 「안연顔淵」 2장(仲弓問仁章)
『심경부주』: 程子, 朱子, 東嘉史氏
『심경발휘』: 朱子, 游氏, **南軒張氏**

『논어』의 세 경문에 대하여, 정민정과 한강이 인용한 학자들의 면면을 비교하였을 때, 가장 두드러지는 점은 바로 위에서 밑줄 그은 부분이다. 즉 정민정이 『심경부주』에서 단 한 번도 인용하지 않았던 남헌을, 한강은 『심경발휘』 『논어』조목에서 모두 인용하고 있다. 한강이 인용한 남헌 학설의 연원을 살펴보면, ① 「자한」 4장(子絶四章)에서 인용한 남헌의 설은 진덕수眞德秀의 『서산독서기西山讀書記』에서, ② 「안연」 1장(顔淵問仁章)에서 인용한 남헌의 설은 『남헌집』의 「물재설勿齋說」, 「답교덕첨答喬德瞻」, 「극재명克齋銘」 등에서, ③ 「안연」 2장(仲弓問仁章)에서 인용한 남헌의 설은 『논어해』에서 인용하였다. 즉 한강은 남헌의 주요저작인 『남헌집』, 『논어해』 뿐만 아니라, 진덕수의 저작에서까지 남헌의 설을 수집하여 『심경발휘』 『논어』조에 인

---

26) 『심경부주』와 『심경발휘』에 인용된 학자들의 분포를 전체적으로 비교하여 제시한 연구논문으로는, 엄연석, 앞의 글, 185-191쪽 참조

용한 것이다. 그러면 한강은 정민정이 인용한 학자들의 설에 어떤 불만이 있었기에 이들을 빼고 남헌의 설로 보충한 것인가? ③「안연」2장(仲弓問仁章)에서 동가사씨東嘉史氏의 설과 남헌南軒의 설을 비교하면서 이 점을 살펴보기로 하겠다.

『심경부주』「중궁문인장」의 '동가사씨'설

동가사씨는 말하였다. "문을 나가고 백성을 부림은 비록 사람들이 모두 알고 있는 지점이나, 공경이 지극하고 지극하지 않음은 자신만이 홀로 아는 것이다. …… 그러나 자신만이 홀로 아는 지점에 삼가지 못하면 사람들이 모두 아는 지점에 있어서는 다만 모양만 공손하고 얼굴빛만 장엄하게 할 뿐이니, 이는 근독謹獨이 동動할 때에 경敬을 주장함이 그러한 것이다. 엄숙히 생각하는 듯이 함에 이르러서는 또 문을 나가고 백성을 부리기 이전에 마음에 경敬을 주장하여 애당초 게으르고 방자한 습관이 없어져서 비록 사물과 접하지 않더라도 항상 정제하고 엄숙하여 생각하는 바가 있는 듯이 할 것이니, 이는 정靜할 때에 경을 주장함을 말하는 것이 아니겠는가."[東嘉史氏曰: "出門使民, 雖人所同知之地, 敬之至與不至, 則己之所獨知者也. …… 然此不能謹之於己所獨知之地, 則人所同知者, 特象恭色莊耳, 此謹獨, 所以爲動時主敬者然也. 至於儼若思, 又未出門使民之前, 內主於敬, 初無怠惰放肆之習, 雖未與物接, 常整齊嚴肅, 若有所思耳, 非靜時主敬之謂乎?"]

『심경발휘』「중궁문인장」의 '남헌장씨'설

남헌장씨는 말하였다. "문을 나서면 큰 손님을 모시듯 백성을 부릴 때는 큰 제사를 받들 듯 하는 것은 모두 평소의 함양함이 경敬에 한결같아 문을 나서거나 백성을 부릴 때 모두 이 마음이기 때문이다. 자신이 하고프지 않는 것을 남에게 베풀지 말라는 것은 힘써 서恕를 행하는 자가 인을 실천하는 방책이다. 무릇 사람은 욕망을 성취하지 못하면 원망을 하는데, 만약 공평하고 바른 마음으로 욕망을 두지 않으면 자신은 남에게 원망당하는 바가 없을 것이니, 화평함의 효과로 인하여 남도 또한 나를 원망하는 바가 있겠는가. 그러므로 '나라에 있어서도 원망이 없고, 집안에 있어서도 원망이 없다'고 하는 것이다."[南軒張氏曰: "出門如見大賓, 使民如承大祭, 蓋平日之涵養,

一於敬, 故其出門使民之際, 皆是心也. 己所不欲, 勿施於人, 强恕者爲仁之方也.
凡人有欲而不得則怨, 若夫平易公正, 欲不存焉, 則己無所怨於人, 和平之效, 人亦
何所怨於己哉? 故曰: '在邦無怨, 在家無怨.'"]

『심경부주』의 동가사씨東嘉史氏(사백선史伯璿, 1299-1354)의 설은, 「중궁문인
장」의 내용을 내면의 '경'으로 설명하면서 이 '경'을 지니지 못하면 사람들
이 모두 아는 지점인 '문을 나가 백성을 부림'에 다만 모양만 공손하고 얼
굴빛만 장엄하게 하는 것일 뿐이라고 하였다. 그리고 문을 나가 백성을 부
리기 이전에 마음속에 경을 주장해야 됨을 역설하였다. 동가사씨의 이러한
해석은 『논어』의 이 경문을 전적으로 내면의 경에 귀속하여 해석한 것이기
에, 이미 『심경강록心經講錄』에서 강하게 비판을 받았다.[27] 한편 한강은 『심
경발휘』에서 동가사씨의 이 해석을 아예 빼버리고 대신 남헌의 설로 보충
하였다. 이 경문에 대한 남헌의 설은 위에서 보듯이, 평소에 경의 함양을
부정하는 것은 아니다. 그러나 이렇게 경을 함양한 이가 문을 나가 백성을
부릴 때, 평이공정平易公正한 자세를 지녀야 함을 역설하고 있다. 그러했을
때 그 효과로 타인의 원망을 사지 않는다고 하였다. 이는 동가사씨의 내면
지향에 비하여 보다 더 현실에서의 실천적 자세를 중시한 해석이라 할 수
있다.

이상에서 보다시피 한강은 『심경부주』의 내면에 치중한 설들의 일부를
제거하고, 이를 남헌의 실천을 지향하는 설로 대체하여, 『심경』을 재구성
한 『심경발휘』를 편찬하였다. 한강의 남헌에 대한 이같은 수용은 조선의
송대 도학수용사에서 매우 특기할 만한 것이다. 주자학과 더불어 남헌학의
수용이 한강에서 심화되어 조선유학의 지형을 바꾸어 놓았을 가능성이 있
기 때문이다.

---

27) 이에 관해서는 성백효 역주, 『역주 심경부주』(전통문화연구회, 2003), 118쪽, 각주 9)
    참조.

3. 장남헌과 정한강

남헌 장식은 남송 호상학파湖湘學派의 개창자인 호굉胡宏(오봉호씨五峯胡氏, 1106-1161)의 적전이다.[28] 생전에 여조겸, 주희와 더불어 동남삼현東南三賢으로 일컬어질 정도로 명망이 높았다. 특히 주자와 더불어 도학의 중요 이념에 관한 토론을 벌여 상호간에 영향을 준 것은 유명하다. 주자는 남헌으로 인하여 자기 학설의 근간을 확립해 나가는데 큰 도움을 받았다. 이런 사정으로 남헌이 일찍 세상을 뜨자, 주자는 1184년에 몸소『남헌집』을 편집하고,[29] 그의 신도비(「右文殿修撰張公神道碑」)를 써주었다. 주자는 자기 사상의 형성과정에서 이른바 중화구설中和舊說이라 부르는 학설을 장식을 통하여 확립하였는데, 이 과정을 간략하게 언급해 보기로 하겠다. 남헌 사상의 핵심을 주자와 대비하여 파악할 수 있고, 이는 바로 앞서 언급한 한강학의 연원과도 연속될 수 있는 지점이기 때문이다.

주자는 스승인 연평延平 이동李侗(1093-1163)이 세상을 뜬 후, 스승의 학설인 '미발기상체인未發氣像體認'에 대하여 명료하게 이해하지를 못하였다. 이에 주자는 이 '미발未發'의 문제를 남헌에게 질정하였고, 남헌은 호상학의 이념인 '찰식단예설察識端倪說'로 알려주었다. 장식의 '찰식단예설'을 들은 주자는, "일상생활에서 조존操存하고 변찰辨察하니 본말이 일치하여서 공효가 더 쉽게 나타난다."[30]고 하면서 적극 지지하였다. 이 당시 주자는 정이의 '미발의 때에 존양한다'는 주장을 비판하고 또 한결같이 정靜에 치우친 이동의 잘못을 바로잡으려다, 동動에 치우친 남헌의 호상학으로 경도된 것이었다.[31] 이른바 주자의 사상역정에서 중화구설의 확립이었다.[32] 또 주자

---

28) 黃宗羲는 「南軒學案」,『宋元學案』에서 이를 두고, "五峯之門, 得南軒而有耀."라고 표현하였다.

29) 주자가『남헌집』을 편찬한 과정은『사고전서총목제요』「남헌집제요」에 상세하게 실려 있다.

30) 束景南 저, 김태완 역,『주자평전(상)』(역사비평사, 2015), 505쪽에서 재인용.

는 장식을 중심으로 하는 호상학파가 이 공부의 방법으로 '지경주일持敬主一'을 주장하는 것에 대해서도 수용하여, '경'을 존양공부의 근간으로 삼았다. 남헌이 평소 사친事親, 종형從兄, 처사處事, 응물應物에서 발하는 단서를 성찰하거나, 『남헌집』에 들어있는 「경간당기敬簡堂記」, 「주일잠主一箴」, 「경재잠敬齋銘」 등은 남헌학의 이러한 특징을 잘 보여주고 있다. 한편 남헌학은 '찰식단예설', '지경주일설' 외에 사학史學에 관심을 기울여 『경세기년經世紀年』, 『한승상제갈충무후전漢丞相諸葛忠武侯傳』 등과 같은 역사서와 전기를 저술하기도 하였다. 이는 남헌이 호상학湖湘學의 근원인 호굉胡宏과 그의 아버지인 호안국胡安國의 사학 전통을 계승하였음을 보여주고 있다.[33]

남헌의 주저는 그의 문집인 『남헌집』과 『논어설』, 『맹자설』 등의 경전 주석서, 그리고 주자가 남헌의 영향을 받던 시기에 형악을 함께 노닐면서 지은 시 149수가 담긴 『남악창수집南嶽唱酬集』 등이다. 남헌의 이러한 저술들이 언제 조선에 들어왔는지에 대하여서는 아직 알 수 없으나, 적어도 16세기 중반에 조정에서 『남헌집』 간행을 주도한 것을 보면[34] 그 이전에 유입되어 읽혀졌음을 추측할 수 있다.

---

31) 束景南 저, 김태완 역, 『주자평전(상)』(역사비평사, 2015), 512쪽 참조.

32) 후일 주자는 중화구설의 모태가 되었던 남헌의 찰식단예설의 영향을 지양하여, 자기 학설의 핵심으로 이른바 중화신설을 세운다. 주자의 중화신설은 靜에만 치우쳐서 찰식공부가 부족했던 이동을 극복하고, 動에만 치우쳐 함양 공부가 결여된 장식을 극복하여, 경을 중심으로 동정을 관통하는 것을 대지로 삼는다.(앞의 책, 574쪽 참조)

33) 남헌이 계승한 호상학파의 사학적 전통에 대하여, 틸만은 "호굉이 정이의 『역전』에 붙인 주석을 기초로 해서 장식은 역경의 경세와 정치 도덕적인 지도 의의를 강조하였다. 그리고 『경세기년』에는 풍부한 실무경험이 반영되어 있고, 『한승상제갈충무후전』은 호씨 가문의 전통 중 하나인 역사 편찬에서 도덕적 정신이 구현되어야 한다는 의도를 보여준다."라고 하였다.(Hoyt C. Tillman 저, 김병환 역, 『주희의 사유세계』(교육과학사, 2010), 59쪽)

34) 『국역조선왕조실록』, 「선조 7년 갑술(1574, 만력 2) 11월5일」. "(김우옹이) 또 아뢰기를, '남헌(南軒)의 문집도 배우는 사람들에게 유익한 것이니 아울러 인출하게 하소서.' 하니, 상이 모두 그대로 따랐다.";『미암집』 제13권 「일기(日記)」(병자년(1576). "『남헌집(南軒集)』을 반사(頒賜)하였는데, 희춘이 점(點)을 받았다고 한다."

즉 한강이 한창 학문활동을 할 즈음에 이미 남헌의 저술들은 조선에 공식적 간행을 진행할 정도로 인지되었다. 이런 분위기 속에서 한강도 남헌의 문집이나, 경전주석서들을 쉽게 구해서 읽었을 것이다. 앞서 살펴본 한강의 『수사언인록』과 『심경발휘』 편찬에서 남헌의 『문집』과 경전주석서가 집중적으로 인용되는 것은 바로 이러한 정황을 잘 알려주고 있다. 그리고 『남악창수집』의 경우도 한강寒岡이 산야를 유람할 때 항시 가져가서 읽은 것을 보면,[35] 한강은 남헌의 주요저작을 대부분 섭렵하고서 이를 자기 학문의 자양분으로 삼았다고 볼 수 있다.

앞서 언급하였듯이, 한강은 주자와 퇴계를 조술하여 이를 영남에 전해주었다. 그리고 한편으로는 미수를 통해 근기남인의 학통을 형성하게 하는데도 핵심적 역할을 하였다. 즉 퇴계를 근원에 두고 한강의 위상을 살펴보면, 퇴계학이 조선의 주자학과 실학으로 뻗어 나가는데 연결고리 역할을 한 것이다. 이러한 위상을 가진 한강학의 특징을 장현광은 '명체적용明體適用'이라고 규정하였는데, 이를 두고 홍원식 교수는 한강의 성리학이 '명체明體'의 학이라면 그의 예학과 경세학은 '적용適用'의 학이라 하였다. 그리고 전자는 계승적 측면이 강하다면 후자는 한강학이 일궈낸 영역이라고 평가하였다. 즉 한강학의 성리학적 요소(명체)는 주자와 퇴계에게 근원한 것이라면, 한강학의 경세학적 요소(적용)는 한강이 독자적으로 일구어낸 것이라는 평가이다. 그런데 필자는 남헌의 학문이 한강학에 미친 영향을 분석하면서, 이른바 한강학의 적용적 면모는 바로 남헌에게서 비롯되었을 것이라는 추론을 하게 되었다. 후대 실학으로 이어지는 한강학의 적용적 요소는 현실에서의 실천의 중시, 역사에 대한 관심, 경세적 성향 등이다. 그런데 한강학의 이러한 특징은 바로 우리가 앞서 분석한 남헌학의 주된 특징으로, 한강이 남

---

35) 鄭逑, 「가야산(伽倻山) 유람록」, 『한강집』 제9권. "마침내 행장을 꾸렸는데, 쌀 한 전대, 술 한 병, 반찬 한 상자, 과일 한 바구니였다. 책은 『근사록(近思錄)』 한 책과 『남악창수집(南嶽唱酬集)』뿐이었다."

헌의 문집과 경전주석서를 통하여 주자학 못지않게 수용하였던 지점이다. 이런 영향관계를 고려한다면, 한강이 스승인 퇴계의 내면으로 치중하는 경학敬學을 바탕으로 하되, 외적 실천을 중시하는 쪽으로 자기 학문의 한 축을 세웠던 점이 그 영향관계를 통하여 자연스레 이해된다. 그렇다면 우리는 한강학에 내재된 실학적 요소는 주자학(퇴계학)에 남헌학이 결부되어 형성된 것이라고 할 수도 있을 것이다.

4. 결론

퇴계학파는 인간의 내면세계에 침잠하고 저술에 힘쓰지 않는 경우가 많았다. 그런데 퇴계학의 적통으로서의 한강은 저술과 편찬에 많은 노력을 기울여 풍성한 성과를 이루어냈다.[36] 또한 퇴계 이후 퇴계학파가 내적 심성공부에 몰두함에 비하여, 한강은 내적 심성에 침잠하면서도 외적 실천을 자기 사상의 한 축으로 삼았다. 이를 두고 명체와 적용을 겸하였다고 일찍이 칭송받았으며, 심성학으로서의 명체는 퇴계학에 근원을 두었지만 외적 실천으로서의 적용은 독자적 개척으로 평가받았다. 그러나 한강이 남긴 『수사언인록』과 『심경발휘』 속에 남겨 놓은 『논어』 해석을 검토한 결과, 한강학의 또 다른 연원을 찾을 수 있었다. 그것은 바로 주자와 더불어 송대 도학파의 쌍벽을 이루었던 남헌 장식의 학문이었다.

남헌 장식은 주자가 자신의 사상을 확립해 나가는 데 결정적 역할을 한 도학자였다. 남헌은 주자가 중화신설로 일컬어지는 자신의 사유체계를 확립해 나갈 때, 중간단계로 거쳤던 중화구설의 형성에 핵심적 역할을 하였다. 주자와 남헌의 사상을 대비하여 보았을 때, 상호 영향을 주고받았기에

---

36) 이우성 선생에 의하면, 한강은 성리학 7종, 예학 4종, 역사, 전기 10종, 지방지 8종, 의학 2종, 문학 3종 등을 저술하였다.(이우성, 앞의 글, 7-8쪽)

유사한 점이 많다. 그러나 남헌은 주자에 비해 내적 심성수양을 중시하면서도 외적 실천에 치중하였다. 한강은 주자학과 퇴계학에 바로 남헌학의 이러한 실천 중시의 면모를 더하여 자신의 사유체계를 완성하여 갔다. 퇴계학의 입장에서 본다면 한강학은 확실히 사유의 측면에서나 실천의 방면에서 외재하는 현실과 실천에 더 관심을 기울였다고 할 수 있다. 한강학의 이러한 특징은 퇴계학의 외연을 넓혀 나갔으며, 결국 조선후기 실학파로 이어지는 사유의 남상으로 작용하였을 여지가 있다. 후일 다산이 『심경밀험心經密驗』을 저술할 때, 한강이 인용한 남헌南軒의 경설敬說인 "하학下學을 논하는 지점에서는 의관을 바로 하고 용모를 엄숙히 하는 것을 우선으로 삼지 않음이 없었다.[論下學處, 莫不以正衣冠肅容貌爲先.]"를 인용하면서, '이 대목은 고인의 마음을 다스리는 핵심적 방법'[37]이라고 한 것에서, 남헌을 수용한 한강의 학문이 실학파로 계승된 한 예라고 할 것이다. 결과적으로 남헌학을 수용한 한강이 있었기에 조선전기 유학 사상사는 주자학 일변에서 벗어나 새로운 색채를 가미할 수 있었던 것이며, 또한 이것이 근간이 되어 조선후기 유학사상의 새로운 지평을 열어갈 수 있었던 것이다.

* 『대동한문학』 제50집(대동한문학회, 2017)에 수록된 글을 수정 게재함.

---

37) 丁若鏞, 「心性總義-君子反情和志章」, 『心經密驗』. "南軒曰, 古聖賢論下學處, 莫不以正衣冠肅容貌爲先, ○案制之於外, 以養其中, 此是古人治心之要法."

4장 한강 정구『심경발휘』의 경학사상적 특징과 의의

엄연석(한림대학교)

1. 머리말

본 논문은 조선중기『심경心經』연구에 있어서 특수한 위치를 차지하고 있는 한강寒岡 정구鄭逑(1543-1620)의『심경발휘心經發揮』가 그의 경학사상 체계에서 어떠한 의미를 가지고 있는가를 그 구성 형식과 내용적 특징을 분석함으로서 밝혀보고자 한다. 이것은『심경발휘』에서 강조하고 있는 수양론의 핵심 덕목으로서 경敬 사상이 그의 유학사상 전체 체계에서 어떠한 의미를 가지는가를 해명하는 것이기도 하다. 그에게서 경은 도道와 의義, 그리고 예禮와 밀접한 연관성을 가지는 개념이다. 다시 말하면 수양론적 개념으로서 경은 형이상의 도道와 리理 및 도덕적 실천을 위한 당위성으로서의 의義, 그리고 그 객관적 표현으로서 예와 긴밀한 연관성을 가진다. 이처럼 보다 넓은 시야에서『심경발휘』에 내포되어 있는 경에 대한 정구의 관점을 해명할 때 이 저술의 편찬 의도가 보다 분명하게 드러날 것이다.

정구의『심경발휘』는 조선시대『심경』연구사에서 정민정程敏政(1446-1499)이 편찬한『심경부주』체계를 수용하지 않고 새로운『심경』주석서를 구성함으로써 조선시대의 많은『심경』연구자와는 다른 주석서를 구성하였다. 이것은 정구가 기존의『심경부주』의 체계와 내용에 대하여 불만스럽게 생각하고 분명한 비판의식을 드러낸 것이라 아니할 수 없다. 그러면 무슨 이유로 그가 스승이었던 이황李滉(1501-1570)조차 깊이 존경해마지 않았던『심경부주』를 전면적으로 수정하여 체제를 개편해야 한다는 생각을 하게 되었을까? 이 문제를 해명하기 위해서는 정구의 유학 사상과 예학사상의 뼈대를 구성하는 저술체계를 점검할 필요가 있다.

정구는 21세 때 퇴계를 배알하고 공부를 시작한 이후『심경』과 예설禮說을 질문하면서 그의 학문의 기본 방향을 확립하면서 도학道學에 전념하였다. 이후 그는 31세 때부터『가례집람보주家禮輯覽補註』를 저술하였고, 37세 때 이후에는『소학』,『심경』,『근사록』을 강론하기도 하였다. 정구가 중요한 저술을 하기 시작한 시기는 50대 중반 이후였다. 그는 56세 때『중화집설中和集說』을 편찬하였고, 61세 때『오선생예설분류五先生禮說分類』와『심경발휘心經發揮』를 저술하였다. 이어서 그는『수사언인록洙泗言仁錄』과『치란제요治亂提要』를 저술하였다. 65세 때에 그는『역전易傳』,『태극도설太極圖說』, 그리고『계몽도서啓蒙圖書』를 간행하였다.[1]『소학』,『수사언인록』,『치란제요』가 도덕실천론과 경세론에 중점이 있다면,『심경발휘』,「중화집설」은 심성수양론에,『역전』「태극도설」,『계몽도서』등은 우주론에, 그리고『오선생예설분류』는 예론에 중점을 둔 저술이다. 이와 같이 정구가 강학하면서 저술하고 간행한 목록을 살펴보면, 그가 우주론과 심성수양론, 예론, 도덕실천론 그리고 경세론 등 유학사상과 성리학 및 역학사상 전반에 걸쳐 폭넓은 학문적 조예를 가지고 있었음을 알 수 있다.

이 가운데서도『오선생예설분류』와『심경발휘』는 정구의 핵심 저작이다. 정구가 이 두 저술에 특히 역점을 두었다는 것은 그가 유학사상의 여러 분

---

1) 금장태,『퇴계학파의 사상』(집문당, 1996), 127쪽.

야에 걸쳐 학문적 업적을 이루었지만, 그 가운데서도 예론과 수양론에 중점을 두었음을 뜻하는 것이다. 따라서 본 논문에서는 『심경발휘』가 그의 유학사상 체계에서 내포하고 있는 의미를 해명하되 주로 그의 예론과 연관된 부분에 초점을 맞추어 심성수양론과 예론 사이의 상관관계에 중점을 두고자 한다.

『심경발휘』와 관련해서는 지금까지 두 세 편의 논문이 발표되었다. 먼저 추제협은 『심경발휘』의 심학적 특징을 분석하면서 존덕성의 마음공부를 중시함으로써 퇴계의 심학을 계승하고 있다고 보았다. 또 그는 『심경발휘』에서 강조한 경敬은 의義를 겸비한 궁리공부를 전제로 한 마음공부라는 점에서 '경'에 치우친 이황과 '의'를 보다 중시한 조식과 상대적 거리를 유지하고 있다고 보았다. 나아가 그는 내적인 엄정함을 통하여 행동의 올바름을 얻는 '경간敬簡'이란 학문방법을 제시하였다[2]고 분석하였다. 이어서 전재강은 『심경발휘』를 정민정의 『심경부주』와 대비하는 관점에서 그 독자적 의미를 해명하였다. 그는 『심경발휘』의 편집경위와 체계를 『심경부주』와 구별되는 관점에서 고찰하면서 그 심학적 특성으로서 내용을 살펴보았다. 그에 따르면 정구는 경을 심학의 중심적 방법으로 인식하면서 이 경을 유교의 존재론, 인식론과 연관하여 일관성을 가지는 측면에서 이해하였고, 그 연장선상에 한강의 수양론의 특징이 있는 것으로 보았다.[3] 홍원식은 정구가 『심경발휘』에서 정민정의 「서」와 함께 정복심의 「심학도」와 '부주' 전체를 빼고 재편하였는데, 이것은 정민정에 대한 전면적 부정이고 스승 이황과도 다른 입장임을 강조하였다. 또한 홍원식은 『심경발휘』가 허목의 「진심학도進心學圖」와 이익의 『심경부주』 비판의 학적 연원이 되는 측면에서 『심경

---

2) 추제협, 「『心經發揮』와 鄭逑의 心學」, 『한국학논집』 제51집(계명대학교 한국학연구원, 2013).

3) 전재강, 「『心經發揮』에 나타난 한강 심학의 특성 연구」, 『남명학연구원총서』 5집(남명학연구원, 2011), 428쪽.

발휘』의 의미를 강조하였다.[4]

　위의 논문들은『심경발휘』가 조선중기 심경 연구사와『심경부주』와의 비교시각적 관점에서 어떠한 독자적 의미를 가지는가 하는 점을 중점적으로 고찰하였다. 또한『심경발휘』에 나타난 경 사상을 존재론과 인식론적 연관성의 측면에서 고찰하고자 하였다. 요컨대, 이들 논문은『심경발휘』가 내포하고 있는『심경』연구사적 특성과 그 속에 내포되어 있는 경사상의 함의를 해명하는 데 중점을 두었다고 할 수 있다. 이에 본 논문에서는 이러한 연구들이 아직 다루지 못한 관점에 유의하여『심경발휘』가 정구의 유학사상 전체 체계에서 차지하고 있는 의미를 주로 그의 예학사상과 연관하여 살펴보고자 한다. 이것을 해명할 때 정구가『심경발휘』를『심경부주』와 구별되는 새로운 체계로 구성한 의미가 밝혀질 수 있을 것이다.

　그러면 다음 제2장에서는『심경발휘』가 조선『심경』연구사에서 차지하는 배경을 이해하기 위하여 조선시대에『심경』이 어떠한 흐름과 방향을 가지고 연구되었는가 하는 점을 개관하기로 한다. 제3장에서는『심경발휘』의 독자적 의미와 특성을 해명하기 위한 선행과제로서 이 저술이『심경부주』와 구별하여 어떠한 형식과 체계로 구성되어 있는가 하는 점을 고찰할 예정이다. 다음 제4장에서는『심경발휘』가 가지고 있는 내용적 특성을 경敬 사상 및 의義, 예禮와 같은 유가철학의 중요 개념과 연관하여 그 중층적 의미를 살펴보고자 한다. 이어서 제5장에서는『심경발휘』의 전체적 구성과 경을 중심으로 하는 내용이 그의 예학 사상과는 어떠한 유기적 연관성과 일관성을 가지는가를 해명하고자 한다. 이 장은 본 논문의 핵심적 논지를 해명하는 장이라 할 수 있다. 마지막 결론에서는 본문의 내용을 요약하고

---

4) 홍원식,「『心經附註』의 수용과 조선유학의 전개」,『영남퇴계학연구원 심경학술회의논문집』(영남퇴계학연구원, 2013), 6쪽. 홍원식이『심경발휘』에서 '부주' 전체를 빼고 재편했다고 한 것은 사실은『심경발휘』의 내용을 살펴보면『심경부주』에서 인용한 송대 학자들의 글 가운데 상당 부분『심경발휘』에서 그대로 인용하고 있는 것으로 보아『심경부주』체제를 전면 개편했다는 의미로 보아야 할 것이다.

『심경발휘』의 조선중기『심경』연구사에서 지니는 의미를 다시 한 번 환기하고자 한다.

2. 조선시대『심경』연구의 흐름과 분기

정구의『심경발휘心經發揮』가 정민정의『심경부주心經附註』체계를 전면적으로 개편하여 자신의 독자적인『심경』주석 체계를 세운 저술이라는 것을 위에서 언급하였다. 정구는 퇴계 이황에게 배우면서도 예학 분야에서 독창적인 저술을 지을 만큼 예학에 깊은 조예를 가지고 있었다. 그는 이러한 학문적 경향을 가지고서 정민정의『심경부주』를 존중했던 퇴계의 입장과 달리『심경발휘』를 저술함으로써『심경부주』에 대하여 비판적인 입장을 견지하였다. 그런데 조선시대『심경』경학사는 존덕성尊德性과 도문학道問學, 인심人心과 도심道心에 대한 입장에 따라 크게 분기를 이루면서 전개되었다고 할 수 있다. 이렇게 볼 때, 정구의『심경발휘』가 가지는 특성을 보다 정밀하게 이해하기 위해서는 조선시대『심경』경학사의 분기와 흐름과 배경을 살펴보는 것이 필수적이다. 따라서 본 장에서는 조선시대 중기 이후 학자들이『심경』과『심경부주』에 대하여 연구한 방향과 흐름에 대하여 살펴보기로 한다.

조선시대에『심경』이 중요한 서적으로 통행되면서 연구되기 시작한 것은 퇴계 이황에 이르러서였으며, 이때의『심경』은 정민정의 부주附註가 붙어 있는『심경부주心經附註』를 뜻한다.5)『퇴계선생언행록』에 따르면 이황은

---

5)『심경』은 1234년에 진덕수가 저술하고,『심경부주』는 1492년에 정민정이 저술하였다. 이 가운데『심경』은 1412년에 태어나 15세기 중반에 활동하였던 손조서孫肇瑞가『심경』과『근사록』을 열심히 밤낮으로 공부하였다고 한 그에 대한 정종로의 묘갈명으로 보건대, 이미 15세기 중반에 조선에 도입되었다고 할 수 있다. 이후『심경』은 김굉필金宏弼, 조광조趙光祖, 김안국金安國 등에 의해 중시되었다. 박세채는『心經標題』범례

성균관에 유학하던 33세 때 처음으로『심경부주』를 접하고서 여러 달을 연구하여 어려운 부분의 의미를 모두 해명할 수 있었다[6]고 한다. 이렇게『심경』을 접하여 집중적인 연구를 행한 이후에 이황은 이 책이 심학心學의 연원이며 심법心法의 정미精微임을 알고서 신명과 같이 믿고 엄부와 같이 공경하였다.[7] 뿐만 아니라 이황은 「심경후론」에서 도학으로서 성리학에 대한 이해를 하게 된 것 또한 이 저술로부터 감발하였다고 말하고 있으며, 평생 동안 이 책을『사서四書』와『근사록近思錄』못지않게 존경하였다[8]고 언급하였다.

이황은 50대 중반 이후 여러 제자들과『심경』에 대하여 본격적으로 토론하고 강론하면서 주석을 달기도 하고 잘못된 부분을 수정하기도 하였다. 「심경후론心經後論」은 제자들과『심경부주』에 대하여 치밀한 토론과 연구를

에서 "『심경』은 중국에서는 중시되지 않았으나, 우리나라에서는 정암이 드러냈고, 퇴계 선생이 독실하게 좋아하였다(此書本非中國所重, 惟我靜菴先生表章之, 退溪先生篤好之)"고 적었다. 또 성수침의『심경』발문에서도 "청송 선생이『심경』두 권을 소장하였는데, 정민정의『심경부주』는 홍치 임자년에 편찬되었으니, 정덕 기묘년까지는 24년이 지났음에도 불구하고 그때까지 중국 학자가 중시했다는 말을 듣지 못했다. 오직 정암 선생과 당시 제현들이 자주 읽고 좋아하여 이 책을 드러내고 간행하여 우리나라에 성행하게 되었다. 하지만 불행하게도 기묘사화가 일어나자 정암으로부터 도통을 이어받은 회재, 퇴계, 남명이 이 책을 가지고 산림에 은거하여 열심히 공부함으로써 학문을 이루고 서로 전수한 결과『근사록』과 같은 반열에 놓이게 되었다"고 하였다. 이런 기록을 통해 볼 때, 중종 때에 이르러 비로소 조광조, 김안국, 성수침 등 많은 사람들이『심경부주』를 처음 읽기 시작하였음을 알 수 있다. 이후 퇴계 이전까지 영남 지방에서는 이언적李彦迪과 주세붕周世鵬 조식曺植 등이『심경』에 깊은 관심을 가졌다.(송희준, 우리나라에 있어서『심경』주석서의 사적 전개, 동방한문학, 15집(동방한문학회, 1998), 5-7쪽)

6)『退溪先生言行錄』1卷,「學問」, "先生嘗遊學泮宮 …… 嘗訪上舍姓黃氏, 始見心經附註, 其爲註皆程朱語錄, 人見之, 或不分句讀. 先生閉門數月, 沈潛反復, 自然心會, 如有不得者, 亦不强探力索, 姑置一邊, 時復拈出, 虛心玩味, 未有不洞然處."

7)『退溪先生言行錄』1卷,「學問」, "先生自言吾得心經而後, 始知心學之淵源心法之精微, 故吾平生, 信此書如神明, 敬此書如嚴父."

8)『心經後論』, "滉少時游學漢中, 始見此書於逆旅, 而求得之, 雖中以病廢而有晚悟難成之嘆. 然而其初感發興起於此事者, 此書之力也. 故平生尊信此書, 亦不在四子, 近思錄之下矣."

행하고 나서 총론적인 결론을 내린 논설이라 할 수 있다. 이 저술은 정민정의 『심경부주』에 대한 당시 학자들의 분분한 의견을 퇴계가 자신의 관점에서 일단락지음으로써 정민정의 입장에 대한 정당성을 인정하는 의미를 가진다.9) 구체적으로 이황은 『심경』에 수록된 경전은 성현의 큰 가르침으로 지언至言이고, 그 주석 또한 여러 현인들의 지론至論이다. 또한 『심경』 제일 끝에 있는 오징과 정민정의 설에 있어서는 정민정이 주자의 견해를 초년과 말년으로 나누어 말한 것은 잘못이지만, 『심경』 전체를 보면 정민정은 진덕수의 경문을 주석하면서 주자의 견해를 존중하여 따랐던 사람이며, 당시 말학의 폐단을 구하기 위하여 주자와 동일한 입장에서 존덕성을 크게 강조했을 뿐 다른 생각은 없었던 것이라고 하였다. 뿐만 아니라, 정민정의 말에 육상산의 학문에 대하여 말한 것이 없으니 『심경』을 읽으면서 「도일편」과 연관지어 『심경』의 본의를 어지럽혀서는 안 된다고 말하였다.10)

---

9) 퇴계의 「心經後論」은 『심경』의 마지막 장인 「존덕성재명」에서 학문방법론으로 제시한 존덕성과 도문학에 대하여 "정민정이 왜 오징(吳澄)의 설을 『심경』 말미에 붙였는가? 이것은 아마도 존덕성을 위주로 하는 육상산의 학문으로 심경의 학설을 몰고 가고자 하는 것이 아닌가 라는 의문에서 시작하고 있다. 여기에 더하여 趙穆이 程敏政의 생애가 기록된 황명통기의 내용을 가지고 정민정의 인간성과 학문을 의심하는 것에 대하여 퇴계가 답변한 내용으로 이루어져 있다. 조목이 제시한 정민정의 인간성과 학문에 대한 의문은 첫째, 정민정의 과거시험 문제 매매사건에 관한 것이고, 둘째는 왕순이 정민정을 勢利 두 글자에 얽매인 사람이라고 평가한 것에 대한 문제이다. 그리고 셋째는 정민정이 자신의 저술인 「道一編」에서 주자가 초년에는 육상산을 그르다고 하다가 만년에 육상산과 합일되었다고 하여 朱陸折衷論 또는 陸象山支持論을 견지하는 것에 관한 것이었다.(송희준, 「우리나라에 있어서 심경 주석서의 사적 전개」, 『동방한문학』 15집(동방한문학회, 1998), 11쪽) 이런 문제에 대하여 퇴계는 석연치 않은 점이 있음을 인정하면서도 대체로 정민정을 옹호하는 입장을 견지함으로써 정민정의 『심경부주』가 기본적으로 심학의 정통을 벗어나지 않은 것으로 보아 제자들이 가지는 의심을 완화시켰다.

10) 송희준, 「우리나라에 있어서 심경 주석서의 사적 전개」, 『동방한문학』 15집(동방한문학회, 1998), 12쪽. "退溪, 「心經後論」, '吾觀是書, 其經則自詩書易以及于程朱說, 皆聖賢大訓也. 其註則由濂洛關., 兼取於後來諸賢之說, 無非至論也. 何可以篁墩之失而并大訓至論, 不爲之尊信乎. …… 篁墩於此, 但不當區區於初晩之分耳. 若其遵朱子之意, 贊西山之經, 註此於篇終, 欲以捄.末學之誤, 實亦至當而不可易也. …… 以此讀此經此註, 而不以篁

하지만 이황의 제자들 사이에서는 정민정의 인간됨과 사상에 관한 의혹이 완전히 해소된 것이 아니었다. 이 가운데서도 존덕성과 도문학과 관련한 정민정의 주륙절충론적 입장은 제자들에게 많은 의혹을 불러 일으켰다고 할 수 있다. 그리고 『심경』에 수록되어 있는 송나라 어록체는 독해가 어려워서 이들 구절에 대한 해석과 관련한 많은 토론과 문답이 이루어졌다. 이러한 몇 가지 이유로 이후 이황 제자들은 여러 주석서를 구성하기에 이르렀다. 조목趙穆의 『심경품질心經稟質』, 김부륜金富倫의 『심경차기心經箚記』, 이덕홍李德弘의 『심경질의心經質疑』, 이함형李咸亨의 『심경강록心經講錄』, 정구鄭逑의 『심경발휘心經發揮』, 조호익曺好益의 『심경질의고오心經質疑考誤』 등은 이황 제자 그룹에서 나온 대표적인 『심경』 주석서이다.

이 중에서도 특히 정구의 『심경발휘』는 『심경부주』에서 인용한 주석 체계를 전면적으로 받아들이지 않고 『심경부주』에서 인용한 내용들을 부분적으로 수용하면서도 새로운 주석 내용을 보완하여 별개의 주석체계를 구성하였다. 정구가 이처럼 진덕수의 『심경』과 그 원주原註는 전면적으로 받아들이면서도 『심경부주』 체계를 벗어난 새로운 주석서를 구성한 것은 정민정의 『심경부주』 체계에 대한 비판적 의식의 발로라고 볼 수 있다. 정구의 작업은 또한 퇴계의 여러 제자들이 『심경부주』를 지은 정민정의 행적에 대한 의문과 함께 그의 학문이 육상산에 치우친 것이 아닌가 하는 의혹에 따른 것으로 볼 수 있다.

퇴계학파에서 일어나기 시작한 『심경』에 대한 연구 열기는 시대가 흐를수록 확산되었다. 『심경』 연구 열기가 새로운 양상으로 전개된 것은 바로 숙종이 『심경부주』를 관찬官撰하도록 명령하면서 『심경』이 성학서聖學書에서 성군서聖君書로 격상되면서부터였다. 이때 『심경』을 편찬하도록 명령받은 인물이 송시열이다. 송시열은 편찬관이 되어 『심경부주』에 퇴계의 「심

墩道一編之繆, 參亂於其間."

경후론」을 덧붙이고, 『심경부주』에 대한 퇴계학파의 『심경강록』을 계승하면서도 때로 독자적인 주석을 포함하는 주석서로서 『심경석의心經釋義』를 편찬하였다.11) 송시열이 『심경석의』를 편찬한 시점으로부터 『심경』에 대한 연구는 퇴계학파에서 율곡학파로 이동하는 양상을 보였다.

율곡학파가 『심경부주』에 대한 연구를 진행하면서 퇴계 이황의 『심경부주』에 대한 견해를 더욱 비판하는 중에 18세기로 접어들면서 퇴계학파와 율곡학파의 『심경』에 관한 이해에 있어 대립적 양상이 심화되었다. 곧 송시열이 조익趙翼(1579-1655)과 박세채朴世采(1631-1695) 등 율곡학파의 견해를 포함하여 『심경석의』를 편찬하고 김창협金昌協(1651-1708)과 한원진韓元震(1682-1751) 등이 율곡학파의 견해를 강화하면서 퇴계학파를 공격하자 퇴계학파에서도 이에 대응하는 작업을 추진하였다. 이상정李象靖(1710-1781)은 율곡학파에 맞서기 위하여 이황의 『심경부주』에 대한 정본을 만들기 위하여 집필을 시작하였으며, 제자인 김종경金宗敬(1732-1785)을 거쳐 1795년 김종덕金宗德(1724-1797)에 이르러 비로소 『심경강록간보心經講錄刊補』를 완성하였다.12) 『심경강록간보』는 기호학파에 대한 적극적인 비판이나 이황의 관점과 구별되는 독자적인 입장을 제시하기보다는 이황의 철학과 『심경부주』에 관한 입장을 계승하고 있음을 다시 한 번 환기함으로써 퇴계학파의 입장을 변호하는 의미를 가진다.13)

반면 율곡학파는 송시열, 박세채까지는 이황을 직접적으로 비판하지 못하였지만, 김창협, 한원진, 임성주에 이르러서 보다 적극적으로 이황과 퇴

---

11) 홍원식, 「『心經附註』의 수용과 조선 유학의 전개」, 『영남퇴계학연구원학술발표회논문집』(영남퇴계학연구원, 2013), 4쪽.
12) 홍원식, 위의 논문, 4-5쪽.
13) 『심경강록간보』라는 제목이 암시하는 것은 이 책이 이덕홍의 『심경질의』가 아닌 이함형의 『심경강록』을 『심경부주』에 대한 이황의 정론을 보다 온전하게 담고 있는 것으로 간주한다. 이러한 관점은 송시열이 이덕홍의 「심경질의」를 저본으로 하여 「심경석의」를 지은 태도와 구별되는 것이다.(김기주, 「중기 퇴계학파의 『심경부주』 이해」, 『東方漢文學』 35집(동방한문학회, 2008), 106쪽.)

계학파를 비판하기 시작하였다. 김창협의 『심학지결기의心學至訣記疑』, 한원진의 『심경부주차의心經附註箚疑』, 그리고 임성주의 『심경경의心經經義』는 퇴계학파에 대응하여 『심경』에 대한 율곡학파의 관점을 제시한 대표적 저술이다.

그러면 『심경』에 관하여 퇴계학파와 율곡학파가 대립적 시각을 가지는 핵심 논점은 무엇인가? 핵심적인 사항은 크게 두 가지로 요약할 수 있다. 먼저 인심과 도심에 관한 퇴계학파와 율곡학파의 대립적인 입장이고, 둘째는 존덕성과 도문학 사이에 중점을 어디에 두느냐에 대한 문제이다. 퇴계학파와 율곡학파는 각각 이황과 이이의 철학적 입장의 연장선상에서 이 두 가지 사항을 인식함으로써 서로 대립적인 시각을 견지하였다. 이제 중기 퇴계학파와 율곡학파의 대표적 『심경』 주석서로서 김종덕의 『심경강록간보』와 한원진의 『심경부주차의』에서 제시한 이황과 율곡의 철학적 관점과 『심경』에 관한 대립적 해석을 상관적 비교의 관점에서 요약해보기로 한다.

먼저 인심人心과 도심道心의 상관관계에 대하여 『심경강록간보』에서는 "허령은 마음의 본체이고, 지각은 마음의 작용이다. 리와 기가 합함으로서 자연히 허령지각의 오묘함이 있다"[14]고 하였다. 이런 견해는 마음이 리와 기가 결합된 것으로 보는 이황의 입장을 그대로 계승하는 것이다. 또한 이러한 관점은 인심과 도심, 사단과 칠정에도 연역하여 "도심은 의리로부터 발현하여 나오는 것이고, 인심은 몸으로부터 발하여 나오는 것이다. 이제 이러한 설로부터 미루어보면, 인심은 칠정이고, 도심은 사단이다"[15]고 하였다. 이러한 주장은 바로 『심경강록간보』가 퇴계학의 핵심 이론을 그대로 계승하고 있음을 보여준다.

---

14) 金宗德, 『心經講錄刊補』第一篇, 『心經註解叢編』卷5, 191쪽, "虛靈, 心之體也, 知覺, 心之用也. 理與氣合, 自然有虛靈知覺之妙."

15) 金宗德, 위의 책, 같은 곳, "道心是義理上發出來底. 人心是人身上發出來底. 今以此等說推之, 所謂人心七情是也. 道心四端, 是也."

반면 한원진은『심경부주차의』에서 인심과 도심 사이에 본질적인 차이를 가지는 것으로 보지 않음으로써 리와 기로 분속될 수 있는 것이 아니라고 보았다. 그는 인심도심과 리기 사이의 관계를 다음과 같이 설명하였다.

　　인심人心과 도심道心은 모두 이 마음의 지각이다. 지각할 수 있는 것은 기氣의 영묘함이고, 지각하게 하는 것은 마음의 리理이다. 기가 아니면 지각할 수 없고, 리理가 없으면 지각하는 근거가 없는 것이다. 어느 하나라도 없으면 지각할 수 없으니, 인심과 도심을 리와 기로 분속하는 것은 옳지 않다.16)

이것은 한원진이 마음은 오직 하나임을 강조하면서 리와 기의 합인 이 마음의 발용發用은 오직 '기발리승일도氣發理乘一途'일 뿐이라고 본 것이다. 또한 마음의 특성으로서 허령과 지각 또한 모두 리와 기가 함께 작용함으로써 비로소 가능한 것이라고 본 것이다. 따라서 이러한 관점은 처음에 사욕으로부터 마음이 발했다고 해도 의리를 따르면 인심도 도심이 될 수 있다는 것이다.17) 이러한 입장은 리의 능동성과 독립성을 인정하여 도심과 인심이 근원에서부터 리와 기로 나누어진다고 보는 입장과 대립되는 것이다.

다음으로 퇴계학파와 율곡학파가『심경부주』와 관련하여 상반된 입장을 가지고 대립하는 사항은 존덕성과 도문학의 상관관계에 대한 이해이다. 존덕성과 도문학 사이의 관계에 대하여 이황은 본래 존덕성 공부가 보다 근원적인 공부임을 강조하였다. 이러한 관점을 계승하여 김종덕은『심경강록간보』에서 주희가 초년에는 도문학 공부를 강조하였으나, 만년에 존덕성의 근원적인 공부를 보다 중시했음을 다음과 같이 언급하였다.

---

16) 韓元震,『心經附註箚疑』卷23, "人心道心, 皆此心之知覺, 而能覺者, 氣之靈, 所覺者, 心之理, 非氣則不能覺, 非理則無所覺, 未有去一而能有覺者, 則人心道心之不可分作理氣也."
17) 이기훈,「중기 기호학파의『심경부주』이해」,『철학연구』106집(대한철학회, 2008), 198쪽.

주자는 초년에 세상의 배우는 자들이 존덕성 쪽으로 치우쳐서 도문학 공부를 이해하지 못하고 마침내 이단異端에 빠지는 것을 걱정하였기 때문에, 먼저 도문학으로 사람을 가르쳐서 연구를 세밀하게 다하고 동이점을 살펴서 존덕성의 학문에 이르게 하였다. 그래서 세상 사람들이 모두 믿었는데, 뒤에 그것이 지리멸렬하고 번쇄하게 되어 도리어 그 본령을 무너뜨리고 지엽말단에 흐르게 되는 것을 깨달았기 때문에 선생은 돌이켜서 존덕성을 위주로 하고 도문학으로 그것을 돕고자 하였다.[18]

여기에서 『심경강록간보』는 주희가 만년에 도문학 공부가 지엽말단에 흐르는 문제점을 간파하고 존덕성 공부를 본령공부로 중시하였음을 언급하였다. 이렇게 볼 때, 『심경강록간보』를 핵심으로 하는 존덕성과 도문학의 관계에 대한 퇴계학파의 기본적인 시각은 이황의 관점을 계승한 것으로 존덕성 공부의 근원적인 측면에 중점을 두는 지향성을 가졌음을 알수 있다.[19]

반면 율곡학파의 견해는 이와 사뭇 다른 입장을 취하고 있다. 한원진은 정민정이 주희가 만년에 존덕성을 강조한 것을 정론이라고 본 해석을 주희의 견해를 육상산의 학문으로 왜곡하고자 하는 나쁜 의도라고 보면서 다음과 같이 존덕성과 도문학 사이의 관계를 해석하였다.

정론定論 두 글자에서 정민정이 암암리에 사람들을 속여서 육상산으로 돌아가게 하고자 하는 사특한 마음을 볼 수 있다. 대개 주자 선생께서 사람들을 가르칠 때는 존덕성과 도문학 두 가지 가운데 어느 한쪽을 중시해서는 안 된다고 하였으니, 이것이 바로 주자의 평소 정론이다. 때로는 도문학을 중시하고 어떤 때는 존덕성을 중시한 것은 상황에 따라 폐단을 구하고자 한

---

18) 金宗德, 『心經講錄刊補』 第4篇, "朱子初年, 病世之學者, 偏着尊德性一邊, 不解道問學工夫, 卒陷於異端, 故先以道問學教人, 研究纖悉, 考校同異, 以馴致尊德性之學, 天下之人學皆信服. 後來覺其支離煩撓, 反將至於廢其本領, 而流於枝葉, 故先生欲反以尊德性主之, 道問學輔之."

19) 김기주, 위의 논문, 112쪽.

융통성을 발휘한 방법이었지 정론은 아니었다.[20]

한원진은 바로 주희의 만년 정론이라는 것은 실제로는 존덕성을 중시한
것이라기보다 도문학으로 치우침으로써 발생하는 폐단을 바로 잡기 위한
활법活法이었지만, 정론은 아니었다고 주장한다. 이러한 한원진의 견해는
퇴계학파가 존덕성과 도문학은 우열優劣 또는 본말本末, 근원과 지엽과 같이
경중輕重의 차이를 두는 것과 달리 동등한 가치를 가지고 균형을 이루어야
하는 것으로 이해하는 것이다. 존덕성과 도문학 사이의 관계에 대한 퇴계
학파와 율곡학파의 대립적인 이해는 『심경부주』를 지은 정민정의 존덕성
과 도문학 사이의 관계에 대한 이해를 긍정적으로 평가하거나 부정적으로
평가하는 입장의 차이로 나타났다.

하지만 율곡학파 가운데서도 일부는 이황과 퇴계학파의 주장을 따르거
나 그들에 대한 비판에 미온적인 사람들이 있었다. 예컨대 노론에서는 김
창협이 이황의 학설을 지지하였고, 소론에서는 윤동수尹東洙와 임상덕林象德
등이 이황의 견해를 긍정적으로 생각하였다. 이러한 과정을 거치면서 중기
의 율곡학파가 다시 분화하는 양상을 드러냈다.[21] 이처럼 조선 중기 퇴계
와 율곡 이후 이들을 계승하는 퇴계학파와 율곡학파에서의 『심경』에 대한
연구는 퇴계학파와 율곡학파를 중심으로 철학적 주제에 대하여 대립적인
관점을 견지하면서 지속적으로 연구가 심화되었다. 이 가운데 때로는 동일
한 학파 안에서도 성향에 따라 이론적 분화가 이루어지고, 때로는 상대 학
파의 견해를 부분적으로 지지하는 양상이 전개되었다.

---

20) 韓元震, 『南塘集』 卷23, 「心經附註箚疑」, "定論二字, 可見篁墩闇然誣民, 歸陸之邪心也.
   蓋先生教人, 其以尊德性道問學二者, 爲不可有偏重者, 乃其平生定論也. 其或以道問學爲重,
   或以尊德性爲重, 乃其隨時救弊之活法, 而非定論也."
21) 이기훈, 위의 논문, 202쪽.

3. 『심경발휘』의 구성 체계

『심경부주』에 대한 직전 제자들의 의문 표명에 대하여 이황은 『심경부주』가 엄밀한 논증을 가지고 학설을 논증한 저술이 아니고 정이와 주희를 중심으로 하는 성리학자들의 견해를 주석으로 인용한 것인 만큼, 『심경부주』에 뽑아놓은 자료들이 대체로 마음을 수양하는 데 필요한 것들이라는 인식으로 존중했다고 추론할 수 있다. 이러한 이해에 따라 대체로 이황이 정민정의 『심경부주』를 존숭하였는데, 제자들이 여러 가지 의문을 제기하였을 때 이를 변호함으로써 여러 제자들은 일단 받아들이는 태도를 보였다. 하지만 정구는 정민정에 대한 이황의 변호에 완전히 수긍하지 못한 듯하다. 『심경발휘』는 이황의 정민정에 대한 긍정적 시각을 거두어들이지 못하고 『심경부주』를 비판적으로 본 그의 회심작이라 할 수 있다.

정구는 『심경부주』 체제에 대하여 내용과 형식면에서 전면적인 개편을 단행하여 『심경부주』와 다른 새로운 체계를 구성하였다. 먼저 본문 앞부분에 있어서 『심경발휘』는 『심경부주』에서 편제한 정민정의 「심경부주서」와 정복심程復心의 「심학도」, 그리고 정민정의 「안按」을 삭제하고, 진덕수眞德秀의 「심경찬心經贊」과 안약우顔若愚의 「찬부서贊附書」는 그대로 두었다. 대신 『심경발휘』에서는 자신의 「심경발휘서」를 앞에 두었다.

본문에 대해서도 정구는 『심경발휘』에서 『심경부주』와 동일하게 4권으로 구분하였으나, 『심경부주』의 무질서한 편제를 정비하였다. 그는 삼경三經을 사서四書와 구별하여 별권別卷으로 하는 등 『심경부주』의 산만한 권의 차례를 정리하고, '부주附註'와 '안按'을 삭제하였다. 구체적으로 『심경부주』 체제는 사서삼경과 『예기』 등 여러 유가 경전과 송대 학자의 글에서 인용한 '원문原文'이 앞에 있고, 다음에 진덕수의 '원주석原註釋'이 붙어 있다. 그 다음에 정민정이 붙인 '부주附註'가 이어져 있고 마지막으로 정민정이 평가한 '안按'의 순으로 되어 있다. 정민정은 1권에 삼경三經과 『논어』 및 『중용』을 포함시키고, 2권에는 『대학』, 『예기』, 『맹자』를, 3권에는 『맹자』를, 4권에는 『맹자』와 송대 학자들의 글을 함께 수록하였다.

반면 정구는 『심경발휘』에서 삼경三經만으로 1권을 구성하고, 『논어』와 『중용』으로 2권을, 『대학』, 『예기』, 『맹자』로 3권을 구성하였으며, 4권은 송대 주돈이와 정자, 그리고 주희 및 범씨范氏의 글을 배치하였다. 본문 뒷부분에서도 주돈이의 「태극도설太極圖說」, 정호의 「정성서定性書」, 정이의 「호학론好學論」, 장재의 「서명西銘」, 주희의 「인설仁說」, 「성명의誠名義」, 정호와 주희의 「행장략行狀略」 등을 수록하여 『심경부주』와 편제를 달리 하였다. 다음 도표는 『심경발휘』와 『심경부주』의 편제의 차이를 비교한 도표이다.

<표 1> 『心經發揮』와 『心經附註』 사이의 체제상 차이

도서명 권수편제		『심경발휘』		『심경부주』	
본문이전		心經發揮序-鄭逑→心經發揮目錄→心經贊-眞德秀→贊附書-顔若愚.		心經附註序-程敏政→心經總目→心經贊-眞德秀→贊附書-顔若愚→心學圖-程氏復心→按(程敏政)	
본문부분	1卷	『書經』→『詩經』→『易經』	三經을 四書와 구별하여 別卷으로 하는 등 산만한 卷의 次例를 정리하고, 『心經附註』의 '附註'와 '按'을 삭제하였다.	『書經』→『詩經』→『易經』→『論語』→『中庸』	여러 유가 경전과 송대 학자의 글에서 인용한 '原文'→전덕수의 '原註釋'→정민정이 붙인 '附註'→정민정이 평가한 '按'의 순으로 되어 있다.
	2卷	『論語』→『中庸』		『大學』→『禮記』→『孟子』 3 箇章	
	3卷	『大學』→『禮記』→『孟子』		『孟子』7箇章	
	4卷	周子, 程子, 范氏, 朱子의 글		『孟子』2箇章, 周子, 程子, 范氏, 朱子의 글.	

| 본문 뒷 부분 | 心經附錄-太極圖說(周敦頤), 定性書(程顥), 好學論(程頤), 西銘(張載), 仁說(朱熹), 誠名義(朱熹), 行狀略-程顥, 朱熹. | 心經後序-程敏政, 汪祚, 心經後論-退溪. |

위의 도표는 『심경발휘』와 『심경부주』 사이의 권수와 경전 사이의 관계와 본문 앞뒤에 붙인 글의 출입 관계를 정리한 표이다. 위의 도표로부터 『심경발휘』가 『심경부주』의 편제를 따르지 않고 새로운 편제를 구성하고 있음을 알 수 있다. 특히 『심경발휘』에서는 『심경부주』에서 인용하지 않은 주돈이, 장재, 정호, 정이와 주희의 중요한 글들을 부록 형식으로 붙임으로써 성리학의 이론적 관점을 크게 보강하고 있음을 알 수 있다.

하지만 『심경발휘』와 『심경부주』의 이러한 형식적 외적 체계의 차이만으로는 이 두 저술이 구체적으로 어떻게 다른지를 충분히 알 수 없다. 『심경발휘』는 기본적으로 『심경부주』와 다른 체계를 구성하면서도 『심경부주』의 내용을 부분적으로 수용하고 있다. 따라서 『심경발휘』와 『심경부주』가 구체적으로 어떻게 다른지를 이해하기 위해서는 보다 구체적으로 각 장에 속해 있는 글들의 동이점을 살펴보는 것이 필요하다. 아래 도표는 『심경발휘』와 『심경부주』에 각각 실린 글들의 저자를 정리한 것이다. 이 도표 또한 형식적인 체제를 뜻하는 것으로 『심경발휘』와 『심경부주』의 구체적 내용상의 차이를 알기에는 부족한 면이 있다. 그러나 아래 도표에서 드러난 것들을 분석함으로써 『심경발휘』와 『심경부주』가 어떻게 다른가 하는 점을 보다 구체적으로 살펴볼 수 있다.

<표 2> 『心經發揮』와 『心經附註』의 장별 수록 문장 저자와 添削의 상세내용

장수/명 도서명	『심경발휘』			『심경부주』	
	原文·原註	附註	寒岡引用註	原文·原註	附註
1 人心道心章	原文, 原註-朱子,	朱子(4條)-添削	朱子曰/問答(14條), 勉齋黃氏(與附註異), 西山眞氏(2條)	原文, 原註-朱子,	朱子(2條), 潛室陳氏, 朱子問答(4條), 勉齋黃氏, 西山眞氏, 魯齋王氏, 人心道心圖.
2 上帝臨女章	原文.	程子, 龜山楊氏	呂氏, 慶源輔氏, 西山眞氏, 程子(3條), 建安葉氏, 張子, 朱子(3條), 西山眞氏.	原文, 原註-毛氏, 朱子(2條)	程子, 龜山楊氏.
3 視爾友君子章	原文, 原註-鄭氏, 朱子		楚語 左史倚相, 西山眞氏	原文, 原註-鄭氏, 朱子	朱子, 西山眞氏-疊山謝氏
4 閑邪存誠章	原文, 原註-程子(3條)	程子(3條)	程子(2條), 朱子(2條)	原文, 原註-程子(3條)	程子(3條), 朱子, 臨川吳氏.
5 敬以直內章	原文, 原註-伊川(3條)	伊川(2條), 朱子(2條), 朱子(問答),	伊川(2條), 朱子(96條), 龜山楊氏(2條), 名堂室記, 西山眞氏(18條), 敬義齋銘, 程子問答(45條), 程子21條), 五峯胡氏, 朱子曰/問答(79條), 南軒張氏(15條), 尹彦明, 東萊呂氏(4條), 主一箴, 主一銘, 上蔡謝氏(4條),勉齋黃氏(2條), 和靖尹氏, 覺軒蔡氏, 范氏, 藍田呂時, 北溪陳氏(2條), 敬簡堂記, 致堂胡氏, 周子, 謝顯道, 延平李氏, 答張敬夫書, 明道, 李季	原文, 原註-伊川(3條), 龜山楊氏	程子(4條)-朱子問答, 朱子, 程子(3條), 尹和靖, 按; 程子(3條), 程子-朱子(2條), 上蔡謝氏-朱子((2條), 和靖尹氏-和靖, 祁寬, 朱子(2條)-西山眞氏, 勉齋黃氏, 覺軒蔡氏, 按; 五峯胡氏-朱子, 朱子(2條)

				脩問, 夜氣箴, 感興詩, 敬齋胡氏, 武夷胡氏,		
6	懲忿窒慾章	原文, 原註-伊川	明道, 朱子(3條), 伊川(2條), 五峯胡氏	朱子(2條), 伊川, 上蔡謝氏, 西山李氏, 武夷胡氏, 朱子曰/問答(2條)	原文, 原註-伊川, 龜山楊氏	明道-朱子, 伊川(2條), 五峯胡氏, 朱子(2條)
7	遷善改過章	原文, 原註-伊川	明道(2條)-建安葉氏, 伊川-朱子(2條), 上蔡謝氏, 朱子問答,	東萊呂氏(2條), 胡文定公, 建安葉氏, 朱子.	原文, 原註-新安王氏, 程子.	明道, 明道-建安葉氏, 伊川-朱子, 上蔡謝氏, 朱子曰, 問答(2條), 勉齋黃氏.
8	不遠復章	原文, 原註-伊川(2條), 橫渠先生	伊川, 朱子(2條), 南軒張氏-西山眞氏	伊川	原文, 原註-伊川(2條), 橫渠先生	程子, 邵子, 朱子(2條), 南軒張氏-西山眞氏,
9	子絶四章	原文, 原註-朱子		程子, 張子, 朱子(6條), 黃氏, 南軒張氏	原文, 原註-史記, 朱子	程子-西山眞氏, 程子-朱子, 朱子問答-勿軒熊氏
10	顏淵問仁章	原文, 原註-伊川, 謝氏		朱子(18條), 伊川(6條), 謝氏(2條), 朱子問答(3條), 克齋記, 南軒張氏(2條), 克齋銘, 西山眞氏	原文, 原註-揚子, 伊川, 謝氏	伊川-西山眞氏, 張子-朱子(4條), 張子-朱子, 程子, 朱子(5條), 朱子問答(2條)-西山眞氏(2條),
11	仲弓問仁章	原文, 原註-伊川, 朱子	程子, 程子問答,	朱子(4條), 游氏, 朱子問答(4條), 敬恕齋銘, 南軒張氏.	原文, 原註-伊川, 朱子	程子, 程子問答-東嘉史氏, 朱子問答(2條),
12	天命之謂性章	原文, 原註-朱子(3條)	道鄕鄒氏-西山眞氏, 或	朱子曰/問答(18條), 胡氏季隨(2條), 蘇季明, 朱子曰/問答(7	原文, 原註-朱子(3條)	程子問答-朱子問答, 道鄕鄒氏-西山眞氏, 蘇昞問-程子答-朱子,

		曰, 答何叔京書, 西山眞氏.	條), 或曰(3條), 朱子(8條), 答張敬夫書, 答林擇之書, 答胡季隨書, 與湖南諸公, 延平先生行狀, 楊道夫.			或問(4條), 朱子(3條), 呂子約, 朱子問答(3條), 延平李氏-朱子, 答何叔京書, 西山眞氏, 按; 胡氏季隨-元注, 愼獨者-元注, 朱子. 西山眞氏
13	潛雖伏矣章	原文, 原註-程子(2條), 朱子	西山眞氏	程子, 朱子(2條), 東萊呂氏,	原文, 原註-程子(2條), 朱子	司馬溫公, 朱子-按; 西山眞氏-臨川吳氏,
14	誠意章	原文, 原註-朱子(3條), 鄭氏.	程子-朱子, 西山眞氏.	邵子, 朱子曰/問答(18條),	原文, 原註-朱子(3條), 鄭氏.	程子-朱子, 雙峯饒氏, 朱子(2條)-或問, 按; 劉忠定公-朱子, 西山眞氏, 蘭溪范氏, 按. 問劉棟-朱子, 朱子問/曰(4條)-雲峯胡氏, 趙致道, 誠幾圖, 按.
15	正心章	原文, 原註-朱子(2條)	朱子(1條)	程子(9條), 朱子曰/問答(13條), 明道先生, 伊川(3條), 季通被罪, 有微諷, 或勸先生, 當諸公.	原文, 原註-朱子(2條)	程子(3條), 朱子(6條), 按; 朱子問答, 東萊呂氏(2條), 張子-西山眞氏, 問-龜山楊氏, 一日論讀大學, 問忿懥章, 問-仁山金氏, 張思叔, 按; 伊川(3條), 問, 伊川涪陵之行, 按; 朱子, 太常臧格撰謚議, 按. 王幼觀, 朱子曰/問(6條), 勉齋黃氏, 按.
16	禮樂不可斯須去身章	原文, 原註-孔氏, 鄭氏(3條)	李端伯問/曰(3條), 張子, 上蔡謝氏, 朱	陳氏(3條), 李端伯曰, 張子(2條), 朱子曰/問答(5條), 上蔡謝氏, 王氏蘋, 程子曰/問答(2條), 朱子(4	原文, 原註-孔氏, 鄭氏(3條)	程子-朱子問答, 李端伯問(2條), 伊川-朱子問答, 李端伯問/曰(3條), 朱子曰/問答(5條), 張子, 南軒張氏,

		子(2條), 藍田呂氏, 先生病中, 西山眞氏.	條), 陳才卿說, 淇澳之詩, 東萊呂氏			東萊呂氏-西山眞氏, 節孝徐公, 按; 元城劉氏, 上蔡謝氏, 明道, 藍田呂氏, 龜山楊氏, 程子-朱子(5條), 按; 先生病中, 廖晉卿, 陳才卿, 葉賀孫, 有學者, 有待坐, 先生看, 按; 西山眞氏.
17	君子反情和志章	原文.	陳氏, 張子(2條)-朱子, 西山眞氏.	明道, 朱子, 南軒張氏	原文, 原註-孔氏	張子-朱子, 按. 張子-西山眞氏, 上蔡謝氏-朱子, 按; 朱子, 南軒張氏(2條), 西山眞氏, 東匯澤陳時.
18	君子樂得其道章	原文, 原註-程子.	呂與叔, 有人勞伊川, 朱公, 張子, 武夷胡氏, 致堂胡氏, 朱子.		原文, 原註-鄭氏, 程子	呂與叔, 按; 有人勞伊川, 朱公, 王信伯, 張子, 武夷胡氏, 致堂胡氏, 朱子, 按;
19	人皆有不忍人之心章	原文, 原註-朱子(3條), 程子		朱子(2條)	原文, 原註-朱子(3條), 程子	龜山楊氏, 朱子(3條), 西山眞氏(2條), 朱子問答(2條)-北溪陳氏, 勉齋黃氏
20	矢人函人章	原文, 原註-朱子(2條)			原文, 原註-朱子(2條)	朱子問答, 南軒張氏, 新安陳氏.
21	赤子之心章	原文, 原註-朱子	或問雜說, 朱子(2條),	朱子, 南軒張氏.	原文, 原註-朱子	或問雜說-朱子問答, 朱子-雙峯饒氏
22	牛山之木章	原文, 原註-朱子(2條), 程子, 朱子曰愚聞之師.	仁山金氏, 范純夫之女, 朱子(4	程子(16條), 朱子(8條), 呂與叔, 致堂胡氏, 東萊呂氏, 西山眞氏, 延平李氏, 朱	原文, 原註-朱子(2條), 程子, 朱子曰愚聞之師	范純夫之女, 或問伊川(2條), 蘭溪范氏, 按; 朱子答石子重書, 或問-仁山金氏, 朱子

		條), 程子(4條), 張子,	子曰/問答(31條), 東萊呂氏(3條),		問答(4條), 程子(2條), 按; 西山眞氏(4條), 朱子(21條), 按; 張子(2條), 謝顯道, 按; 伊川先生, 先生問伯羽, 按; 邵伯溫, 或問(3條), 橫渠先生, 謝氏, 問橫渠, 張子問答, 魯齋許氏, 按; 程子(2條), 按; 人惡多事, 按; 朱子, 按; 上蔡謝氏, 朱子答樣子直, 朱子問答(3條), 黃直卿, 朱子, 按; 朱子答許順之書, 答張敬夫書, 南軒張氏(2條),
23 (24)	仁人心章	原文, 原註-程子(2條), 朱子(3條)	程子(2條), 朱子(2條)	朱子曰/問答(24條)	原文, 原註-程子(2條), 朱子(3條), 此章孟子 / 程子(5條), 朱子問答, 朱子(9條), 邢和叔, 問延平先生, 鄭仲禮問, 西山眞氏,
24 (25)	無名之指章	原文, 原註-朱子.	程子, 永嘉鄭氏	西山眞氏	原文, 原註-朱子. / 程子, 永嘉鄭氏, 西山眞氏,
25 (26)	人之於身也兼所愛章	原文, 原註-朱子	張子, 武夷胡氏, 朱子, 南軒張氏.		原文, 原註-朱子 / 張子, 朱子(3條), 武夷胡氏, 南軒張氏,
26 (27)	鈞是人也章	原文, 原註-朱子	荀子(2條), 朱子(2條)	西山眞氏, 朱子(3條), 東萊呂氏.	原文, 原註-朱子 / 荀子(2條), 新安倪氏, 朱子(3條)
27 (28)	飢者甘食章	原文, 原註-朱子(2條)		朱子, 南軒張氏, 西山陳氏.	原文, 原註-朱子(2條) / 朱子
28 (23)	魚我所欲章	原文, 原註-朱子	南軒張氏,	朱子, 朱子問答	原文, 原註-朱子 / 謝良佐問, 朱子(2條), 南軒張氏, 定宇陳氏
29	雞鳴而起	原文, 原註-	上蔡謝	程子(5條), 上蔡謝	原文, 原註- / 程子, 朱子(6條), 上

	章					
	章	程子, 楊氏, 或問	氏, 朱子(3條), 南軒張氏, 西山眞氏	氏, 朱子(8條),	程子, 楊氏, 或問	蔡謝氏, 朱子問答(2條), 昨有李某, 南軒張氏, 西山陳氏, 象山陸氏, 蘭溪范氏. 舜蹠圖, 按;
30	養心章	原文, 原註-朱子, 程子, 南軒張氏.	程子, 呂氏(2條), 或問謝氏, 問於外物, 朱子問答, 勉齋黃氏,	程子, 范氏, 五峯胡氏, 朱子(5條), 問寡欲, 西山眞氏(2條)	原文, 原註-朱子, 程子, 南軒張氏	程子, 張子, 呂氏(2條), 上蔡謝氏, 或問謝氏, 問於外間, 西山眞氏. 朱子問答, 朱子, 勉齋黃氏,
31	周子養心說	原文	朱子, 或問	朱子	原文	朱子(2條), 或問,
32	通書聖可學章	原文	朱子(2條)	朱子曰/問答(4條), 勉齋黃氏(2條), 北溪陳氏.	原文	朱子(3條), 石子重問, 按; 伊川先生, 按; 龜山楊氏, 又語羅公, 徽菴程氏,
33	程子視聽言動四箴	原文	朱子(5條), 問視箴, 白雲許氏	朱子(6條),	原文	朱子(6條), 慶源輔氏, 問視箴, 白雲許氏(2條), 程氏復心,
34	范氏心箴	原文	范從誰學, 雲峯胡氏		原文	范從誰學, 雲峯胡氏, 按; 或問佛者, 問未發之前.
35	朱子敬齋箴	原文	或問敬齋箴後面, 勉齋黃氏, 問毫釐有差, 西山眞氏, 臨川吳氏.	朱子, 問主一, 問勿貳, 南軒張子敬齋銘, 西山眞氏,	原文	問敬齋箴, 問毫釐有差, 問敬齋箴後面, 勉齋黃氏, 西山眞氏, 臨川吳氏.
36	求放心齋	原文	朱子, 勉	朱子	原文	朱子自序, 按; 朱子,

銘		齋黃氏.			與呂子約書, 答何叔京書, 勉齋黃氏.
37 尊德性齋銘	原文	朱子(2條), 答劉子澄書, 答何叔京書.	朱子曰/問答(8條) 原文		朱子(15條), 按(3條); 答馮作肅書, 答孫敬甫書, 答王子充書, 朱子問答, 答汪太初書, 按; 答趙民表書, 答劉公度書, 答范文叔書, 答劉定夫書, 答劉季章書, 按; 或人請, 一日謂, 問平日讀書, 問向蒙見, 葉賀孫問, 廖德明問, 答項平父書, 答林擇之書, 答劉子澄書, 答何叔京書, 答程允夫書, 答黃直卿書, 北溪陳氏, 按; 勉齋黃氏, 果齋李氏, 慈溪黃氏, 臨川吳氏, 按;

▪ 장수(章數)의 23-28까지 괄호에 쓰인 것은 『심경발휘』의 순서이다. 곧 『심경부주』의 28장 '魚我所欲章'이 『심경발휘』에서 23장으로 가면서 『심경부주』와 『심경발휘』의 순서가 1장씩 차이가 나게 되었다.

  위의 도표는 『심경』 37장 전체에 대하여 『심경발휘』와 『심경부주』에서 인용한 글의 저자를 기록한 것이다. 이 도표는 『심경발휘』와 『심경부주』 사이의 상관관계를 파악하는 데 중요한 정보를 제공해 준다. 먼저 『심경발휘』는 『심경부주』에서 수록한 『심경』 원문과 진덕수의 원주석을 그대로 수록하였다. 이것은 『심경발휘』가 『심경』을 처음 편찬한 진덕수의 입장을 그대로 수용하고 있음을 뜻한다. 이어서 위의 도표의 『심경발휘』 영역에서 아래 『부주』란에 표기된 내용은 『심경부주』를 그대로 수록한 것이다. 이것은 정구가 『심경부주』에서 정민정이 주석으로 인용한 정이, 주희 등의 글 가운데 『심경』 원문의 내용을 설명하는 데 필수적이라고 생각한 내용을 상당 부분 받아들인 것이다. 이것으로 볼 때, 정구는 정민정이 저술한 『심경부주』 체계를 전면적으로 모두 부정하지는 않았음을 알 수 있다.[22]

그럼에도 불구하고 『심경발휘』가 『심경부주』 체제를 벗어나 독자적인 주석 체계를 구성한 증거는 바로 위의 도표에서도 볼 수 있듯이, 『심경부주』에는 없으나, 『심경발휘』에서 정구가 독자적으로 인용한 내용이 매우 많다는 점이다. 이들 내용은 장재, 정자, 주희, 그리고 연평이씨, 남헌장씨, 화정윤씨, 서산진씨 등 여러 학자들의 글이 널리 포함되어 있다. 이러한 내용들은 정구가 『심경발휘』에서 송대 학자들의 성리학적 심성론과 수양론적 이론을 크게 보강하고 있음을 보여준다. 또한 정구는 『심경부주』에서 인용한 정자, 주희 등의 문장을 그대로 인용하지 않고 원래 학자들이 언급했던 내용을 더하여 모두 인용하거나 또는 『심경부주』에서 인용한 것을 일부 삭제하기도 하였다.

위의 도표를 살펴보면, 5장 '경이직내敬以直內', 12장 '천명지위성天命之謂性', 14장 '성의誠意', 16장 '예악불가사수거신禮樂不可斯須去身', 22장 '우산지목牛山之木', 24장 '인인심仁人心', 37장 '존덕성재명尊德性齋銘' 등은 정구가 특히 많은 주석을 인용하여 『부주』를 크게 보강한 장들이라 할 수 있다. 이 가운데서도 다섯째 '경이직내敬以直內'장은 『심경발휘』 전체 주석의 약 20% 이상을 차지할 만큼 존재론, 심성론, 수양론 등 경敬의 여러 범주적 의미를 포괄할 수 있는 내용을 크게 덧붙이고 있다. 이것은 정구가 『심경』의 핵심 목표가 마음을 수양하는 데 있으며, 마음을 수양하는 데 있어서는 경敬이

---

22) 만약에 『심경발휘』에서 『심경부주』에 인용된 것을 그대로 수록한 부분을 『附註』라고 순서대로 표기하여 정리하였다면 『심경발휘』 또한 『심경부주』 체계를 부분적으로 받아들인 것으로 간주되었을 것이다. 하지만, 정민정이 『심경』에 주석을 붙이면서 자신의 견해를 밝힌 '안(按)'을 모두 삭제한 것은 전체적으로 정민정이 주석한 『心經附註』 체계를 받아들이지 않았다는 증거이다.

절대적으로 중요하다는 것을 강조한 것이다. 또한 정구는『심경부주』의 23장에서 28장까지의 순서를 재배치하였다. 그는『심경부주』의 28장을 23장으로 앞에 배치하고, 23장을 24장으로 하는 것에서부터 27장을 28장으로 하여 한 장씩 미루었다. 이것은『심경부주』에서 28장인 '어아소욕魚我所欲' 장이『맹자』「고자」장에서 '인인심仁人心' 장 앞에 있는 만큼『맹자』의 순서에 맞추고자 한 것이다.[23] 이처럼 정구는『심경부주』에서 뒤바꿔 놓은『맹자』에서 인용한 원문의 순서를 바로잡았다. 이 밖에『심경발휘』에서『심경부주』의 장절의 순서를 수정한 부분은 없다.

4.『심경발휘』의 내용상 특징과 목표

정구가『심경부주』체계와 구별되는 주석서로서 새로운『심경발휘』체계를 구성한 이면에는『심경부주』의 내용 및 중점적 목표에 대한 불만족과 비판의식과 함께 자신의 독자적인 몇 가지 목표를 제시하고자 하는 의도가 내포되어 있다. 정구가 도덕적 수양이라는『심경』의 목표를 어떻게 이해하고 있는가는『심경발휘』의 형식적 체계와 내용면에 모두 반영되어 있다. 이 장에서는 정구가『심경부주』와 구별하여『심경발휘』에서 제시하고자 한『심경』의 도덕적 수양이라는 목표를 실현하기 위한 이론적 구성을 어떻게 하고자 했는가를 살펴보고자 한다.

『심경발휘』의 체계를 개관해 보면,『심경부주』와 구별되는 의미를 크게 세 가지로 나누어 살펴볼 수 있다. 먼저『심경발휘』의 외적 체계에서 두드러진 점은 다섯째 '경이직내敬以直內' 장에 대한 주석이『심경부주』에 비하여 무려 10배 가까이 많다는 점이다. 이것은 정구가『심경』의 핵심적인 목표

---

23)『맹자』「고자」장에는『심경발휘』에서 23장에서 28장까지 배치한 순서대로 되어 있다.

가 경敬을 중심으로 한 마음의 수양에 있음을 극력 강조하는 의미를 가진다고 할 수 있다. 둘째, 『심경발휘』는 37장으로 이루어진 본문 뒤에 주돈이의 「태극도설太極圖說」, 장재의 「서명西銘」, 정호의 「정성서定性書」, 주희의 「인설仁說」과 「성명의誠名義」 등 성리학의 형이상학적 우주론과 심성론을 포괄하는 학설들을 제시하는 내용들을 수록하였다. 이것은 정구가 『심경부주』에는 없는 도덕적 수양의 근원으로서 형이상학적 근거를 토대지우는 것에 유의하고 있음을 보여주는 대목이다. 다음 셋째로, 『심경발휘』는 제37장의 「존덕성재명尊德性齋銘」에 대한 주석에서 주희가 존덕성을 본령공부로 삼는 것을 강조한 자료에 근거하여 정민정이 주희가 만년에 존덕성의 본령공부를 중시하는 것을 정설로 삼았다고 하는 입장을 수정하고 있다는 점이다. 이제 이 세 가지 측면에서 『심경발휘』가 『심경부주』 체계를 넘어서는 보다 종합적이고 포괄적인 『심경』의 수양론적 목표를 실현하는 체계를 세우고 있음을 해명하고자 한다.

정구는 『심경발휘』 제1권에서 『심경』의 다섯째 '경이직내敬以直內'장에 대하여 송대 여러 학자들의 경에 관한 학설을 위주로 한 매우 방대한 주석을 붙임으로써 경敬을 유가철학의 여러 수양론적 덕목과 연관시키고, 아울러 경의 여러 양상, 수양방법론, 그리고 경의 효과 및 우주론적 근거 등 여러 범주적 의미를 해명하고자 하였다. 특히 정구는 『심경발휘』에서 인용한 자료들을 42개 항목으로 세분하여 경의 여러 범주적 의미를 구별해 놓았는데, 이 점도 『심경부주』와 구별되는 『심경발휘』의 독특한 부분이다. 아래 도표는 정구가 『심경발휘』에서 인용한 자료가 내포하고 있는 경敬의 여러 세분화된 범주적 의미를 주제별로 묶어서 분류해 놓은 것이다.

<표 3> 『心經發揮』에서 제시된 敬의 여러 범주와 상관적 개념[24]

종류	주제	중심내용	조목수
1	敬과 義의 상관 관계	1.경의(敬義):20조, 2.경의빈주(敬義賓主):8조, 3.경의불가편폐(敬義不可偏廢):7조	35
2	敬의 의미와 수양방법론	4.경이직내(敬以直內):8조, 5.경자(敬字):29조, 6.주일무적(主一無適):2조-세부21조, 7.정제엄숙(整齊嚴肅):2조-세부:8조, 8.상성성법(常惺惺法):2조-세부:8조, 9.기심수렴(其心收斂):4조, 10.삼선생언경지이(三先生言敬之異):3조	50
3	敬의 외적 양상	11.외자근경(畏字近敬):6조,12.무불경(毋不敬):7조,13.경지목(敬之目):5조, 14.경지법당여외자통간(敬之法當與畏字通看):3조, 15.경지모(敬之貌):6조	27
4	敬과 다른 수양론적 덕목사이의 관계	16.겸언공경(兼言恭敬):14조, 17.겸언장경(兼言莊敬):3조, 18.겸언경간(兼言敬簡):5조, 19.경신(敬愼):1조, 20.경여성(敬與誠):10조, 21.경여인(敬與仁):12조	45
5	敬의 과정과 효과	22.경여극기(敬與克己):4조, 23.경승백사(敬勝百邪):8조, 24.경즉과욕(敬則寡欲):6조, 25.경여치지(敬與致知):15조, 40.경즉호연(敬則浩然):2조, 41.경즉화락(敬則和樂):3조	38
6	敬의 시공간적 적용 범위	26.정(靜):30조, 27.경겸동정(敬兼動靜):23조, 28.경겸내외(敬兼內外):5조, 29.수사치경(隨事致敬):7조, 30.무사불경(無事不敬):1조, 31.무시불경(無時不敬):2조, 32.무소불경(無所不敬):2조	70
7	敬의 우주론과 수양론적 관점	33.천지저경(天地底敬):1조. 34.성현저경(聖賢底敬):8조	9
8	敬의 실천 가능성과 방법	35.악인우불초개가이경(惡人愚不肖皆可以敬):3조,36.거상소경(居常素敬):2조, 37.시수면강(始須勉强):2조, 38.경불가간단(敬不可間斷):4조, 39.숙즉구(熟則久):2조. 42.경불가급박(敬不可急迫):9조	22

위의 도표를 통해 볼 때, 정구가 『심경발휘』에 수록한 경에 관한 학설은 실로 『심경부주』에서 경에 대한 부분적인 주석과는 비교가 안 될 정도로

---

24) 전재강, 「『심경발휘』에 나타난 한강 심학의 특성 연구」, 『남명학연구논총』 5집(남명학연구원, 2011), 423쪽.

경敬의 여러 범주적 의미를 해명하는 데 필수적인 주석들을 포괄적으로 인용하고 있음을 알 수 있다. 위의 도표에서 4에서 8에 이르는 모든 항목은 정구가 새롭게 『심경발휘』에 추가한 내용들이다. 이렇게 편집한 새로운 경敬과 연관된 내용은 유교의 근본적인 과제들과 관계되는 것이면서 경 자체의 중요성과 그 실천방안, 효과 등을 체계적으로 제시하는 것이라 할 수 있다.25) 다시 말하면 『심경발휘』에서 정구는 단순한 수양의 방법으로만 바라보는 수준을 넘어서 유가철학의 인식론, 우주론적 형이상학, 그리고 공부의 과정과 방법 등 종합적인 관점에서 경敬을 이해하고자 하는 의도를 드러내고 있는 것이다.

이러한 관점에서 위의 도표에서 특히 주목해야 할 부분이 있다. 이것은 경의 의미 범주 가운데 사물에 대한 이치를 탐구하고 앎을 극대화하는 문제와 그 인식론적 근거로서 우주론적 형이상학과 연관되는 부분에 대한 것이다. 일반적으로 경敬은 덕성을 함양하는 공부로서 존덕성을 이루는 공부로서의 의미를 가진다고 할 수 있다. 하지만 경敬을 통하여 올바르게 덕성을 함양하기 위해서는 필수적으로 사물에 대한 이치 탐구로서 궁리窮理와 앎을 극대화하는 과정으로서 치지致知가 전제되어야 한다. 그런데 궁리와 치지는 바로 덕성을 높이는 존덕성과 대비되는 공부로서 도문학의 내용이 되는 것이다.

위의 도표를 통해 볼 때, 정구는 경敬과 의義 사이의 관계에 대하여 비교적 많은 조목의 자료를 인용하고 있는데, 궁리는 의리를 추구하는 것인 만큼 경敬과의 관계를 드러내는 조목을 제시하는 것은 도문학을 통하여 경敬을 균형 있게 행하고자 하는 의도를 가지는 것이다. 또한 도표에서 정구는 치지致知와 관련한 자료를 15개 조목 인용하고, '일에 나아가 경敬을 다한다[隨事致敬]'는 주제에 7조목을 인용하고 있는데, 이 또한 경을 구체적인 일에

---

25) 전재강, 위의 논문, 424쪽.

나아가 인식론적인 근거를 가지게 하는 것으로 도문학 공부와 균형을 이루게 하기 위한 것이라 할 수 있다. 정구는 『심경발휘』에서 주희의 다음과 같은 말을 인용하여 거경居敬과 궁리窮理 두 가지 일이 긴밀하게 연관되는 것임을 강조하였다.

> 배우는 사람의 공부는 오직 거경과 궁리 두 가지 일에 달려 있을 뿐이다. 이 두 가지는 서로 번갈아 발현한다. 궁리를 할 수 있으면 거경 공부는 날로 진전되고, 거경할 수 있으면 궁리공부는 날로 더욱 주밀하게 된다.[26]

정구가 이 구절은 인용한 것은 거경과 궁리 사이의 불가분성과 긴밀한 상관성에 대하여 인식하고 있음을 의미한다. 다시 말하면 존덕성을 추구하는 거경의 전제로서 도문학의 궁리가 필수적으로 요구된다는 것이다. 정구는 또한 주자의 말을 인용하여 "지경持敬과 치지致知는 실로 번갈아 발휘하지만, 경敬이 늘 위주가 된다. 머무르는 것이 넓으면 지향하는 것이 평탄하여 큰 길 아님이 없다. 성현의 일은 비록 쉽지 않지만, 한마디로 다하면 대개 여기에서 벗어나지 않는다"[27]라고 하였다. 여기에서 정구는 경敬과 치지致知가 상호의존 관계를 가지는 것과 함께 경을 위주로 하여 넓게 머무르면 탄탄대로로 나아갈 수 있다고 하여 앎을 극대화하는 방향타를 경敬이 쥐고 있음을 강조하고 있다.

위의 도표에서 또 주목할 부분은 경을 성誠과 연관시킨 부분이다. 정구는 이 부분에서 10조의 적지 않은 항목을 인용하여 경敬의 우주론적 근거로서 성誠과 연관시키고 있다. 예컨대, 정구는 "성誠 자는 도道에 있어서는 실제로 존재하는 리理가 되고, 사람에 있어서는 실제 그러한 마음이 되는데, 그

---

26) 鄭逑, 『心經發揮』1卷, '敬以直內章', "學者工夫, 唯在居敬窮理二事. 此二者, 互相發. 能窮理, 則居敬工夫日益進, 能居敬, 則窮理工夫日益密."
27) 鄭逑, 위의 책, 같은 곳, "持敬致知, 實交相發, 而敬常爲主, 所居旣廣, 則所向坦然, 無非大路, 聖賢事業, 雖未易, 以一言盡然, 大槩不出諸此."

것을 유지하고 주재하는 것은 전적으로 경敬자에 달려 있다"28)고 언급하였다. 나아가 그는 남헌장씨의 말을 인용하여 "성誠은 하늘의 도이고, 경敬은 인사의 근본이다. 경敬의 도가 이루어지면 성誠하여 천天이 된다. 그러므로 군자의 학문은 경에서 시작하고 끝난다"29)라고 하였다. 여기에서 정구는 경의 수양으로 이루는 최종적인 결과를 자연의 성誠에 두고 있는데, 이것은 경의 우주론적 근거를 성誠에 두는 것을 의미한다.

정구는 정자의 말을 인용하여 천지의 자연의 변화의 이치가 유행하는 것의 측면에서 경의 의미를 설명하였다. 정자는 "천지가 자리를 잡으면서 변화가 그 가운데서 행해지니, 이것이 단지 경敬이다. 경敬하면 단절되는 것이 없다"30)라고 하였다. 여기에서 정구는 천지의 변화로부터 이루어지는 자연의 변화과정이 바로 경敬이라고 하는 정자의 주장을 인용하였다. 이것은 그가 경을 우주론적 차원으로 소급하여 인사의 경敬이 여기에 근원하는 것임을 설명하는 것이다.

이처럼 정구는 경을 단순히 덕성을 함양하는 방법으로서의 의미만을 주로 제시한 것으로『심경부주』와 달리 보다 포괄적으로 성리학의 우주론과 심성수양론, 그리고 궁리와 치지를 중심으로 하는 실천적 인식론을 아우르는 여러 범주적 의미를 종합적으로 제시하고자 하였다. 이러한 정구의 관점은 주로 존덕성 공부를 위한 수양방법으로서의 의미를 넘어서 경이 도문학과 어떠한 연관관계를 가지는가 하는 점에 유의하고 있음을 의미한다. 이처럼 존덕성과 도문학 사이의 상관관계에 대하여 존덕성의 본령공부를

---

28) 鄭逑, 위의 책, 같은 곳, "又曰誠字在道, 則爲實有之理, 在人則爲實然之心. 而其維持主宰, 全在敬字."

29) 鄭逑, 위의 책, 같은 곳, "南軒張氏曰, '誠者, 天之道, 敬者, 人事之本. 敬道之成, 則誠而天矣.' 然則君子之學, 始終乎敬者也."

30) 鄭逑, 위의 책, 같은 곳, "程子曰, 天地設位而易行乎其中, 只是敬也. 敬則無間斷."『중용』에서는 '지극한 성은 그침이 없다[至誠無息]'(第26章)이라고 하여 단절됨이 없는 것을 誠으로 보고 있는데 정자의 이러한 해석은 敬을 誠의 차원에서 이해하는 것이라 할 수 있다.

중시하면서도, 이 존덕성 공부가 궁리와 치지를 포함하는 도문학과 균형을 이루면서 번갈아 전제가 되는 공부로 바라보는 정구의 시각은 『심경』 제37 장인 「존덕성재명尊德性齋銘」 장에 대한 『심경부주』 체제를 개편한 것에서도 그대로 드러난다.

정구는 「존덕성재명」 장에서 정민정이 『심경부주』에서 인용한 주희의 글 15개조와 주희 문인들과의 문답 및 견해 등 27개 전후의 조목들을 주희의 견해 2개조와 「답유자징서答劉子澄書」와 「답하숙경서答何叔敬書」만 제외하고 모두 삭제하였다. 그리고 그는 존덕성과 도문학의 균형을 강조하는 주희의 새로운 문답 8개조를 새로이 인용하였다. 다음은 정구가 새로이 인용한 주희의 견해로서 존덕성과 도문학이 각각 도체의 대大와 소小를 다하는 것으로서 존심存心과 치지致知의 상호의존적인 공부로 구체화되는 것을 제시한 문장이다.

존덕성은 마음을 보존하여 도체의 큰 것을 극진히 하는 것이고, 도문학은 앎을 다하여 도체의 세밀한 것을 극진히 하는 것이다. 두 가지는 덕을 닦고 도를 모으는 큰 실마리이다. 조금의 사사로운 뜻도 가지지 않고 조금의 사욕도 스스로 얽매지 않아 이미 아는 것을 함양하고, 잘하는 것을 돈독하게 하는 것은 모두 존심存心에 속한다. 이치를 분석할 때는 조금의 오차도 없게 하고, 일을 처리할 때에는 과불급의 오류를 없이 하며 의리를 다스릴 대는 몰랐던 것을 알도록 하며 형식을 등급지울 때는 날로 삼가지 않았던 것을 삼가니, 이것은 치지致知에 속한다. 대개 존심하지 않으면 치지할 수 없고, 존심은 또한 치지로 하지 않을 수 없다.[31]

---

31) 鄭逑, 『心經發揮』, 『心經註解叢編』 卷3, 464쪽, "尊德性所以存心而極乎道體之大也. 道問學所以致知而盡乎道體之細也. 二者, 修德凝道之大端也. 不以一毫私意自蔽, 不以一毫私欲自累, 涵泳乎其所已知, 敦篤乎其所已能, 此皆存心之屬也. 析理則不使有毫釐之差, 處事則不使有過不及之謬, 理義則日知其所未知, 節文則日謹其所未謹, 此皆致知之屬也. 蓋非存心, 無以致知, 而存心者又不可以不致知."

위에서 주희는 존심存心을 사사로운 생각이나 욕심으로 마음을 얽매지 말고 이미 알아서 잘하는 것은 돈독히 하고 기르는 것으로 간주한 반면, 치지致知는 이치를 분석하고 일을 처리하며 의리를 다스리는 일을 오차 없이 잘 이해하고 예를 문식으로 삼아 삼가는 것으로 생각하였다. 뿐만 아니라 주희는 이 두 가지가 상호 규제적 전제가 될 때, 존덕성과 도문학 공부가 진전되는 것이라고 생각하였다. 요컨대, 정구는 이러한 주희의 주장을 인용하여 존덕성을 강조하는 것을 주희의 정론이라고 간주하는 정민정의 견해를 비판하고자 하였다.

정구는 여기에서 존덕성과 깊은 관련을 가진 심학心學 역시 도문학과 존덕성 양자의 균형잡힌 학문과정 속에서 탐구되어야 함을 나타냈다고 할 수 있다. 결국 정구는 유교전통의 학문 방법인 존덕성과 도문학의 균형 속에서 심학이 탐구되어야 함을 「존덕성재명尊德性齋銘」 장의 주석을 새롭게 보강함으로서 주장했다고 할 수 있다.[32]

다음으로 정구의 『심경발휘』 체계가 정민정의 『심경부주』 체계와 구별되는 중요한 부분은 그가 「부록附錄」이라는 형식을 이용하여 마음의 수양을 강조하는 존덕성을 넘어서 도문학의 근거로서 성리학의 우주론적 근거를 제시하고자 했다는 점이다. 정구는 존덕성을 위한 수양방법으로서 경敬과 객관적인 이치에 대한 탐구로서 도문학 공부와의 상관관계에 관심을 가지고 『심경』 37장을 주석한 뒤에 「부록」으로 송대 성리학자들의 우주론 및 심성론과 관련한 자료를 수록하였다. 이들 「부록」은 성리학의 우주론과 심성수양론을 아우르는 의미를 가지는 것으로서 존덕성과 함께 도문학을 정초지우는 근거가 되는 이론을 제시하는 것이다.[33]

---

32) 전재강, 위의 논문, 418-419쪽.
33) 정구가 부록에서 인용한 글은 주돈이의 「태극도설(太極圖說)」과 주희의 「도설해(圖說解)」, 정호의 「정성서(定性書)」와 이에 대한 주희 및 서산진씨의 설명, 정이의 「안자호학론(顔子好學論)」과 이에 대한 서산진씨의 설명, 장재의 서명과 이에 대한 정자, 윤화정, 양시 등의 설명, 주희의 인설, 명도선생과 회암 선생의 「행장략」 등이다.

정구가 「부록」으로 인용한 글 가운데 주돈이의 「태극도설」과 주희의 「인설」은 각각 태극 및 음양오행, 그리고 천지생물지심天地生物之心과 천리天理의 회복을 언급함으로써 유가적 도덕원리의 우주론적 근거와 역의 변화로 표현되는 객관적 법칙의 문제를 다룸으로써 도문학의 존재론을 강조하고 있다. 이에 비하여 장재의 「서명」과 정호의 「정성서」, 그리고 정이의 「안자호학론」은 이러한 우주론적 근거를 가지는 마음을 안정시키고 성인의 경지에 이르는 덕성을 함양하는 문제에 중점을 둠으로써 존덕성의 도덕적 본령공부를 강조하고 있다. 정구는 이처럼 부록에서 존덕성과 도문학의 두 가지 공부가 상호의존적인 맥락에 따라 서로 전제조건이 되는 것임을 인용한 글을 통해 드러내고 있다. 정구가 인용한 글 가운데 주돈이의 「태극도설」을 설명하는 글에서 주희는 인간이 자연의 총체적인 리를 뜻하는 태극太極을 품부받음으로써 이를 인극人極으로 삼아 도덕적 표준을 타고난 존재임을 다음과 같이 강조하였다.

도설의 앞에서 음양변화의 근원을 말하고 그 뒤에 사람이 품부받은 것을 밝혔는데, 사람이 그 빼어난 것을 얻어 가장 영명하고 순수한 것은 지극히 선한 본성으로 이것이 이른바 태극이다. 몸이 생기고 정신이 발하는 것은 양이 움직이고 음이 고요해서 이루어진 것이다. 오성五性이 감응하여 움직이면 양이 변하고 음이 합해져서 수화목금토의 性을 낳고 선악이 나뉘는 것은 남자를 이루고 여자를 이루는 상象이다. 만사가 출현하는 것은 만물이 변화 생성되는 상이다. 성인이 중정인의中正仁義로 안정시켜 정靜을 위주로 하여 인극人極을 세우면 또 태극太極의 전체를 얻어서 천지와 혼연하게 합하여 틈이 없어진다.[34]

---

34) 鄭逑, 『心經發揮』, 『心經註解叢編』 卷3, 316쪽, "圖說首言陰陽變化之原, 其後卽以人所稟受明之. 自惟人也得其秀而最靈, 純粹至善之性也. 是所謂太極也. 形生神發, 則陽動陰靜之爲也. 五性感動, 則陽變陰合而生水火木金土之性也. 善惡分, 則成男成女之象也. 萬事出, 則萬物化生之象也. 至聖人定之以中正仁義而主靜, 立人極焉, 則又有乎太極之全體, 而與天地混合無間矣."

주돈이의 「태극도설」에서는 "오직 사람만이 가장 뛰어난 기를 받아 가장 영명한데, 형체가 생기고 나서 정신은 지각을 발하고, 오성五性이 사물에 감응하여 움직여서 선악이 나뉘어지고 만사가 출현한다"[35]고 하였다. 이것은 곧 인간이 몸을 받음으로써 지각능력을 가지고, 음양의 변화로부터 생성 변화되는 만물의 법칙을 인식하면서 이들에 어떻게 대응하느냐에 따라 선악이 나뉘는 것을 의미한다. 이것을 주희는 양이 변하고 음이 합해져서 수화목금토 오성五性의 성질을 낳고 여기에서 선악이 갈리는 것으로 생각하였다. 정구는 음양오행의 변화에 따른 자연의 변화법칙에 대한 인식으로부터 선악과 만사 만물이 출현한다고 하는 이러한 성리학의 우주론을 도문학의 근거로 제시한 것이라 할 수 있다.

정구는 또한 주희의 「인설仁說」을 인용하여 인간의 도덕적 본성으로서 인仁 또한 천지가 사물을 낳는 마음이 인간에 내재한 것으로 마음의 본체라고 보았다. 주희는 천지가 사물을 낳는 마음으로서 인仁의 도리를 다음과 같이 언급하였다.

> 대개 인仁의 도리는 곧 천지가 사물을 낳는 마음인데 사물에 즉해서 존재하는 것으로 감정이 아직 발하지 않았을 때, 이 체가 이미 갖추어져 있고 감정이 발하고 나서는 그 작용이 다함이 없다. ……'극기복례克己復禮가 인이 된다'고 하는 것은 자신의 사욕을 이겨서 천리天理를 회복할 수 있으면 이 마음의 체가 없는 곳이 없고 이 마음의 작용이 행해지지 않음이 없음을 말한다.[36]

---

35) 周敦., 「太極圖說」; 『心經發揮』 315쪽, 「心經附錄」, "惟人也得其秀而最靈, 形旣生矣, 神發知矣, 五性感動, 而善惡分, 萬事出矣."
36) 『心經發揮』, 『心經註解叢編』 卷3, 315쪽, 「心經附錄」 「仁說」, "蓋人之爲道, 乃天地生物之心, 卽物而在. 情之未發而此體已具, 情誌旣發而其用不窮. 誠能體而存之, 則衆善之源, 百行之本, 莫不在是. 此孔門之敎, 所以必使學者汲汲於求仁也. 其言有曰克己復禮爲仁, 言能克己私, 復乎天理, 則此心之體無不在而此心之用無不行也."

여기에서 주희는 『논어』에서 극기복례克己復禮로 규정되는 인仁은 사욕을 이기고 천리天理를 회복하는 것이라고 하여 인仁의 실제를 천리天理를 바르게 알아서 실천하는 것으로 설명하였다. 이러한 시각은 바로 존덕성이 도문학의 대상으로서 천리를 알아서 실천하는 것을 전제로 하는 것임을 뜻한다. 정구가 주희의 「인설仁說」을 인용한 취지는 바로 태극과 천리를 궁극적 근원으로 삼는 성리학의 우주론에서 도문학의 근거를 이끌어내고자 했기 때문이다.

요컨대, 정구가 『심경발휘』를 편찬하면서 정민정의 『심경부주』 체계를 넘어서고자 하는 목표를 가지고 유의했던 사항은 다음과 같이 서로 연관되는 몇 가지 주제로 요약할 수 있다. 첫째, 『심경부주』에서 주희의 만년 정론으로 간주하여 강조한 존덕성 위주의 공부가 유가적 수양에 절대적인 것이 아니고 도문학과 균형을 이루는 공부라는 것을 분명히 하고자 하였다. 둘째, 존덕성과 도문학의 두 가지 공부는 유가적 도덕실천과 함양을 위하여 상호의존적으로 전제가 되어 어느 한쪽도 폐기하거나 한쪽으로 치우칠 수 없는 필수불가결한 양면 공부라는 것을 확인하고자 하였다. 셋째, 태극과 천리를 중심으로 하는 성리학의 형이상학적 우주론으로부터 도문학의 근거를 이끌어내고자 하였다. 넷째, 도문학 공부 속에는 성리학의 형이상학에서 언급하는 사물 구성 원리로서 태극이나 천리뿐만 아니라 인의예지 또한 긴밀한 연관성을 가진다는 인식이다.

이 네 가지 목표는 정구가 『심경발휘』를 구성하면서 특히 유의했던 주제라 할 수 있다. 이 가운데 특히 네 번째 사항은 『심경발휘』를 정구의 경학 사상 체계와 연관하여 예학사상禮學思想 또한 도문학의 한 과정으로 이해할 수 있는 이론적 근거를 제공한다고 할 것이다. 이점은 『심경발휘』의 저술 의도를 그의 예학 사상을 중심으로 하는 경학 사상의 시야에서 살펴보는 것이 필요한 이유이다. 다음 장에서는 정구의 『심경발휘』가 그의 예학사상과 연관해서는 어떤 의미를 가지는가 하는 점을 살펴보기로 한다. 이것은 반대로 말하면 그의 예학 사상이 『심경발휘』를 중심으로 하는 심학과 어떤 연관성을 가지는가를 검토하는 일이기도 하다.

5. 『심경발휘』와 예학禮學 사이의 연관관계

윗 장에서는 정구가 『심경발휘』를 구성한 체계와 내용상의 특징을 존덕성과 도문학의 균형잡힌 공부를 강조하는 취지가 내포되어 있다는 입장에서 살펴보았다. 이제 이 장에서는 범위를 넓혀 『심경발휘』가 정구의 경학 사상 전체에서 어떠한 의미를 가지는가를 그의 경학經學의 중심 주제인 예학 사상과 연관하여 살펴보고자 한다. 『심경발휘』를 정구의 예학 사상과 연관하여 해명하고자 하는 것은 심학의 수양론적 관점에서만 이해하는 한계를 넘어서 유가철학 전체의 종합적 체계의 시야에서 『심경발휘』의 편찬 의의를 해명할 수 있기 때문이다.

『심경발휘』를 정구의 예학 사상과 연관된 관계의 측면에서 중점적으로 해명하고자 할 때 선이해를 요하는 것은 마음의 수양으로서 존덕성과 사물의 이치와 도덕적 실천규범의 구성을 중심으로 하는 도문학의 공부가 예학과 어떤 관계를 가지는가 하는 점이다. 이것은 유가철학의 도덕적 이념과 이를 구체적 현실에 실현하는 방법론 사이의 관계를 요약함으로써 제시할 수 있다.

선진유학은 인간의 본성에 도덕적 이념으로서 인의예지仁義禮智가 내재되어 있음을 전제하고서 예禮를 중심으로 하는 신분제도, 합리적인 경제적 제도 및 왕도정치 제도 등을 통하여 이런 도덕적 본성을 사회 정치적으로 실현하는 것을 근본 목적으로 삼는다. 나아가 유가철학에서는 외적인 제도적 장치뿐만 아니라 인간이 타고난 잠재적인 도덕적 자질을 닦는 수양론을 다양한 방법으로 제시한다. 유학에서 근본적인 도덕적 이념은 인仁이며 이것은 정치적 맥락에서 당위적인 의무로서 의義와 합리적인 상하의 차등적 규범으로서 예禮를 통하여 구체적인 현실에 실현된다. 공자가 안연에게 인을 행하는 도리로서 극기복례를 강조한 것[37]은 바로 이러한 의미를 갖는다. 따라서 예禮는 인을 구체적인 의리를 통하여 정치사회적으로 실현하는 규범적 체계라고 할 수 있다. 하지만 외적인 제도적 장치와 함께 인의仁義의 도덕적 이념과 당위를 정치 사회적으로 실현시키기 위해서는 통치자들의 내적인 도덕적 자질의 함양이 무엇보다 중요하다. 이러한 관심에 따라 성리학에서는 인간의 도덕적 본성이 보편적인 우주적 이치로서 천리天理에 근원을 두는 것으로 규정하는 동시에 천리天理를 실현하기 위한 본성의 함양 방법으로서 경敬을 중시하였다.

이렇게 볼 때, 유가철학에서 인仁의 도덕적 이념을 실현하기 위해서 크게 두 가지 요소가 핵심적인 의미를 가지는데, 이것은 바로 정치적 지위를 가지는 사람의 내적인 도덕적 자질의 함양과 외적인 실천 규범체계와 제도적 장치의 구성이다. 여기에서 존덕성이 주로 통치자의 내적인 도덕적 자질의 함양을 추구하는 것이라면, 도문학은 이상적인 도덕적 이념이 실현되는 사회를 이루기 위하여 예법을 중심으로 하는 규범체계와 합리적인 사회 경제적 제도의 구성과 연관된 모든 지식을 추구하는 것이라 할 수 있다.

정구가 존덕성과 도문학의 균형 잡힌 공부를 목표로 삼아 구성한『심경발휘』의 체계를 예학 사상을 중심으로 하는 경학적 관점에서 검토하고자 하는 것은 그의 예학 사상이 도문학의 핵심적 내용을 문제삼는 만큼『심경발휘』와 긴밀한 연관성을 가지기 때문이다. 다시 말하면 정구의『심경발휘』는 그의 예학을 통하여 구체적인 도문학의 내용을 구성하며, 그의 예학은『심경발휘』에서 말하는 경敬의 수양론적 내용으로부터 존덕성의 근거를 가

---

37) 『論語』, 「顔淵」 1章, "顔淵問仁. 子曰, '克己復禮爲仁. 一日克己復禮, 天下歸仁焉. 爲仁由 己而由人乎哉?' 顔淵曰, '請問其目'. 子曰, '非禮勿視, 非禮勿聽, 非禮勿言, 非禮勿動.' 顔 淵曰, '回雖不敏, 請事斯語矣.'"

진다고 할 수 있다. 그런데 『심경발휘』에서는 존덕성과 함께 도문학 또한 균형 잡힌 공부로 강조하는 만큼, 『심경발휘』에서 언급하는 도문학이 도덕적 이념을 정치적으로 실현하는 지식 및 실천규범의 보편적 원리를 강조함으로써 도문학의 원리를 제시하였다면, 예학 사상에서 언급하는 내용은 이러한 실천규범의 원리와 함께 구체적인 예禮 규범을 동시에 문제 삼고 있다고 할 수 있다.

정구가 『심경발휘』에서 존덕성과 도문학의 균형을 유지해야 한다고 주장하면서 강조한 핵심적인 두 가지 공부는 '경敬'과 '치지致知'이다. 경이 존덕성으로서 마음을 함양하는 본령공부라고 한다면, 치지致知는 격물궁리格物窮理의 도문학을 통해서 이루는 지식의 내용 공부이다. 이 두 가지 공부는 상호의존적으로 전제가 되고 번갈아 나아가는 관계를 가진다. 그런데 경을 필수적인 전제로 삼는 치지致知는 천리의 실천적 당위로서 의義와 행동 규범으로서 예禮를 대상으로 한 격물궁리를 통해 이루어진다. 이렇게 볼 때, 정구가 언급한 경학 사상의 중심으로서 예학은 바로 도문학 공부의 핵심으로서 '치지'라고 하는 내적 앎의 극대화를 위한 격물궁리의 구체적 내용이 된다. 그러면 정구가 『심경발휘』에서 경과 함께 강조하는 공부의 두 축 가운데 하나로서 '치지'의 구체적 내용에 대한 탐구로서 예학을 어떻게 제시하고 있는가를 살펴보기로 한다.

정구는 경敬을 중시하는 퇴계의 심학心學에 영향을 받아 『심경발휘』를 저술하였고, 남명의 영향 또한 받아 경의협지敬義挾持의 수양덕목을 계승 발전시켰다.[38] 정구는 이 가운데 특히 실천의 방향으로 나아가 예학禮學에 커다란 관심을 가지면서 비교적 이른 시기에 「가례집람보주家禮輯覽補註」, 「혼의昏儀」, 「관의冠儀」 등 여러 예학 서적을 저술하였다.[39] 61세에 이르러서는 「오

---

38) 김현수, 「寒岡 鄭逑의 敬義挾持와 禮」, 『한국철학논집』 제9집(한국철학사연구회, 2000), 126쪽.

39) 금장태는 조선 중기에 예학에 대한 관심이 증대된 이유를 성리학의 이론적 수준이

선생예설분류五先生禮說分類」를 편찬하기 시작하여 76세 때 완성하였다. 이 저술은 이정자二程子, 사마광司馬光, 장재張載, 그리고 주희朱熹를 포함하는 송 대 오가五家의 예설禮說을 비교하고 분류한 작품으로 한강 예학을 대표하는 저작이다.

그러면 「오선생예설분류」로 대표되는 정구의 예학 사상을 도문학의 측 면에서 어떤 의미를 가지는가 하는 점을 중점적으로 살펴보기로 한다. 정 구는 「오선생예설분류」에서 예禮의 기본 의미를 정의하고 가정과 사회에서 의 인륜관계를 질서지우는 근간으로서 그리고 예의禮義 보다 근본적인 원리 로서 성경誠敬의 기능을 다음과 같이 언급하였다.

(예禮는) 천리天理를 절도지우고 형식화하고 인사人事를 의례儀禮로 규범 화한 것으로서, 그것을 펼치면 삼백 가지의 예의禮義와 삼천 가지의 위의威 儀의 질서가 있으며, 그것을 통합하면 한 몸과 마음을 지탱하는 것이 되어 잠시도 군자의 몸을 떠나지 않는다. 도덕道德과 인의仁義가 그것으로 이루어 지고 군신君臣 부자父子 형제兄弟 관계가 그것에 따라 안정된다. 그래서 옛 사람들은 보고 듣고 말하고 행동하는 가까운 것에서부터 멀리 집안과 고을 나라에 이르기까지 그 성誠과 경敬을 쓰지 않는 경우가 없었다. 하지만 상례 常禮는 오직 하나이지만, 변례變禮는 만 가지로 달라진다.[40]

정구에 따르면, 예禮는 천리를 절문하여 인사의 행동표준으로 규범화한 것으로 삼백에서 삼천에 이르는 보편적인 예와 구체적인 예를 포괄하여 군

높아진 데서 찾고 있다. 그는 "퇴계에서 율곡에 이르는 16세기 중반에는 성리학의 토 론이 활발하게 일어나 새로운 고도의 이론적 학문 수준을 형성하였다. 이러한 성리학 의 관념적 관심은 禮學의 실천적 관심에로 확산될 수 있었다. 이에 따라 성리학과 예 학이 서로 보완적인 역할을 필요로 한다는 연관성은 자연스럽게 예학의 발전을 촉진 시켜준 것이다"고 하였다.(금장태, 『퇴계학파의 사상』(집문당, 1996), 141쪽.)

40) 『韓國文集叢刊』 53卷, 『寒岡先生文集』 卷10, 「五先生禮說分類序」, "節文乎天理, 而儀則 乎人事. 散之爲三百三千之有秩, 統之爲一身一心之所, 未嘗斯須去乎君子之身. 道德仁義以 之而成, 君臣父子兄弟以之而定. 所以古之人, 自視聽言動之近, 達之家鄕邦國之遠, 無所不 用其誠敬焉. 然而常禮惟一, 變禮萬殊."

신, 부자 등 혈연적이면서 정치적인 계층관계를 정립하고 도덕인의를 실현하는 수단이 되는 것이다. 또한 그는 천리의 인간적 실천 근거로서 성誠과 마음과 몸가짐의 정신적 태도로서 경敬을 예의 보다 근본적인 토대가 되는 것으로 주장하였다. 이처럼 그는 예禮와 성경誠敬 사이를 긴밀하게 결합하여 그 상관적 의미를 제시하였다.

정구는 예의 근본적 토대를 이루는 경을 통해 호연지기浩然之氣를 기를 수 있으며, 맹자의 견해를 인용하여 이것은 의義를 쌓는 것으로부터 생겨나는 것을 주장하였다. 또한 그는 호연지기는 체로는 도와 합하고 용은 의와 합하게 되며 금으로 그릇을 만드는 데 비유할 수 있다고 하면서 다음과 같이 주장하였다.

> 하나됨을 위주로 하여 옮김이 없고 경하여 내면을 곧게 하면 호연지기가 존재하게 된다. 호연하여 실제로 그것이 강하고 크며 곧음을 실제로 알아야 익히지 않아도 이롭지 않음이 없을 것이다. …… 호연지기는 의를 쌓아서 생겨나게 되는데 이 기가 생겨났을 때, 그 본체를 말하면 도道와 합하고 그 작용을 말하면 의義 아닌 것이 없다. 이것을 금으로 그릇을 만드는 것에 비유하면 그것이 그릇으로 완성되게 될 때 비로소 이것을 '금그릇'이라고 부르는 것과 같다.[41]

정구는 경敬하여 마음을 통일하고 집중하여 안을 곧게 하면 의가 생겨나서 호연지기를 얻을 수 있다고 하였다. 이 때 호연지기는 체로서 도道에 근거하고 있으며 그 작용은 의義로 표현된다고 보았다. 따라서 "내면의 경敬은 외면의 의義와 심신의 안과 밖에서 상응하여 호연지기를 기르는 작용을 하므로 도와 의는 체용관계가 되고, 의의 본체인 리理는 도가 되고, 의의 작

---

41) 『韓國文集叢刊』 53卷, 『寒岡先生續集』卷4, 「養浩帖」, "主一無適, 敬以直內, 便有浩然之氣. 浩然, 須要實識得他剛大直, 不習無不利. …… 浩然之氣, 是集義所生者, 旣生得此氣, 語其體則與道合, 語其用則莫不是義. 譬之以金爲器, 及其, 方命得此是金器."

용인 기氣는 의의 실제인 예禮가 되는 것으로 이해할 수 있다."[42] 곧 정구는 호연지기가 겉으로 드러나는 것이 의인데 이것을 금으로 그릇을 만드는 것에 비유하였다. 여기에서 비유로 삼은 '그릇'은 밥을 담는 용구로서 수단인데, 사회적 맥락에서는 도덕적 실천을 행하는 수단으로 의를 담지한 실천 규범인 예를 상징하는 것이다.

요컨대, 정구는 경敬하여 안을 바르게 하고 도의 체에 근거하는 호연지기를 통해 그 작용으로서 의義와 예禮를 실현할 수 있는 것으로 보았다. 이러한 그의 시각은 바로 경을 중심으로 하는 존덕성 공부에 근거하여 호연지기를 기르고 이로부터 도문학 공부로서 의義와 예禮를 닦음으로써 도덕적 실천이 가능하다고 보는 것이다.

도문학의 구체적 내용에 대한 지적 탐색으로서 정구의 예학은 "하늘로부터 받은 내면적 가치인 예의禮義로부터 시작하여 심신의 규율 법칙인 예절禮節을 거쳐 사회적 관계와 문화적 관습을 정립하는 예속禮俗으로 확대되고, 국가를 운영하는 규범적 질서인 예제禮制에 이르는 총체적 인식을 보여주고 있다"[43]고 할 수 있다. 이처럼 정구의 예학은 예를 자연과 인간을 아우르는 보편적 이법으로부터 심신을 규율하고 문화를 형성하며 국가를 운영하는 제도를 포괄하여 문제 삼고 있다. 여러 영역을 포괄하는 예의 다양한 의미를 탐색했던 정구는 의례를 중심으로 하는 고례古禮에 담긴 의리의 보편적 이상과 『가례』와 시속에 반영된 인정人情의 현실을 적절하게 절충하고자 하였다.[44] 이러한 절충은 바로 상례常禮와 변례變禮, 또는 고례古禮와 속례俗禮를 조화시키고자 하는 의도를 가지는 것이다. 이처럼 절충과 조화가 필요한 이유는 예를 시행해야 하는 시대마다 상황의 다양성과 변수가 있기

---

42) 박종천, 「寒岡 鄭逑의 禮論과 禮說」, 『泰東古典硏究』 제29집(한림대학교 태동고전연구소, 2012), 11쪽.
43) 박종천, 위의 논문, 7쪽.
44) 박종천, 위의 논문, 11쪽.

때문에 시의성과 시대적 정합성을 확보해야 하기 때문이다.

하지만 정구는 기본적으로 고례古禮를 우선하면서 시대적 상황을 고려할 필요가 있는 사안에 대해서는 『가례』 또는 속례로 보충하는 것으로 절충하고 있다. 구체적인 예를 들면 적자嫡子의 서모庶母를 위하여 입는 상복에 대하여 다음과 같이 주장하였다.

> 『의례』에서는 사士의 경우는 서모를 위하여 시마복總麻服을 하고, 『전傳』에서 그것을 명분에 맞는 복이라고 하였다. 『가례』 또한 서모를 위하여 시마복을 한다고 하였는데, 아비의 첩 가운데 자식이 있는 자를 말한다. 그러나 『대명률』과 본국의 『경국대전』은 모두 곧바로 장기杖朞로 말하였다. 그러니 이것은 후대에 소급하여 제도화한 것임이 분명하다. 하지만 이제 장기를 입는다는 것을 들은 적이 없으니, 임시로 타당하지 않은 혐의가 없는 『의례』와 『가례』를 따르는 것이 좋을 것 같다. …… 그러나 『대명률』의 제도에는 서모를 위해 장기를 한다고 하였고 소생한 모친을 위해서는 참최斬衰 삼년복을 한다고 하였으니, 반드시 소생모를 위해 참최 삼년을 행한 후에는 바야흐로 서모를 위해 마땅히 장기복을 입으니, 이것은 임시로 헤아려 잘 처리하여 후회가 없도록 해야 한다.[45]

정구는 사례士禮에서 자식이 서모를 위해 복을 입는 것에 경전經典과 법전法典에 따라 각각 복기服朞를 달리 시행하는 것으로 규정한 것에 대하여 설명하였다. 여기에서 그는 적자가 서모를 위해 복服할 때 『의례儀禮』와 『가례家禮』에서는 3개월의 시마복總麻服을 하고, 『대명률大明律』과 『경국대전經國大典』에서는 1년의 장기杖朞로 상이한 복기服朞를 규정한 데 대해, 『대명률』 등이 후대에 추가된 것으로 간주하면서 『의례』와 『가례』를 따르는 것이 좋

---

45) 『韓國文集叢刊』 53卷, 『寒岡集』 卷6-18, 「答問」, "儀禮稱士爲庶母緦麻, 傳謂之以名服也. 家禮亦爲庶母緦麻, 謂父妾之有子者, 而大明律與本國大典, 皆直謂之杖朞, 則此必後世追爲之制. 而今未聞有服杖朞者, 恐不若姑從儀禮家禮之爲無未安之嫌也. …… 但大明之制爲庶母杖朞, 而爲所生母斬衰三年, 必爲所生母斬衰三年而後, 方爲庶母當服杖朞, 此在臨時的酌量善處, .無後悔矣."

겠다고 언급하였다. 반면 소생모를 위해 삼년상을 치른 이후라면 서모庶母를 위해 장기복杖朞服을 할 수 있다[46]는 견해를 제시하였다. 이처럼 정구는 상례를 행함에 있어서 경전에 기준을 두면서도 현실적 상황의 변화에 대하여 변례變禮로 보완하는 것이 가능하다는 의견을 제시하였다.

하지만 정구는 예의 기본 원칙이 확실한 것에 대해서는 인정人情에 이끌려 예법을 어겨서는 안 된다고 주장하기도 하였다. 김적金適이 질문하여 "어떤 사람은 돌아가신 아버지와 어머니의 신주를 만들어 하나의 함에 똑같이 보관하다가 한 사람의 신주만 꺼내는 것이 인정에 편안하지 않아서, 아버지를 제사지내면서 어머니를 따라 제사하는 경우가 있고, 아버지를 제사지내면서 아버지를 따라 제사하는 경우가 있고, 혹자는 아버지를 제사지낼 때 다만 아버지 신위만 세우고, 어머니를 제사할 때는 어머니 신위만 설치하는 사람이 있으니, 마땅히 절충하는 것이 어떻겠습니까?"하고 여쭈었다. 이에 대해 정구는 "어머니를 제사하는 데 어머니를 합해 제사하는 것은 실로 한결같지 않은 것이니, 아버지를 제사하면서 어머니를 합사해서는 또한 안 된다. 예가 당연히 그러하니 한 사람의 신위만 꺼내 제사하는 것이 어찌 타당하지 않다는 것인가?"[47]라고 반문하였다. 이처럼 정구는 무엇보다 확실한 경우에 예법의 보편적 측면을 기준으로 삼아 인정人情에 이끌리지 않는 실천을 강조하였다.

요컨대, 정구의 예학은 기본적으로 다음과 같은 몇 가지 특징을 가지고

---

46) 금장태는 "정구의 예학에서는 古禮와 경전을 기준으로 삼으면서 후대의 儀禮를 참작하려는 예학적 입장을 살펴볼 수 있다. 의례에서 경전에 근거한 일반원리로서 常禮와 그 시대 및 사회적 관습에 따라 응용하도록 허용하는 變禮 사이에 조화를 얻는 것은 정구 예학정신의 핵심문제를 이룬다"(琴章泰, 『退溪學派의 思想(I)』(집문당, 1996), 146쪽)고 보았다.

47) 『韓國文集叢刊』53卷, 『寒岡集』卷3-14, 「答金適」, "或以爲考妣神主, 同藏一龕, 獨拈出一位, 於情未安. 祭考妣而從祭., 祭妣而從祭考妣者有之. 或祭考則只設考位, 祭妣則只設妣位者有之, 當如何折衷?" 答, "祭妣而以考合祭, 固不一. 祭考而亦不當合祭.. 禮旣當然, 則奉出一位祭之, 何至未安?"

있다. 첫째, 그의 예학은 주회의 성리학적 형이상학을 받아들여 천리天理의 절문節文이며 인사人事의 의례적 규범으로서 예禮의 보편성을 강조하였다. 둘째, 고례로서 『의례』와 『가례』를 중심으로 하는 상례常禮를 기준으로 삼아 시대적 현실적 상황을 고려하여 변례變禮로서 『대명률』이나 『경국대전』의 범례로 보완하였다. 셋째, 그의 예학은 기본적으로 인사의 도덕적 실천을 위한 행동규범의 표준을 세우는 실천적 지식의 문제를 다룸으로서 도문학의 내용과 과정을 보여준다. 넷째, 그의 예학은 도문학 공부의 내용을 이루면서도 천리天理 뿐만 아니라 성경誠敬과 의義에 근거를 둠으로써 궁극적으로 존덕성의 본령공부와 밀접한 연관성을 가지는 것으로 이해된다.

이렇게 볼 때, 정구가 평생에 걸친 오랜 기간 동안 많은 노력을 기울였던 예학을 그의 학문 전체에서 바라보면, 도문학의 내용을 구성하는 것으로 도덕적 실천을 위한 행동규범의 표준을 세우는 목표를 가진다고 할 수 있다. 하지만 이 예학은 존덕성과 밀접한 연관성을 가지면서 여기에 근거를 둔다. 반면에 스승이었던 이황의 견해를 넘어서서 독자적인 심학을 구성한 것으로 평가되는 『심경발휘』에서 정구는 존덕성과 도문학이 균형을 유지해야 한다는 점에 유의하여 '경敬'과 '치지致知'를 강조하였다. 그러면서도 정구는 『심경발휘』에서 『심경』의 '경이직내敬以直內'장에 대하여 매우 많은 분량의 주석을 인용하여 우주론적 형이상학, 심성론, 수양론, 실천적 인식론 등 경敬의 폭넓은 의미 범주를 포괄함으로써 존덕성 공부의 요체로서 경을 강조하였다. 요컨대, 정구의 예학은 기본적으로 도문학과 균형을 유지하면서도 본령공부로서 경을 강조한 『심경발휘』에 근거하여 그 도문학의 구체적 내용으로 예론을 전개하고 있다. 반면에 『심경발휘』는 그의 예학의 구체성에 의지하여 그 존덕성과 도문학의 균형을 유지하는 객관적 정당성을 확보하고자 하였다.

이렇게 볼 때, 정구의 경학 체계에서 볼 때 『심경발휘』의 심학과 「오선생예설분류」로 대표되는 예학 사상은 존덕성과 도문학 공부를 통일시키는 두 가지 핵심 이론으로서 불가분리의 유기적 상관관계를 가지는 것으로 규정할 수 있다. 결론적으로, 『심경발휘』는 심학적 견지에서 단순히 『심경부주』 체계를 넘어서서 존덕성과 도문학에 대한 균형을 유지하는 차원에서만 볼 것이 아니다. 정구의 유학과 경학 전체 체계에서 보면, 『심경발휘』는 성리학의 우주론적 도덕형이상학48)과 도덕적 행동의 실천적 표준을 구성하고자 하는 예학 사이를 연결하는 중간 매개 역할을 하는 저술이며 경敬과 치지致知를 중심으로 하는 도문학과 존덕성을 포괄하여 마음을 함양하는 근거와 절차를 설명하는 이론적 체계라고 할 수 있다.

6. 맺음말

본 논문은 조선중기 『심경』 연구에 있어서 특수한 위치를 자치하고 있는 한강 정구의 『심경발휘』가 그의 경학사상 체계에서 어떠한 의미를 가지고 있는가를 그 구성 형식과 내용적 특징을 분석함으로서 밝혀보고자 하였다. 이것은 『심경발휘』에서 강조하고 있는 수양론의 핵심 덕목으로서 그의 경敬 사상이 그의 유학사상 전체의 체계에서 어떠한 의미를 가지는가를 해명하는 것이다. 이처럼 보다 넓은 시야에서 『심경발휘』에 내포되어 있는 경에 대한 정구의 관점을 해명할 때 이 저술의 편찬 의도가 보다 정확하게 드러날 수 있을 것이다.

---

48) 송대 성리학자들은 자연과 인간을 포괄하는 우주론을 주로 역학에 대한 연구로 그 토대를 형성하였다. 생생지역(生生之易)을 중심으로 하는 『주역』의 세계는 자연의 변화에 대하여 태극과 음양, 그리고 팔괘와 육십사괘라는 상징적 부호와 卦爻辭를 통하여 자연과 인간의 모든 변화를 설명하는 체계로 구성되어 있다. 송대 성리학에서는 이러한 우주론을 가지고 도덕형이상학적 본체론을 구성하였다. 곧, 태극, 음양을 핵심으로 삼아 이것을 天理 또는 一理, 그리고 理氣, 心性情 등의 개념과 결합하여 도덕형이상학적 이기심성론을 형성한 것이다.

정구가 『심경발휘』를 편찬할 때는 정민정의 『심경부주』 체계에 대한 불만스러운 태도와 함께 이를 넘어서고자 하는 목표를 가지고 있었다. 이 때 그가 주목했던 사항은 다음과 같은 상호 연관되는 몇 가지 주제로 요약할 수 있다. 첫째, 『심경부주』에서 정민정이 주희의 만년 정론定論으로 강조한 존덕성 중심의 공부가 마음의 함양에 절대적인 것이 아니고 도문학과 균형을 이루어야 한다는 점을 분명히 하고자 하였다. 둘째, 존덕성과 도문학 공부는 유가적 도덕실천과 함양을 위하여 번갈아 전제가 되어 어느 쪽도 없앨 수 없으며 한쪽으로 치우쳐서는 안 되는 필수불가결한 양면 공부임을 확인하고자 하였다. 셋째, 태극과 천리를 근원으로 하는 성리학의 형이상학적 우주론으로부터 도문학의 근거를 도출하고자 하였다. 넷째, 도문학 공부에는 성리학의 형이상학에서 언급하는 사물 구성의 형이상학적 근거로서 태극이나 천리天理뿐만 아니라 인의예지仁義禮智 또한 긴밀한 연관성을 가진다는 인식이다.

반면 정구의 예학은 근본적으로 다음과 같은 여러 가지 특징을 내포하고 있다. 첫째, 그의 예학은 성리학의 형이상학적 관점을 받아들여 주희가 천리天理의 절문節文이며 인사人事의 의례적 규범으로 정의함으로써 '예禮'의 보편성을 강조하였다. 둘째, 『가례』와 고례로서 『의례』로 대표되는 상례常禮를 중심으로 하면서도 시대적 현실적 상황을 고려하여 변례變禮로서 『대명률』이나 『경국대전』의 범례로 보완하고자 하였다. 셋째, 그의 예학은 기본적으로 사회의 도덕적 실천을 위한 행동규범의 표준과 실천적 지식 문제를 다룸으로써 도문학의 내용과 과정을 보여주었다. 넷째, 그의 예학은 도문학 공부의 내용을 이루면서도 천리天理 뿐만 아니라 성경誠敬과 의義에 근거를 둠으로써 궁극적으로 존덕성의 본령공부와 밀접한 연관성을 가지는 것으로 이해된다.

이렇게 볼 때, 정구가 평생에 걸쳐 많은 노력을 기울여 체계화했던 예학을 그의 학문 전체에서 바라보면, 도문학의 내용을 구성하는 것으로 도덕적 실천을 위한 행동규범의 표준을 세우는 목표를 가진다고 할 수 있다. 하지만 그의 예학은 존덕성과 밀접한 연관성을 가지면서 여기에 근거를 둔다고 할 수 있다. 반면에 스승이었던 이황의 견해를 넘어서 독자적인 심학을 구성한 것으로 평가되는 『심경발휘』에서 정구는 존덕성과 도문학이 균형을 유지해야 한다는 목표를 가지고 경敬과 치지致知를 강조하였다. 하지만 정구는 『심경발휘』에서 『심경』의 '경이직내敬以直內'장에 매우 많은 주석을 붙여 우주론적 형이상학, 심성론, 수양론, 실천적 인식론 등과 연관되는 경敬의 폭넓은 의미 범주를 포괄함으로써 존덕성 공부의 요체로서 경敬을 극력 강조하였다.

요컨대, 정구의 예학은 기본적으로 도문학과 균형을 유지하면서도 본령 공부로서 경을 강조한 『심경발휘』에 근거하여 그 도문학의 구체적 내용으로서 예론을 전개하고 있다. 반면에 『심경발휘』는 그의 예학의 구체성에 의지하여 그 존덕성과 도문학의 균형을 유지하는 객관적 정당성을 확보하고자 한다. 정구의 경학 체계에서 볼 때 『심경발휘』의 심학과 「오선생예설분류」로 대표되는 예학 사상은 존덕성과 도문학 공부를 통일시키는 두 가지 핵심 이론으로서 불가분리의 유기적 상관관계를 가지는 것으로 규정된다. 결론적으로, 『심경발휘』는 심학적 견지에서 단순히 『심경부주』 체계를 넘어서서 존덕성과 도문학에 대한 균형을 유지하는 차원에서만 볼 것이 아니다. 『심경발휘』는 성리학의 우주론적 도덕형이상학과 도덕적 행동의 실천적 표준을 구성하고자 하는 예학 사이를 연결하는 중간 매개 역할을 하는 저술이다. 따라서 이 저술은 경敬과 치지致知를 중심 개념으로 하는 도문학과 존덕성을 포괄하여 마음을 함양하는 근거와 절차를 설명하는 이론적 체계라고 할 수 있다.

*『퇴계학논집』 제13집(영남퇴계학연구원, 2013)에 수록된 글을 수정 게재함.

5장 한강 정구의 수양론

임종진(경북대학교)

1. 서론

동양의 학문과 사상에서 가장 특징적인 점은 '수양론'이 차지하는 비중이 크다는 점이다. 이른바 '수기치인修己治人'을 지향하는 유학에서는 물론이고 '무위자연無爲自然'을 근본으로 하는 노장사상에서도, 그리고 '전미개오轉迷開悟'를 종지宗旨로 하는 불교에서도 그 논의 방식은 비록 다르더라도 수양을 중시하고 그 방법, 마음가짐[심술心術], 공부를 말하는 데 힘쓰는 것은 모두 공통적이다.[1]

유학에서 수양이라는 개념은 학문과 교육 및 심신 수련 등 인간의 자기완성을 위한 모든 노력을 총칭하는 의미로 사용되고 있다. 유학에서 수양론에 대한 자각적인 논의가 전개된 것은 중국의 송대 신유학에 이르러서였다.[2] 그리고 유학에서는 수양이 단순히 개인 차원의 수양에서 머무는 것이

---

1) 赤塚忠 外(조성을 옮김), 『중국사상개론』(이론과 실천, 1987), 241쪽 참조.
2) 수양의 방법에 대한 이론적인 사유가 중국 송대에 이르러서야 비로소 분명하게 전개되었다는 의미이다. 수양 그 자체에 대한 기본적인 인식과 실천은 이미 고대부터 있었다. 『대학』에서는 "천자로부터 서인에 이르기까지 한결같이 모두 수신으로써 근본을

아니라 사회 차원에서의 실천까지를 포함한다는 점이 주요한 특징이다. 즉 수양은 한편으로는 가장 내밀한 자기 마음의 함양에까지 이르지만, 또 한 편으로는 일상의 구체적인 실천 속에 충분히 살아 있지 않으면 안 된다.

조선 중기 영남학파의 대표적인 학자 중 한 사람인 한강寒岡 정구鄭逑 (1543-1620)는 이기론을 중심으로 조선유학사를 서술하는 경우에는 그 이름을 찾기가 쉽지 않다. 그 대신 예학과 관련해서는 일정 부분 주목받고 있다. 하지만 한강 정구의 진면목은 오히려 수양론, 특히 실천적 수양론에서 찾아볼 수 있다.

나라를 지키는 일과 관련해서 맹자孟子는 천시天時・지리地利・인화人和라는 조건을 거론하였다.[3] 이러한 시간적, 공간적, 사회관계적 조건은 한 인물의 삶과 관련해서도 동일하게 적용해 볼 수 있다.

정구가 살았던 때는 조선 초기의 소박한 실천적 성리학이 이론적 성리학으로 심화되는 시기를 거쳐 예학 중심의 실천적 성리학으로 전개되는 시기에 해당한다. 또한 정구는 퇴계退溪 이황李滉(1501-1570)을 중심으로 하는 경상좌도와 남명南冥 조식曺植(1501-1572)을 중심으로 하는 경상우도의 중간 지역인 성주星州라는 곳에서 태어나고 성장하였으므로 '지리'라는 조건도 갖춘 셈이다. 더욱이 남명과 퇴계의 학문적 훈도, 율곡栗谷 이이李珥(1536-1584)와 우계牛溪 성혼成渾(1535-1598)과의 교문, 기타 당대의 대표적인 학자들과의 인격적 교류를 가질 수 있었으므로, 정구는 당쟁의 와중에서도 누구보다 원만하고 폭넓은 인간관계를 유지할 수 있었다. 그렇다고 정구의 처신이 공자孔子가 말한 '향원鄕原'[4]과는 분명히 다르다. 오히려 정구는 공자가 말

삼는다[自天子以至於庶人, 壹是皆以修身爲本]"는 말이 나오는데, 이것은 천자를 비롯한 모든 사람이 수양을 보편적으로 받아들여야 한다는 당위성을 강조한 말이다.

3) 『孟子集註』, 「公孫丑下」, 第1章, "孟子曰, 天時不如地利, 地利不如人和." 참조.

4) 『論語集註』, 「陽貨」, 第13章, "子曰, 鄕原, 德之賊也." 참조. 향원은 한 고을에서 외모가 진실하고 온후한 사람이고, 아울러 거짓으로 꾸민 그 같은 모습으로 대중의 환심을 사는 인물이다. 공자는 이런 사람을 반대했고, 그런 사람을 '덕의 도둑', 즉 유덕자의 자

한 군자의 덕을 바탕으로 인격적 감화력을 발휘해서 이러한 인간관계를 유지하였다. 그러기에 자신의 원칙으로 도저히 용납되지 않을 때는 동문수학한 경우라도 단호하게 절교하였으며,[5] 임해군 사건이나 계축옥사 때는 대부분의 사람들이 자신의 이해관계에 따라 움직이거나 자신에게 화가 미칠까 두려워하며 입을 다물고 있을 때도 거듭 상소를 올려 인륜에 따른 군주의 올바른 조치를 촉구하였다.[6] 이러한 처신은 다름 아닌 수양을 바탕으로 한 그의 인격의 힘에서 비롯된 것이다. 그러므로 수양론을 중요한 주제로 수용하여 조선유학사를 서술한다면, 한강 정구가 조선성리학계에서 차지하는 비중은 현재와는 분명히 달라질 것으로 보인다. 여기서는 이러한 주장의 한 근거를 제시하기 위하여 정구의 수양론을 개괄적으로 살펴보고자 한다. 또한 수양론적 측면에서 정구의 인간상과 삶의 한 단면도 함께 조망하여 수양론의 실천적 측면을 드러내고자 한다.

리를 훔친 사람이라 불렀다. 그러므로 향원은 '마을의 위선자'라고 풀이할 수 있다.[리링(김갑수 옮김), 『집 잃은 개2』(글항아리, 2012), 995쪽 참조]

5) 정구는 남명 조식의 수제자인 내암 정인홍(1535-1623)과 61세 때 절교하였다. 정구의 『연보』에 따르면, 그 이유는 세 가지로 정리될 수 있다. 첫째는 정인홍의 기질이며, 둘째는 정인홍에 의한 남명문집의 독단적 편찬이다. 그리고 셋째는 회재 이언적(1491-1553)과 퇴계 이황에 대한 정인홍의 비난이다. 그러나 66세 때 정인홍이 압송되어 집 근처를 지나가자 정구는 아들을 보내어 위로하였다. 하지만 70세 때 살고 있는 곳이 정인홍이 살고 있는 곳과 가깝다 하여 마침내 이사를 갔다. 이때는 광해군 때로 정인홍이 북인의 지도자로 인식되던 때이다. 이러한 일을 통해서도 정구의 인품이 어떠한지 짐작해 볼 수 있을 것이다.

6) 소론 계열인 이건창(1852-1898)은 조선시대의 당쟁을 다룬 그의 저술인 『당의통략』에서 이러한 사건들과 관련하여 '그 당시에 바른 것을 지키고 절의를 세운 사람' 가운데 한 사람으로 한강 정구를 거론하였다.[李建昌(李民樹 譯), 『黨議通略』(乙酉文化社, 1971), 34쪽 참조]

2. 한강 정구의 수양론에 대한 분석

1) 기질변화의 수양론

학문적 실천과 관련된 성리학의 근본 명제는 '성인聖人은 배워서 이를 수 있다'[7]는 것이다. 다시 말해서 학문에 의해서 누구나 성인, 즉 이상적인 인간상을 현실 속에서 구현할 수 있다는 것이다. 수양론이란 다름 아닌 이러한 성인이 되기 위한 방법론을 총칭하는 표현이다.

정구의 경우에 수양의 기본 지향점은 바로 기질의 변화[변화기질變化氣質]이다. 그런데 기질에 좌우되는 현실의 인간이 자신의 기질을 변화시켜서 보다 좋은 방향으로 나아가는 것은 그렇게 쉬운 일이 아니다. 그러나 자신의 주체적인 노력을 통해서 현재의 기질을 극복하고 왜곡된 자신의 모습을 본래대로 회복하는 일과 같은 실천적 과제야말로 인간에게 가장 중요하고 의미 있는 작업이다. 정구는 바로 이점을 강조하였다.

여러분은 각자 현재의 입장에서 지나치게 지난날을 후회하지 말 것이며, 타고난 자질이 미치지 못함을 한탄하지 말라. 오직 마땅히 스스로 힘쓸 것만을 마음에 새겨서 그 노력하는 것을 백배나 더하면, 오랜 습관은 사라지고 기질은 변화될 것이니, 어찌 오늘날의 사람이 옛 사람에게 미치지 못 한다고 근심하겠는가. 위로는 성현이 될 수 있고 아래로는 잘못되지 않고 좋은 사람, 훌륭한 선비가 될 수 있으니, 오직 내가 노력하는 것이 어떠하냐에 달려있을 뿐이다.[8]

---

7) 『通書』, 「聖學」, 第20章, "聖可學乎. 曰, 可."; 『近思錄』, 卷2, "伊川先生曰, 學以至聖人之道也. 聖人可學而至歟. 曰, 然." 참조.

8) 『寒岡全書(上)』, 169쪽(『寒岡先生文集』, 9:19a, 「契會立議」), "爾各從現今地頭, 毋勞追悔於既往, 莫恨資稟之不及. 唯當刻心自勵, 百倍其功, 脫落舊習, 變化氣質, 則今人何患不及古人乎. 高可爲聖賢, 下不失爲吉人善士, 唯吾用力如何耳." * (1) 본 논고의 작성에 사용된 1차 자료인 『寒岡全書』(全2卷)의 도서정보는 다음과 같다. 『寒岡全書』(景仁文化社 영인, 1979) (2) 다른 출판 형식을 가진 1차 자료를 이용하는 경우에 편리하도록 본래 체제에 따른 도서정보도 병기하였다. 예컨대, '『寒岡先生文集』, 9:19a'는 '『寒岡先生文集』, 卷9

그런데 이러한 기질변화의 방법으로 제시되는 것이 바로 '천리를 보존하고 인욕을 제거한다[존천리거인욕存天理去人欲]'는 것이다. 다시 말해서 수양은 인간 자신의 내부에서 대립하고 있는 '천리'와 '인욕'이라는 양 측면을 잘 헤아려서 천리로 나아가게 하는 일이다.

> 일반 사람들은 일을 할 때 모두 움직임 속에서 잘못을 저지른다. 그러므로 성인은 사람을 가르칠 때 반드시 움직이는 곳에서 공부하도록 하였다. 만약 이러한 상태에서 잘 헤아리지 못하면 반드시 인욕을 천리라고 오인하게 된다. 그래서 마침내 천리를 저버리고 인욕을 따라가 버리게 된다. 반드시 이러한 측면을 더욱 더 깊이 성찰하여 저것은 천리이고 이것은 곧 인욕이라는 점을 오동나무 잎을 나누듯이 양쪽으로 갈라놓아야 한다. 하늘의 밝은 명령이 뚜렷이 유행하고 사사로운 인욕이 그 틈에 끼어들지 못한 연후에 응해야 하는 일이 조금이라도 어긋나거나 잘못됨이 없게 되고, 그리하여 천리의 올바름을 얻을 수가 있게 된다.[9]

천리가 인간의 본성이라면, 인욕은 이러한 본성의 실현을 방해하는 요인이다. 보통 사람의 마음은 천리와 인욕, 이 양 측면이 교차하고 있으며, 또한 항상 인욕에 이끌리게 된다. 그렇기 때문에 항상 주의 깊게 이러한 상황을 분명히 인식하고 올바르게 행동해 나가야 한다.

> 그런데 함께 약조한 우리 독서 계원들은 자로子路의 정의롭고 용맹한 기상에 따라 더욱 분발해야만 한다(자로가 "벗들과 함께 수레를 타고 좋은 옷을 입다가 낡더라도 어떤 서운함도 없고자 합니다"라고 말하자, 공자는 "낡

의 19板 앞면'을 의미한다.

9) 『寒岡全書(上)』, 69쪽(『寒岡先生文集』, 4:5b-6a, 「夙夜箴明命就應事上說」), "凡人作事, 皆失於動. 故聖人教人, 必就動處, 下工夫. 若於這裏不能照管, 則必且錯認人欲以爲天理, 而畢竟背畔天理, 從人欲上去矣必也. 於是深加省察, 這箇便是爲天理, 那箇便是爲人欲, 剖判兩段如分桐葉. 天之明命赫然流行, 人欲之私不得以間之, 然後所應之事無少差謬, 而有以得其天理之正矣."

은 옷을 입고도 좋은 옷을 입은 사람과 함께 서 있어도 부끄러워하지 않을 사람은 자로이로다"라고 말하였다). 권세와 이익에 초연히 벗어나고 가난함과 부유함 때문에 마음이 움직이지 않은 다음에야 인욕을 없애고 천리에 나아갈 수 있다. 함께 약조한 우리 독서 계원들이 어찌 함께 더불어 힘쓰지 않을 수 있겠는가. 주자周子[주돈이周敦頤]는 "관직을 보기를 작은 저울눈 보듯이 하고, 부귀를 진흙처럼 보라"고 하였으니, 배우는 사람은 반드시 이 뜻을 알아야만 비로소 보잘 것 없는 사람이 되지 않을 것이다(주자周子는 귀인을 가볍게 보라고 말한 것이 아니다. 관직과 부귀는 사람들이 다투어 바라는 것이지만 도의의 관점으로 볼 것 같으면 또한 작은 저울눈이나 진흙만도 못한 것이니, 부귀는 떠도는 구름과 같다는 뜻으로 말한 것이다. 높은 관직에 있는 귀인일 것 같으면 또한 존경을 받아야 하지만, 세상에는 기운만을 숭상하여 후대의 사람들 가운데 때로는 교만하고 남을 업신여기며 스스로 높은 듯 생각하는 이도 있으니, 이러한 태도는 특히 배우는 사람의 기상이 아니므로 우리들 가운데 어찌 이러한 사람이 있으랴).10)

천리와 인욕은 본디 둘이 아니다. 단지 사람의 마음이 도리에 맞으면 천리이고, 정욕에 따르면 인욕이다. 사람의 마음은 천리가 있게 되면 인욕이 없어지고, 인욕이 일어나면 천리가 없어지게 된다. 이러한 상황의 이면에는 한결같이 인간의 욕망이라는 문제가 결부되어 있다. 그런데 성리학에서는 인간이 가진 모든 욕망을 부정하는 것은 아니다. 인간은 한편으로 육체를 가진 존재인 한에 있어서는 욕망이 없을 수 없다. 그러나 절제되지 않은 잘못된 욕망 즉 인욕은 인간에게 어떠한 긍정적인 역할도 수행하지 못하고 오히려 인간을 잘못된 방향으로 이끌기 때문에, 또한 그것이 가진 강력한

---

10) 『寒岡全書(上)』, 168쪽(『寒岡先生文集』, 9:17b-18a, 「契會立議」), "然吾同約之人, 尤須激昂於子路義勇氣象(子路曰, 願車馬衣輕裘, 與朋友共敝之而無憾. 子曰, 衣敝縕袍, 與衣狐貉者立而不恥者, 其由也歟). 超然脫灑於勢利, 不以貧富動其心, 然後可以消人欲而進天理矣. 吾同約之人, 盍相與勉之哉. 周子曰, 銖視軒冕, 泥視富貴, 學者須知此意, 方不碌碌矣(周子非謂輕視貴人也. 軒冕富貴, 人所爭慕, 而自道義觀之, 曾不若乎銖泥, 如富貴浮雲之意云爾. 若有爵貴人, 則亦達尊可敬. 世間尙氣, 後生或有偃蹇陵轢, 自以爲高, 殊非學者氣象, 吾輩之中, 豈有是哉)." * 周子 즉 周敦頤(1017-1073)는 周濂溪라고도 일컫는다.

영향력 - 구속력과 파괴력 - 을 인식하기 때문에 성리학에서는 그러한 욕망에 대한 주의 깊고도 엄격한 절제를 강조한 것이다.

인간의 욕망은 신체와 결부되어 있고, 우리의 마음은 그러한 신체를 주재하고 있다. 그렇기 때문에 '천리를 보존하고 인욕을 제거한다'는 주장은 결국 마음의 수양 문제로 귀결된다.

2) 경의협지[11]의 수양론

마음의 수양과 관련해서 정구가 강조한 방법은 '경敬'이다. 즉 정구에게 있어서 '경'은 수양법의 중심 원리가 되고 있다. 이러한 '경'의 의미가 성리학에서는 네 가지로 나누어서 표현되고 있다.

경의 상태가 유지되면 저절로 '하나에 집중되어 마음이 흩어지지 않으며', 저절로 '가지런하여 엄숙해지고' 저절로 '정신이 맑고 또렷해져서', '그 마음이 잘 수렴되어 어떠한 잡념도 용납하지 않는다'.[12]

이 중에서 '주일무적主一無適'과 '정제엄숙整齊嚴肅'은 정이程頤(이천伊川, 1033-1107)로부터, '상성성常惺惺'은 사량좌謝良佐(상채上蔡, 1050-1103), '기심수렴불용일물其心收斂不容一物'은 윤돈尹焞(언명彦明, 1071-1142)으로부터 받아들인 것이다. 이러한 '경'의 의미는 내적 측면과 외적 측면으로 구분할 수 있다. '주일무적' 및 '상성성' 그리고 '기심수렴불용일물'이라는 설명이 우리 내면의 마음에 관련된 것이라면, '정제엄숙'은 우리 외면의 태도와 관련된 것이다. '경'은 이와 같이 우리의 내면과 외면, 즉 심신을 모두 수렴하는 수양의 원리이다. '경'에 대한 이러한 성리학적 해석에 보다 충실하기 위해서 정구는

---

11) '敬義夾持'라는 표현은 程頤(1033-1107) 그리고 朱熹(1130-1200) 즉 朱子의 말에서 찾아 볼 수 있다.[『寒岡全書(上)』, 415-416쪽(『心經發揮』, 1:10b-11a, 「敬以直內章」) 참조]
12) 『朱子語類』, 卷17, 第8條, "若是敬時, 自然主一無適, 自然整齊嚴肅, 自然常惺惺, 其心收斂不容一物."

심학心學[13]의 대표적인 저술인 진덕수眞德秀(1178-1235)의 『심경心經』을 보완하여 『심경발휘心經發揮』라는 주석서를 새로이 편찬하였다. 이 주석서는 『심경』과 관련된 이전의 대표적인 주석서인 정민정程敏政(1445-?)의 『심경부주心經附註』[14]와 비교해 볼 때, 먼저 양적인 면에서 다른 부분과 별로 차이가 없는 「경이직내장敬以直內章」을 본문의 약 30% 이상으로 증대시켰을 뿐만 아니라, 「심경발휘서心經發揮序」[15]에서는 『심경』 전체가 '경'의 의미를 밝힌 것이라는 점을 서술하여 수양과 관련된 '경'의 역할을 강조하였다. 이러한 '경'은 내면의 정신세계를 종합적으로 형성하는 일을 뜻하는 '함양涵養'의 핵심적인 역할을 수행하기도 한다.[16] 또한 예의 근원도 마음이기 때문에, 예의 바탕을 이루는 것 역시 마음이 수렴된 상태인 '경'이라는 점을 분명히 지적하였다.[17] 이러한 점에 근거해서 말한다면, 정구의 예학 역시 수양론의 사회적 표현이라고 말할 수 있다.

수양과 관련해서 다른 한편을 차지하는 것이 '의義'이다. 이것과 관련해서는 「양호첩養浩帖」[18]이라는 글을 살펴볼 필요가 있다. 요점만 언급한다면,

---

13) 여기서 말하는 심학은 육왕학이 아니라 '마음에 관한 성리학적 논의'를 의미한다.
14) 주희와 육구연(1139-1193)의 입장을 절충한 책이라는 평가 때문에 논란의 대상이 되는 『심경부주』에 대한 조선 성리학자들의 입장은 대략 두 갈래로 나누어 볼 수 있다. 첫째는 『심경부주』를 보완하여 수용하는 입장이며, 여기에는 퇴계와 그 문인들, 그리고 대부분의 기호학파 학자들도 따르고 있다. 둘째는 『심경부주』를 전면적으로 비판하고 『심경』에 대하여 독자적인 주석을 부가하려는 입장이며, 여기에는 퇴계의 문인인 월천 조목(1524-1606)과 한강 정구가 해당한다.[이봉규, 「『心經附註』에 대한 조선 성리학의 대응 - 李滉과 宋時烈을 중심으로」, 『泰東古典硏究』 제12집(한림대학교 부설 태동고전연구소, 1995), 2-3쪽 참조]
15) 『寒岡全書(上)』, 407-408쪽(『心經發揮』, 「心經發揮序」, 1-2) 참조.
16) 『寒岡全書(上)』, 307-308쪽(『寒岡先生續集』, 4:13a-16b, 「讀書帖」) 참조.
17) (1) 『寒岡全書(上)』, 407쪽(『心經發揮』, 「心經發揮序」, 1a), "求之禮樂之本則亦敬也." (2) 『寒岡全書(上)』, 533쪽(『五先生禮說前集』, 1:3a, 「禮總論」), "(程頤)又曰, 禮之本出於民之情, 聖人因而道之耳." (3) 『寒岡全書(上)』, 533쪽(『五先生禮說前集』, 1:4a, 「禮總論」), "張子(張載)曰, … 盖禮之原在心." (4) 『寒岡全書(上)』, 535쪽(『五先生禮說前集』, 1:7b, 「禮總論」), "(朱熹)又曰, 人能敬則內自直, 內直則看得那禮文分明, 不糊塗也." 참조.
18) 『寒岡全書(上)』, 303-307쪽(『寒岡先生續集』, 4:6b-13a, 「養浩帖」) 참조.

호연지기浩然之氣를 기르기 위해서는 '의'를 모아야[집의集義] 하는데, 그렇게 하기 위해서는 '경'을 바탕으로 하지 않으면 안 된다는 것이다. 정구는 이와 관련해서 "주일무적하고 경이직내하면 곧 호연지기가 있게 된다"[19]라는 말을 인용하였다. 그렇다고 하여 '경'이 모든 것을 이룬다는 뜻은 아니다. "경은 다만 자기를 지켜나가는 도리이다. 의는 곧 옳다, 그르다를 제대로 아는 것이니, 이치에 따라서 행하는 것이 의가 되는 것이다. 만약 경만 지킬 뿐 의를 모으는 일을 알지 못한다면, 오히려 모든 것이 이루어 질 수 없다."[20] 그러므로 모든 것의 바탕이 되는 내면적인 수양을 위해서는 먼저 '경'이 요청되지만, 삶의 현실과 관련된 구체적인 실천을 위해서는 '의'가 반드시 있어야만 한다. 이 양 측면이 함께 할 때 즉 협지夾持[21]할 때 제대로 된 수양이 이루어 질 수 있다.[22] 정구는 이러한 점을 제자에게 보낸 편지에서 다음과 같이 표현하였다.

> 역易에 이르기를 '경이직내, 의이방외'라 하였다. 이것은 군자가 덕을 크게 쌓아 가는데 적용되는 요체이니, 어떤 것으로 여기에 더하겠는가. 오직 여기에 진실 되게 쌓아 나가고 오래도록 힘을 쓴 연후에야 앞선 성현이 누렸던 좋은 일을 이어 받아 길이 보존하여 끝이 없게 될 수 있다.[23]

요컨대, 정구의 수양론은 '경' 뿐만 아니라 그것을 바탕으로 하여 기를

---

19) 『寒岡全書(上)』, 306쪽(『寒岡先生續集』, 4:12b, 「養浩帖」), "主一無適, 敬以直內, 便有浩然之氣."

20) 『寒岡全書(上)』, 305쪽(『寒岡先生續集』, 4:9b, 「養浩帖」), "敬只是持己之道, 義便知有是有非, 順理而行, 是爲義也. 若只守一箇敬, 不知集義, 却是都無事也."

21) 朱熹 즉 朱子는 '夾持'를 '안과 밖이 나란히 나아가는 것'이라고 풀이하였다.[『寒岡全書(上)』, 416쪽(『心經發揮』, 1:11a, 「敬以直內章」), "又曰, 夾持者內外並進之謂." 참조]

22) 이러한 논리의 연원은 『주역』이다.[『周易』, <坤卦>, 「文言傳」, "直其正也, 方其義也. 君子, 敬以直內, 義以方外. 敬義立而德不孤." 참조]

23) 『寒岡全書(上)』, 95쪽(『寒岡先生文集』, 5:25b, 「答吳翼承長」), "易曰, 敬以直內, 義以方外. 君子懋德之要, 孰加於此. 唯於此而眞積力久, 然後可以承先人之餘慶而長保無窮矣."

기르기 위해 의를 모으는 '양기집의養氣集義'의 측면을 포괄하는 '경의협지敬義夾持'의 수양론이며, 그렇기 때문에 그의 수양론은 단순히 내면의 수양 단계에 머물지 않고 실천적 영역으로 확대·적용될 수 있는 강력한 동력을 갖추었다고 볼 수 있다. 또한 사상사적으로 본다면, 정구는 이 점과 관련해서 남명 조식과 퇴계 이황의 학문을 종합해서 수렴한 '집대성集大成의 학자'라고 평가할 수 있다.[24]

3) 『대학』과 『중용』 중시의 수양론

유학의 궁극적인 과제는 성인이 되는 방법과 관련되는 수양의 문제이다. 그러므로 유학의 경전 역시 궁극적으로는 수양의 기본 원리를 담고 있는 것으로 간주된다. 유학의 경전 가운데 특히 『대학』과 『중용』에는 수양과 관련된 간결한 표현이 담겨 있다. 예컨대, 『대학장구』 경문의 '밝은 덕을 밝힘[명명덕明明德]'과 『중용장구』 제21장의 "성誠으로 말미암아 밝아짐을 성性이라 말하고 명明으로 말미암아 성실해짐을 교敎라 말하니, 성실하면 밝아지고 밝아지면 성실해진다"[25]는 글에서 '명明'의 의미는 단순한 인식론적 해석을 넘어서서 수양론적 해석까지 가능하다. 이러한 '명明'에 이르기 위해서 『중용』에서는 박학博學·심문審問·신사愼思·명변明辨·독행篤行[26]을 강조한다. 여기서 주목할 점은 수양을 통하여 올바른 마음의 상태가 이루

---

24) 이것과 관련해서는 최영성, 「寒岡 鄭逑의 學問方法과 儒學史的 位置」, 『남명학연구논총』 제5집(남명학연구원, 1997), 483-484쪽 참조. 사실상 정구는 조선유학사에서 '집대성'의 역할을 수행한 몇 안 되는 학자이다. 이것은 그의 40여 종에 이르는 저술 및 편찬 작업을 통해서 입증된다. 그러나 불행히도 정구가 72세 때인 1614년의 화재로 인하여 저술의 대부분이 전해지지 않게 되었으니 아쉬울 따름이다. 이러한 집대성이나 종합의 학자에 의해서 학문은 새로운 단계로 도약하게 된다. 그렇기 때문에 정구는 후일 실학의 주류를 이루는 근기남인학파의 연원으로 인정받을 뿐 아니라, 기호학파로부터도 여느 영남학파의 인물과는 다른 각별한 평가를 받은 것이다.

25) 『中庸章句』, 第21章, "自誠明, 謂之性. 自明誠, 謂之教. 誠則明矣, 明則誠矣."

26) 『中庸章句』, 第20章 참조.

어지기 위해서는 먼저 '무엇이 올바른 것인가'를 알아야 한다는 주지주의적인 입장이 강조되고 있다는 점이다. 이러한 문제를 '격물치지格物致知'라는 개념을 통해서 다룬 유학의 경전이 바로『대학』이다. 정구의 문인인 최항경崔恒慶(1560-1638)의 기록에 따르면, 정구는 사서四書, 그 중에서도 특히『대학』과『중용』을 수양의 차원에서 중시한 것 같다.

> 선생의 학문은 널리 경전을 탐구하여 그 큰 의미를 얻은 것이다.『논어』,『맹자』,『중용』,『대학』에 더욱 힘을 쏟았으며, '정靜'과 '경敬'의 공부에 더욱 더 면려하였다.27)

정구는 38세 때인 선조 13년(1580년)에 창녕 현감에 제수되었는데, 이 때 있었던 선조와 정구와의 대화를 통해서 특히『대학』을 중시하는 정구의 입장을 알 수 있다.

> 임금이 또 묻기를 "그대가 힘쓰는 것은 어떤 책인가"하니, 대답하기를 "신은 일찍이『대학』을 열심히 공부하였습니다"라고 하였다. 임금이 묻기를 "『대학』을 공부하는데 어느 것이 가장 요긴한 것인가"하니, 대답하기를 "삼강령三綱領과 팔조목八條目은 수기치인修己治人의 방도가 아닌 것이 없습니다. 그리고 선유先儒께서 말씀하시기를 '천덕天德과 왕도王道에 있어서 그 요체는 단지 신독愼獨에 있다' 하셨으니, 신은 아마도 신독이 가장 긴요한 것으로 생각합니다. 제왕의 학문과 다스림이 나오는 근본은 신독에서 비롯되지 않는 것이 하나도 없습니다"라고 하였다. 그리고 이어서 의로움과 이로움[의리義利] 및 공사公私를 변별하여 아뢰었다.28)

---

27)『寒岡全書(下)』, 358쪽(『寒岡先生言行錄』, 1:5a,「學問」), "先生之學, 博求經傳, 得其大義. 語孟庸學, 尤所致力. 至於靜字敬字上工夫, 益加勉勵."

28)『寒岡全書(下)』, 243쪽(『寒岡先生年譜』, 2:5a-5b,「寒岡先生行狀」), "上又問, 爾所著力者何書. 對曰, 臣嘗從事於大學矣. 上問, 大學工夫何者最要. 對曰, 三綱領八條目, 無非修己治人之方, 而先儒曰, 天德王道, 其要只在謹獨. 臣恐謹獨最爲緊要. 帝王之學, 出治之本, 無一不在謹獨上. 仍陳義利公私之辨."

『대학』에 나오는 삼강령 즉 명명덕明明德·친민親民[신민新民]·지어지선止
於至善과 팔조목 즉 격물格物·치지致知·성의誠意·정심正心·수신修身·제가
齊家·치국治國·평천하平天下는 유학의 지향점과 사상의 규모를 잘 드러내
는 대목인데, 그 중에서 '수신'은 바로 직접적으로 '수양'에 해당하는 표현
이다.29) 정구는 이와 관련해서 다시 '신독'이라는 『대학』과 『중용』에 나오
는 개념을 그 핵심적인 요소로 강조하였다. 그런데, '수신' 이전에 나오는 격
물·치지·성의·정심은 '수신'하기 위한 수양의 심화 과정을 표현했다고
볼 수 있다. 이것을 또다시 구분한다면, 성의와 정심이 거경居敬[존양存養]에
속하는 수양법이라면 격물과 치지는 궁리窮理[성찰省察]에 속하는 수양법이라
고 말할 수 있다. 『중용』에서는 이러한 측면을 "존덕성이도문학尊德性而道問
學"30)이라고 표현하였다. 즉 안으로는 자신의 도덕성을 확충하고 밖으로는
사물의 이치를 자세히 파악하는 것이 수양의 대강령이다. 주희朱熹는 이와
관련해서 "경이직내는 스스로를 지켜나가는 공부工夫이며, 의이방외는 의미
를 헤아려서 실천해나가는 공부"31)라고 말하였다. 이러한 표현들은 '지식
과 도덕의 일치'를 궁극의 목표로 하는 유학적 공부법을 집약한 표현이기
도 하다. 정구는 이러한 유학의 기본틀을 충실히 수용한 학자였다. 특히 정
구는 격물치지와 관련해서 독서의 중요성을 강조하였다. 예컨대, 「의안집
방서醫眼集方序」에서 그는 눈병 때문에 정좌와 함양의 수양법은 해나갈 수
있으나 독서와 진학進學의 방법은 힘써 행할 수 없는 것에 대해서 안타까워
하는 마음을 표현하였다.32) 또한 『언행록』에도 독서와 관련된 여러 언급이

---

29) 이러한 사실에 근거해 볼 때, 정구는 내면적 수양에 대한 인식론적 우선권을 인정한
   듯하다.
30) 『中庸章句』, 第27章.
31) 『寒岡全書(上)』, 416쪽(『心經發揮』, 1:11a, 「敬以直內章」), "朱子曰, 敬以直內, 是持守工
   夫, 義以方外, 是講學工夫."
32) 『寒岡全書(上)』, 190쪽(『寒岡先生文集』, 10:14a, 「醫眼集方序」), "毒必聚目 … 靜坐涵養
   之功雖不敢廢, 而讀書進學之方, 則蓋無所盡其力矣. 不幸孰甚焉." 참조

있는데,[33] 이러한 점을 종합하면 결국 정구에게 있어서 독서라는 것은 궁리의 대표적인 수양법이라고 말할 수 있다.[34] 그렇다고 독서로 대표되는 궁리의 수양법, 즉 도문학道問學의 수양법에만 의존하는 것도 바람직한 것만은 아니다. 정구는 "스스로를 속이고 남을 속이는 죄는 대체로 도문학만을 위주로 하고 존덕성에 힘쓰지 않기 때문이라는 말이 있는데, 그렇습니까"라는 물음에 대하여, "아마도 그럴 것이다"[35]라고 대답하였다. 그는 양 측면을 함께 하는 입장을 따른다. 그러한 입장에서 그는 주자학과 육왕학의 학문을 비교해서 도문학의 공부를 도외시하고 오로지 존덕성의 공부를 위주로 하는 육왕학의 관점을 비판하였다.[36]

4) 자연주의적[37) 수양론

유학의 핵심은 인간학이다. 그렇다고 하여 자연을 도외시하지는 않는다. 오히려 자연과 인간의 조화로운 관계를 추구하는 것 역시 유학의 목표 가운데 하나이다. 이러한 관점은 "지혜로운 자는 물을 좋아하고, 어진 자는 산을 좋아한다[38)"는 공자의 자연친화적 세계관에 그 뿌리를 두고 있다. 그

---

33) 『寒岡全書(下)』, 354-400쪽(『寒岡先生言行錄』, 卷1, 「學問」, 「讀書」 부분) 참조.

34) 특히 정구는 올바른 독서와 관련해서 체인·체찰·체험·체행이라는 네 가지 방법을 제시하였다. 요컨대, 주체적인 이론 탐구와 실천의 종합이 이루어 질 때 자기완성을 위한 진정한 독서가 가능하다는 것이다.[『寒岡全書(下)』, 359쪽(『寒岡先生言行錄』, 1:8a, 「讀書」), "讀聖賢經傳, 其法有四. 一曰體認, 二曰體察, 三曰體驗, 四曰體行. 苟不用此四法, 其義亦無以通曉, 況於吾身心有何益焉." 참조]

35) 『寒岡全書(上)』, 291쪽(『寒岡先生續集』, 3:2b, 「答問」), "(問)自誑誑人之罪, 蓋以專主道問學, 不務尊德性故云云邪. (答)恐然."

36) 『寒岡全書(下)』, 367-368쪽(『寒岡先生言行錄』, 1:24b-25a, 「講辨」), "問, 朱陸角立之由. 先生曰, 朱子主尊德性道問學兩邊工夫, 未嘗偏廢. 象山之學, 偏主尊德性一邊工夫. 此乃所以角立也."(黃宗海 記錄); 『寒岡全書(下)』, 368쪽(『寒岡先生言行錄』, 1:25b, 「講辨」), "問, 以近生知自居, 不用大段工夫者, 是象山之學歟. 曰, 此乃王陽明之學也."(張興孝 記錄) 참조.

37) 여기서 자연주의라는 말은 '자연과 함께 하면서, 그러한 자연에 순응하며, 그 속에서 삶의 희열과 의미를 찾는 자연친화적 입장'을 뜻한다.

38) 『論語集註』, 「雍也」, 第21章, "知者樂水, 仁者樂山."

렇기 때문에 성리학에서도 자연의 원리를 매우 중요시하였으며, 자연 속에서 만물의 이치를 터득하고자 하였다. 자연의 본질은 말 그대로 '저절로 그러함'이다. 어느 누가 시켜서 그렇게 되는 것이 아니라 저절로 그렇게 될 뿐이다. 성리학에서는 이러한 자연의 원리와 아울러 자연 그 자체를 학문의 연마 과정 속에 수용하였다. 따라서 학문을 연마하는데 있어서도 자연 경관 속에서 스스로 터득하는 것을 바람직하게 여겼다.[39] 성리학자들은 고요하고 한적한 곳을 찾아 정사精舍를 세워서, 한편으로는 스스로의 학문과 덕성을 닦고 다른 한편으로는 제자들을 지도하였으며, 때로는 자연을 찾아서 자신의 덕성을 함양하고 기상을 높이고자 하였다. 다시 말하면, 이러한 태도는 유위有爲의 인간 세계와 무위無爲의 자연 세계의 경계를 넘나들고자 한 것이다. 무위의 세계에서 노닐면서 길러진 덕은 유위의 세계를 헤쳐 나가는 에너지가 되며, 유위의 인간 세계에서 지치고 때 묻은 몸과 마음은 다시 무위의 자연 세계에서 쉬면서 깨끗하게 회복된다. 남송의 주희朱熹가 그렇게 살았으며, 조선의 이황과 조식 역시 그러하였다. 정구 역시도 이러한 전통을 이어 받아서 자연 속에 회연초당檜淵草堂[백매원百梅園], 무흘정사武屹精舍, 사양정사泗陽精舍 등의 서재를 짓고 자신의 학문과 심성을 도야하였으며, 또한 심성 수양과 군자의 굳건한 기상을 연마하기 위하여 가야산[40]이나 금강산에 오르기도 하였다. 특히 무이구곡武夷九曲으로 대표되는 주희의 자연관을 이어 받아 이루어진 무흘구곡武屹九曲[41]을 주목할 필요가 있다. 여기에서는 각 구비마다 성취의 대상을 설정하고 사고의 단계성과 계기성을 추구

39) 최완기, 『한국의 서원』(대원사, 1993), 101쪽 참조.
40) 정구의 가야산 등반과 관련해서는 朴英鎬, 「寒岡 鄭逑의 『遊伽倻山錄』 硏究」, 『남명학연구논총』 제5집(남명학연구원, 1997) 참조.
41) 무흘구곡은 남쪽으로는 가야산, 서쪽으로는 덕유산을 배경으로 하여 낙동강의 지류인 대가천과 옥동천 계곡에 형성되었다. 오늘날의 행정구역으로 보면 김천과 성주 일대이다. 정구가 이곳을 주제로 하여 지은 대표적인 시가 바로 「仰和朱夫子武夷九曲詩韻十首」이다.

하였다.[42] 이와 같이 자연의 길[천도天道]과 더불어 인간의 길[인도人道]을 추구한 정구의 모습은 그의 시 「사선정앙차선조문간공운四仙亭仰次先祖文簡公韻」[43]을 통해서도 확인된다.

바다야 사람들이 세상 물 다 모인 줄 알지만	海也人知集大成
한 곳 호수에서 그 누가 성인의 맑은 덕 아는지.	一湖誰認聖之淸
푸른 산은 그저 적적하니 마음이 고요한 듯	靑山凝寂心如靜
맑은 물은 차 있어도 투명하니 덕이 밝은 듯.	白水涵虛德似明
비온 뒤 가을 풍경 참으로 옥빛이라	雨後秋容眞玉色
말 앞의 모래 울림 이것이 가을 소리.	馬前沙響是金聲
옛 정자에 홀로 앉아 세상사 찌든 마음자리 잊어버리니	古亭獨坐忘機處
내려보고 쳐다보고 따르느니 모두 본 마음이라.	俯仰瞻聆摠性情

그렇다고 자연을 지향하는 정구의 수양론이 불교나 노장사상의 은둔적이며 소극적인 수양론과 같은 것은 아니다.[44] 그는 언제나 성기성물成己成物[45]의 자세로 자신의 사회적 역할을 적극적으로 수행하였다. 자연 속에서

---

42) 최완기, 『한국의 서원』(대원사, 1993), 101쪽 참조.

43) 『寒岡全書(上)』, 275쪽(『寒岡先生續集』, 1:2a-2b, 「四仙亭仰次先祖文簡公韻」) 참조.

44) 불교나 도가사상에 대해서 정구는 다른 성리학자들과 마찬가지로 기본적으로 비판적인 입장을 취하고 있다.[『寒岡全書(上)』, 276-278쪽(『寒岡先生續集』, 1:4b-8a, 「問牛喘」) 및 『寒岡全書(下)』, 360쪽(『寒岡先生言行錄』, 1:9a, 「讀書」), "異端之書, 亦無不涉獵. 究知其所以爲異端之故然後, 輒不復看."(張興孝 記錄) 참조] 그럼에도 불구하고 정구의 수양론에서 불교적인 요소와 관련된 것을 굳이 찾는다면 '靜坐' 정도일 것이며, 이것은 성리학자들에게 공통된 측면이다. 노장사상에 대한 관심은 그의 독서 역정을 보거나 남명 조식과의 관계를 생각해 볼 때 어느 정도 있었을 것으로 짐작할 수 있다. 흥미로운 점은, '南冥'이라는 조식의 호가 『장자』의 첫 문장에 나오는 글에서 따온 것이라면, '道可'라는 정구의 자는 『노자도덕경』의 첫머리인 "道可道非常道"에서 연유한 것으로 볼 수 있다는 점이다.

45) 『中庸章句』, 第25章, "誠者非自成己而已也, 所以成物也. 成己, 仁也, 成物, 知也. 性之德也, 合外內之道也, 故時措之宜也." 참조.

그는 남이 알아주는 것을 바라지 않고 스스로를 닦아나가면서, 한편으로는 찾아오는 제자들과 더불어 강론하는 일도 멈추지 않았다. 이와 같이 그는 어떤 상황에서도 성물成物의 자세를 버리지 않았다. 그것은 바로 『중용』의 '성誠'을 실현하는 일이기도 하다. 그런 의미에서 그는 진정한 유학자의 수양 자세를 보여 준 인물이다.

5) 예술지향적 수양론

공자는 "도에 뜻을 두고, 덕에 숙달하고, 인과 친근해지고, 예에 몰두한다"[46]라고 하였다. 주희는 이에 대한 주석에서 이 모든 과정이 곧 수양의 일임을 표명하였다.

> 이 장은 사람의 배움이란 마땅히 이와 같아야 한다는 말이다. 대개 배움은 입지立志보다 먼저 할 것이 없으니, 도에 뜻을 두면 마음이 바른 데에 있어서 다른 짓을 않게 된다. 덕에 숙달하면 도가 마음에 얻어져 잃지 않을 것이며, 인과 친근해지면 덕성이 늘 발휘되어 물욕이 행해지지 아니할 것이며, 예에 몰두하면 작은 사물도 빠뜨리지 않아서 움직일 때나 쉴 때에 길러지는 것이 있을 것이다. 배우는 자가 이에 그 선후의 차례와 경중의 비중을 잃지 아니 하면, 본말이 모두 갖춰지고 안과 밖이 서로 길러져서 날마다 생활하는 사이에 조금도 틈이 없어서 우리의 마음이 조용히 움직이게 되니, 스스로도 알지 못하는 사이에 홀연히 성현의 영역에 들어가게 될 것이다.[47]

그러므로 시를 짓고 글씨를 쓰며, 그림을 그리고 음악[48]을 즐기는 예술

---

46) 『論語集註』, 「述而」, 第6章, "志於道, 據於德, 依於仁, 遊於藝." 여기서 藝는 禮[예절]·樂[음악]·射[활쏘기]·御[수레 몰기]·書[글씨 쓰기]·數[셈하기]와 같은 六藝의 영역을 가리키지만, 음악으로 대표되는 예술의 의미도 함축되어 있다고 해석할 수 있다.

47) 『論語集註』, 「述而」, 第6章, <朱註>, "此章言人之爲學當如是也. 蓋學莫先於立志, 志道, 則心存於正而不他. 據德, 則道得於心而不失. 依仁, 則德性常用而物欲不行. 遊藝, 則小物不遺而動息有養. 學者於此, 有以不失其先後之序, 輕重之倫焉, 則本末兼該, 內外交養, 日用之間, 無少間隙, 涵泳從容, 忽不自知其入於聖賢之域矣."

활동 역시 수양의 한 과정이자 수양의 정도를 나타내는 한 측면으로 받아들일 수 있다.

조선의 유학자들의 지향점은 인성의 선, 즉 마음의 착함을 회복하는데 있었으며, 언제나 시詩·서書·화畵를 통해서 자연미와 인성의 선을 연결시켰다.[49] 이러한 "시·서·화는 공통된 재료와 용구와 기법으로 필묵의 효과로서 인성의 선을 지향한다. 이것은 모두 붓의 예술인 동시에 문자의 예술이다. 그것은 곧 교양을 통한 미이다. 그것은 글자의 뜻 표현과 정신의 표출로서 높은 인격과 연관되어 있다."[50] 그들은 시·서·화를 통해 수기修근하고 교우交友하고 충절忠節했다. 묵색 필선으로 자연의 이치를 본받고, 인생을 깊이 생각하며, 나라의 어지러움에 사생취의捨生取義의 자기결단을 했던 선비들의 생활철학이 시·서·화에 담겨있다.[51] 이러한 삶의 모습을 잘 보여 주는 대표적인 인물이 또한 정구이다. 그의 문인인 문위文緯(1554-1632)는 정구가 "예藝에 관해서도 궁구하지 않은 것이 없다"[52]라고 기록하였다. 문집에 전해지는 시를 살펴본다면 우리는 정구가 시작詩作 활동을 통해서 수양과 관련한 자신의 소회를 피력했음을 확인할 수 있을 것이다.[53] 또한 붓글씨를 통해서도 그의 수양의 한 단면을 알 수 있다. 그는 글씨를 쓸 때도 한결같이 바르게 썼다는데, 이것은 주희로부터 받은 영향인 듯하다.[54]

---

48) 동양에서는 음악이 자연에서 나오고 그것은 또한 자연의 산물인 소리를 통해 나타난다고 보았다. 또한 천지에 조화를 가져다주는 악곡을 통해 인간이 마땅히 가야 하는 도를 가르쳐 줄 목적으로 음악교육을 귀중한 수단으로 사용했다. 공자의 음악에 대한 깊은 관심은 그 대표적인 경우이다.[趙要翰, 『韓國美의 照明』(열화당, 1999), 81-83쪽 참조]

49) 趙要翰, 『韓國美의 照明』(열화당, 1999), 129-130쪽 참조.

50) 趙要翰, 『韓國美의 照明』(열화당, 1999), 131쪽.

51) 趙要翰, 『韓國美의 照明』(열화당, 1999), 148쪽 참조.

52) 『寒岡全書(下)』, 358쪽(『寒岡先生言行錄』, 1:5a, 「學問」), "於藝無所不究."

53) 이것과 관련해서는 金光淳, 「寒岡의 生涯와 文學」, 『韓國의 哲學』 第13號(경북대학교 퇴계연구소, 1985) 참조.

54) 『寒岡全書(下)』, 396쪽(『寒岡先生言行錄』, 4:12a, 「遺事」), "故雖遊戱翰墨, 一出於正也,

정구의 서예와 관련된 이야기는 실학자인 이덕무李德懋(1741-1793)의 『청장관전서靑莊館全書』에도 기록되어 있다.

> 내각內閣에 『동현간첩東賢簡帖』이 있는데, 문목공文穆公 정구鄭逑의 짤막한 편지 한 장이 실려 있다. 한 자 한 자를 놓고 살펴보았는데, 한 획 한 점도 틀린 곳이 없었다. 그래서 비로소 한강[정구]이 유림 가운데 제일가는 서학자書學者임을 알 수 있었고, 일찍이 박재선朴在先[박제가朴齊家]과 함께 이 일을 오래도록 찬탄해 마지않았다.[55]

또한 정구는 이우李瑀[56]에게 보낸 편지에서, 회연檜淵 옆에 초당[백매원百梅園]을 새로 지으면서 매화 백 그루와 대나무를 심어 놓고 거문고와 책과 더불어 보내는 생활을 전하면서, 매화와 대나무를 주제로 한 그림과 산수, 포도 및 수초와 갈매기, 해오라기를 주제로 한 그림을 각 네댓 폭 그려줄 것을 부탁하기도 하였다.[57] 또한 음악에 대해서도 정구는 깊은 관심을 가진 듯하다. 예컨대, 그는 거문고를 만들기 위한 재료를 부탁하는 편지[58]에서, 함께 음악을 감상하기 위해 한 번 찾아 주기를 청하기도 하였다. 아울러 병중에도 매화를 감상하면서 느낀 즐거움을 언급하는 것을 볼 때,[59] 우리는

而其得於考亭者尤多焉."

55) 『靑莊館全書』, 卷59, 『盎葉記(六)』, 「鄭寒岡書學」, "內閣有東賢簡帖, 載鄭文穆公逑小札一張, 字字究驗, 則無一劃一點紕繆者. 始識寒岡爲儒林中第一書學. 嘗與朴在先, 嗟嘆良久."
   * 최영성, 「寒岡 鄭逑의 學問方法과 儒學史的 位置」, 『남명학연구논총』 제5집(남명학연구원, 1997), 452쪽에서 재인용.

56) 李瑀(1542-1609): 호는 玉山이며, 율곡 이이의 아우이다. 저서로는 『玉山詩稿』가 전해지고 있다. 송시열은 그가 지은 이우의 묘표(宋時烈, 「軍資監正李公墓表」, 『玉山詩稿』)에서 "그가 일찍이 嶺南 善山에서 살았을 때 선산 사람들이 四絶로 일컬었는데, 이는 거문고·서예·시·그림을 이른 것이고, 그중 글씨가 특히 절묘하였다"라고 서술하였다. 이우는 1605년(64세) 이후로 처가인 경상도 선산에서 여생을 보냈다.

57) 『寒岡全書(上)』, 97쪽(『寒岡先生文集』, 5:29b-30a, 「與李季獻瑀」) 참조.

58) 『寒岡全書(上)』, 362쪽(『寒岡先生續集』, 7:9b, 「與金景弼八顧」) 참조.

59) 『寒岡全書(上)』, 386쪽(『寒岡先生別集』, 1:2a, 「答徐行甫」) 참조.

그의 예술적 감수성과 정신세계를 미루어 짐작해 볼 수 있을 것이다. 정구가 이러한 예술세계 속에서 살았다는 것은 그가 자칫 무미건조해지기 쉬운 수양 과정을 오히려 여유 있고 풍요롭게 만들어 갔다는 중요한 증거가 되며, 아울러 그가 도달한 수양의 경계를 헤아려 볼 수 있게 하는 측면이기도 하다.

3. 결론

유학[성리학]은 이론과 실천이 우리의 삶 속에서 통합되기를 요청한다. 그러나 그러한 이상이 구체적인 현실 속에서 실현되기는 쉽지 않은 일이다. 그렇기 때문에 강조되는 것이 바로 수양론이다. 그런데, 수양론은 이론의 문제가 아니라 실천의 성격이 강한 일이다. 그러므로 수양론적 성취는 결국 '그 사람이 어떠한 삶을 살아갔는가'에 의해서 평가되어야만 할 것이다. 이러한 점과 관련해서 중국의 어떤 현대 철학자[60]의 견해는 시사하는 바가 크다.

> 중국 철학자들은 모두 정도가 다른 소크라테스이다. 그 이유는 윤리, 정치, 내성內省 및 지식이 철학자 자신 속에 통일되어 조화를 이루고 있기 때문이다. 그 자신 속에선 지덕知德이 합일되어 분리될 수 없다. 그의 철학은 그 자신이 철학을 생활로 삼을 것을 요구한다. 자기 자신이 자기 철학을 표현하는 길이며, 자기 생활의 신념에 따라 사는 것이 자기 철학의 일부였다. 그의 과제는 이기심과 아욕我欲을 초월한 순수 체험인 천인합일天人合一의 경지까지 이르도록 끊임없이 자신을 수련시켰고, 이런 수련과정을 정지할 수 없었다. 왜냐하면 정지는 곧 이기심의 출현과 합일된 경지의 상실을 의

---

60) 金岳霖(1895-1984): 清華大學 철학과 및 北京大學 철학과 교수 등을 역임하였다. 馮友蘭 등과 清華大學 철학과를 창설하였으며, '中國哲學界 第一人'이라 일컬어졌다.

미하기 때문이다. 그러므로 그는 지적으로는 항상 모색을 계속했고 행실로는 언제나 옳게 하거나 하려고 애를 썼다. 지행知行이 미분未分되므로 자신 속에 철학 본래의 의미에 있어서의 종합이 구현되어 있었다. 소크라테스와 마찬가지로 중국 철학자도 자기 일상생활과 철학을 분리할 수 없었다. 그는 인생의 방관자로 비켜 앉아서 책에만 묻혀 있는 메마르고 진부한 철학자는 결코 아니었다. 중국 철학은 단지 인간 오성을 위한 사고의 유형만을 전시한 적은 없었다. 그러므로 중국 철학은 철학자 자신의 행동을 내적으로 규제하는 규범의 체계였다. 극단적인 경우, 그의 전기傳記가 곧 그의 철학이라고 말해도 과언이 아니다.[61]

본 논고에서는 한강 정구의 수양론의 여러 면모를 개괄적으로 살펴보았다. 정구의 수양론의 일차적인 특징을 거론한다면, 다름 아니라 그는 주자학적 성리학의 수양론을 충실히 계승하였다는 점이다. 이것은 그의 제자들이 '주자 이후 퇴계, 퇴계 이후 한강'[62]으로 계통을 세우는 것이나, 그의 전체 공부 과정을 살펴보면 확인할 수 있다. 그렇다고 해서 정구가 단순히 주희朱熹[주자朱子]를 추종한 것은 아니다. 그는 주자이기 때문에 주자의 학문을 따른 것이 아니라, 자신의 학문적 주체성의 관점에서 주자의 학문이 옳다고 확신하였기 때문에 받아들인 것이다. 정구는 53세 때 우부승지로 경연에서 『역전易傳』을 진강할 때 선조宣祖가 '정이程頤의 『정전程傳』과 주희朱熹의 『본의本義』 중 어느 것이 우선하는가'하는 물음에 다음과 같이 대답하였다.

　역의 도는 오직 없어지고 생겨나며 채워지고 비워지는 이치와 나아가고 물러나며 유지되고 사라지는 기미를 밝혀서 때에 알맞음[시중時中]을 잃지 않도록 한 것입니다. 단지 점치는 것으로 일삼는 것은 말단에 해당하는 것

---

61) 馮友蘭(정인재 옮김), 『中國哲學史』(형설출판사, 1985), 34-35쪽.
62) 『寒岡全書(下)』, 359쪽(『寒岡先生言行錄』, 1:8b, 「讀書」), "退溪, 朱子後一人也. 先生, 退溪後一人也." 참조.

입니다. 마땅히 『정전』을 우선해야 합니다.[63)]

이것은 의리역義理易의 체계를 가진 정이의 『이천역전伊川易傳』이 의리역義理易과 상수역象數易을 절충한 주희의 『주역본의周易本義』보다 높게 평가되어야 한다는 정구 자신의 역학에 대한 관점을 분명히 보여준 예이다. 또한 『심경부주』에 대해서도 스승인 이황과 견해를 달리한 것 역시 학문적 주체성과 관련해서 평가할 만한 측면이다.

이제 한강 정구의 수양론을 다시 정리하면, 먼저 그의 수양론은 실천 지향적 성격이 두드러지게 나타난다는 점을 들 수 있다. 이것은 그가 '경의협지敬義夾持'를 강조하는데서 일차적으로 확인할 수 있다. 이러한 특징은 그의 학문 세계 전반에 영향을 미쳐서, 그는 누구보다 박학다식의 학문체계를 구성하였다. 또한 사회생활 속에서 수양은 원칙론적이며 명분론적인 입장을 견지하도록 하였으며, 그 반면에 일상생활에서는 언제나 온화한 기운이 감도는 풍모를 보여 주었다. 정구의 문인인 외재畏齋 이후경李厚慶(1558-1630)은 「서술敍述」에서 "제가 41년간 선생님을 따랐어도 한 번도 화내는 모습을 보지 못하였습니다"[64)]라고 기록하였다. 이러한 사실은 그의 인간상이 한결 더 전인적全人的 면모에 접근하였음을 보여주는 것이다. 그렇기 때문에 정구와 가까운 곳에서 늘 함께 한 그의 제자들은 '회암(주자)과 퇴계 이후에 오직 우리 선생님 한 분이 계실 뿐'[65)], '오현후일인五賢[66)]後一人'[67)],

---

63) 『寒岡全書(下)』, 231쪽(『寒岡先生年譜』, 1:11a, 「53歲 乙未條」), "易之爲道, 惟明乎消息盈虛之理, 進退存亡之幾, 以不失乎時中. 若徒以占候爲事則未矣. 當以程傳爲先也."

64) 『寒岡全書(下)』, 392쪽(『寒岡先生言行錄』, 4:3a, 「敍述」), "慶從先生四十有一年, 未嘗見其有忿厲之容."

65) 『寒岡全書(下)』, 358쪽(『寒岡先生言行錄』, 1:6b, 「學問」), "於晦菴退溪之後者, 惟吾先生一人而已." 참조.

66) 문묘에 종사된 조선 전기의 유학자 다섯 분인 寒暄堂 金宏弼(1454-1504), 一蠹 鄭汝昌(1450-1504), 靜庵 趙光祖(1482-1519), 晦齋 李彦迪(1491-1553), 退溪 李滉(1501-1570)을 가리키는 말이다. 정구가 문묘에 종사되지 못한 이유와 관련해서는 李樹健, 『嶺南學派의 形成과 展開』(一潮閣, 1998), 572-574쪽을 참조하기 바란다. 덧붙인다면, 동서 분당

'일세유종一世儒宗'68), '집군현이대성자集羣賢而大成者'69), '학자지종사學者之宗師'70) 등의 표현으로 그들의 스승을 기렸다.

일상생활 속에서 가장 기본이 되는 것에서부터 높은 정신세계에 이르기까지 끝없이 스스로를 닦아나갈 뿐 남들이 알아주기를 바라지 않는 위기지학爲己之學의 전형을 보여준 정구는 자신이 머무는 방의 벽에 다음과 같은 글을 걸어두었다고 한다.

> 산에서 밭 갈고 강에서는 낚시질
> 본 마음을 함양하고 책을 읽으며
> 거문고를 타고 장구를 치면서
> 선왕先王의 기풍을 읊으니
> 그 즐거움은 죽음도 잊기에 충분한 것.71)

이와 같이 평범한 일상과 자연 속에서 자아 완성을 위한 끊임없는 노력을 기울이면서도 다른 한편으로는 유교적 이상의 사회적 실천을 위한 관심을 버리지 않고, 마침내 예술적 감흥과 함께 초월의 경지에로 나아간 한강 정구의 수양론을 이론적 측면보다는 오히려 실천적 측면에서 그가 도달한 경지를 기준으로 평가한다면, 유학에서 최고의 경지를 나타내는 개념인 '중용'과 연관 지워서 '중용적 수양론'이라 불러도 손색이 없을 것이다.

*『동양예학』제6집(동양예학회, 2001)에 수록된 글을 수정 게재함.

이후의 유현으로서 문묘에 종사된 사람은 모두 서인이다.
67) 『寒岡全書(下)』, 380쪽(『寒岡先生言行錄』, 3:4b, 「忠義」) 참조.
68) 『寒岡全書(下)』, 392쪽(『寒岡先生言行錄』, 4:4a, 「敍述」) 참조.
69) 『寒岡全書(下)』, 393쪽(『寒岡先生言行錄』, 4:5b, 「實記」) 참조.
70) 『寒岡全書(下)』, 397쪽(『寒岡先生言行錄』, 4:13a, 「遺事」) 참조.
71) 『寒岡全書(上)』, 308쪽(『寒岡先生續集』, 4:16b, 「壁上帖」), "耕山釣水, 養性讀書, 彈琴鼓缶, 以詠先王之風, 亦足以樂而忘死矣."

6장 정구의 도덕교육론

김상래(서원대학교)

1. 머리말

유학사상사의 오랜 전통에서나 한국 성리학사의 관점에서 볼 때 한강寒岡 정구鄭逑[1]가 기존의 일반적인 학문적 전통을 벗어나서 나름의 독특하고 기발한 도덕교육론을 제시한 것은 아니다. 그리고 특히 성리학의 집대성자로 평가되는 주자朱子가 확립한 도덕에 관한 유학적 교육이론과도 크게 차이나는 학설을 제시하였다고 보기도 어렵다. 그러나 한강은 경敬과 의義라는 두 가지 도덕 가치에 대해 주목하여 퇴계와 남명의 학문적 전통을 독창적으로 수용하면서, 유학의 도덕교육의 이론적 측면보다 오히려 실천이 강조된 도덕교육의 의미를 중요하다고 인식하고 이를 당시 사회에 적용하려고 노력한 학자였다.

따라서 한강의 성리학설 가운데 윤리, 도덕과 관련된 주제 즉, 도덕교육론의 특징을 제대로 이해하기 위해서는 먼저 유학사상의 일반적 도덕교육 이론을 고찰하고 주자를 중심으로 한 성리학적 입장에서의 설명을 소개한

---

1) 정구鄭逑(1543-1629), 자字 도가道可, 호號 한강寒岡

다음 정구의 사상적 특징을 추출하는 과정이 필요하다. 따라서 이 글은 크게 네 가지 소제목으로 나누어 관련 논의를 전개시키고 있다. 먼저 유학사상 전반의 도덕교육론의 내용을 이해하고, 이를 토대로 주자의 성리학적 도덕교육론을 개괄하였으며, 한강의 도덕교육에 관한 사유방식의 특징을 설명하는 순서를 따랐다. 마지막 부분에서 한강의 도덕교육론의 윤리학적 의미 내지 성리학성의 특징을 언급하는 것으로 논의를 전개하였다.

2. 유학 도덕교육론의 목적

공자 이후 유학사상이 제시하는 도덕교육의 대원칙은 수기치인修己治人이라는 용어에 집약되어 있으며, 도덕교육의 목표는 모든 인간이 자신의 윤리적 수양爲己之學을 통해 성인군자(줄여서 성현聖賢이라고도 함)가 되는데 있다. 물론 인간 사회의 전체 구성원이 윤리적 수양을 통해 완벽한 도덕성을 갖춘 이상적 인간형으로서의 성인聖人이 되는 것이 가장 희망적인 사회의 모습이겠지만, 현실적으로는 역사적으로 실현된 적이 없다고 할 수 있다. 공자를 위시한 유학사상가들도 이를 알고 있었다. 그래서 그들은 모든 인간이 성인의 경지에 도달한 사회의 그 다음 낮은 차원의 사회를 생각해 냈는데, 그것은 바로 최소한 최고 통치자와 사회의 지도층들만이라도 성인군자의 윤리적 인격을 소유하기를 희망하는 것이다. 따라서 유학자들은 끊임없이 통치자[君]에게 윤리도덕성의 측면에서의 성숙을 요구해 왔다. 조선시대의 신하들이 임금에게 조정에서 "성군聖君"이 되라고 요구하는 것도 이런 사유의 반영이다.

일반적으로 '성인'과 '군자'라는 용어를 동의어처럼 이해하기도 하지만, 이 두 개념은 엄밀하게 구분하는 경우 다음과 같이 분류할 수 있다. 즉, 성인이란 학문적이고 윤리도덕적 차원에서 완벽한 인간형을 뜻하고, 군자는 최고의 인격형인 성인을 목표로 끊임없이 노력하는 사람이라는 의미로 구분해 볼 수 있다. 이런 개념의 차이는 『논어論語』에 언급되어 있는 공자의 표현에서도 확인할 수 있다. 그는 "성인을 만나 볼 수 없다면, 군자라도 만나보면 좋겠다."[2]고 자신의 깊은 속내를 드러내고 있다. 이 언표는 공자의 사유 속에서 성인과 군자가 엄연히 구분되는 개념이라는 점과 위에서 언급하였듯이 공자도 현실에서 성인을 만나기 어렵다는 것을 실토하고 있음을 알려주는 내용이기도 하다. 또한 공자는 군자가 세 가지 두려워해야 하는 것이 있다고 하면서 '하늘의 명령', '대인大人'과 함께 '성인의 말'을 제시하고 있는데[3], 그의 사유 속에는 분명히 '군자'와 '성인'이라는 용어가 구분되고 있으며 유학사상가들이 모두 동의하는 것이긴 하지만, 공자에 의하면 군자보다 성인이 윤리도덕적으로 높은 위치에 자리한다.

한자의 문자학적 의미 풀이에 의거하면 군자君子는 직역하면 '임금 아들'이 된다. 과거 봉건사회의 군주제도 내에서 '임금 아들'이란 장차 임금이 될 사람을 뜻한다. 이런 점에서 군자라는 언어의 일차적 개념에는 임금, 즉 통치자라는 뜻과 깊은 관련이 있었다고 유추할 수 있다. 또 '자子'의 한자적 의미에 '아들'이라는 보통명사 이외에 '선생님'이란 의미가 있는데, 이 의미를 군자에 적용하여 풀이하면 군자는 '임금'과 '선생님'의 결합어로서 '임금 선생님'이 된다. 유학사상의 오랜 전통에서 임금은 정치적 의미에서 통치자인 동시에 백성들의 삶과 관련된 모든 교육적 문제를 주관하는 선생님의 의미를 지니고 있는데, 한자의 문자학적 해석에 의해서도 이런 사유를 확인할 수 있다.

또한 유학의 전통에서 선생님은 '사부師父'라고도 불린다. '군사부일체君師父一體'라는 의식은 물론 봉건시대의 남성중심주의 사고의 전형을 보이는 것이며 사회의 관계를 가족이라는 단위를 기준으로 이해하는 태도를 반영

---

2) 『論語』, 「述而」. "聖人吾不得而見之矣. 得見君子者, 斯可矣."
3) 같은 책, 「季氏」, "孔子曰, 君子有三畏. 畏天命, 畏大人, 畏聖人之言."

하는 것이지만, 교육적 측면에서 보면, 아버지[父]는 가족 구성원을 정치경제적으로 책임지는 통치자[君]인 동시에 윤리도덕적 측면에서 가정교육의 담당자로서 아들[子]의 선생님[子]과 스승[師]의 역할을 수행한다. 그리고 선생님은 가족 공동체가 아닌 또 다른 교육공간에서는 학습자들에게 윤리적 행위의 모범을 보여야 한다. 우리의 전통사회에서 한 국가의 통치자[君]는 국가 전체 차원에서의 선생님[子] 역할을 요구받아 온 것이다.

유학사상사에서 이상적인 통치자로 인정받은 사람들은 모두 형벌에 의한 정치를 하지 않고, 도덕과 예의에 근거한 통치행위를 한 임금[君]들이거나 인간 교육에 지대한 관심을 기울인 선생님[子]들로 기록되어 있다. 공자가 『논어論語』에서 천명한 정치적 제도와 형벌로써 통치행위를 하지 말고, 도덕과 예의에 근거한 정치를 시행할 것을 주창4)한 이래 그의 통치철학은 유가적 정치행위의 이상형으로 여겨져 왔으며, 이런 사유는 동양사회에 뿌리 깊게 인식되어 왔다.

유학 교육론의 목표는 사회를 구성하는 사람들이 바람직한 윤리와 도덕을 제대로 인식하고 실천해가면서 삶을 영위하는 공동체를 형성하는 것을 지향한다. 따라서 대동사회大同社會로 표현되는 이런 이상사회는 통치계층뿐 아니라 모든 인간이 성인과 같은 경지의 상당한 수준의 도덕성을 획득할 것을 전제로 할 때 성립될 수 있는 사회의 모습일 것이다. 이러한 이유에서 유학사상가들은 이상적 인간형으로 성인이 될 것을 지향하는 학문을 '성인지학聖人之學'이라 명명하고 현실 사회에서 이것을 달성하기를 지향하는 학문체계를 중요시해왔다. 일단 공자 당시의 사회에서 성인은 두 가지 유형으로 구분된 것으로 보인다. 다시 말해서 성인은 정치 즉, 통치의 차원에서 이상적 인간형과 학문과 윤리적 영역에서의 최고의 인격을 소유한 사람으로 나뉜다.

---

4) 같은 책, 「爲政」, "子曰, 道之以政, 齊之以刑, 民免而無恥. 道之以德, 齊之以禮, 有恥且格."

성인지학으로 정의되는 유학사상의 정통성을 따질 때 항상 맨 처음 이상적 인간형으로 거론되는 요순堯舜은 통치자의 계급으로서 성인의 단계에 오른 인물로 평가받고 있으며, 공자 자신이 스스로 성인이라고 자처하지는 않았지만, 맹자 이후의 유학자들에게 공자야말로 가장 완벽한 학문적 지식과 도덕적 수준을 겸비하고 이를 실천한 이상적 인간으로 인정받고 있다. 제자들의 기록에 의해 우리는 『논어論語』에 나오는 "마음이 하고자 하는 것을 따르더라도 법도를 넘지 않았다[從心所欲不踰矩]"는 표현을 통해 성인의 경지에 오른 공자의 모습을 그려볼 수 있다. 이 언표는 공자가 자신이 마음먹은 대로 행동하더라도 예절과 법칙에 어긋남이 없었으며, 공자의 행동이 바로 모든 사람이 따라야 할 예禮이고, 지켜야 법률이 될 정도의 도덕적 수준을 달성했다는 의미로 이해할 수 있다. 유학사상에서 성인聖人은 정치적인 차원에서의 이상적 인간형으로서의 요순과 윤리도덕적인 차원에서의 최고의 인간형으로서의 공자가 등록되고 있는 것이다.

공자 이후 유학사상은 줄곧 성인지학을 지향해야 한다는 것은 유학자들의 일관된 생각이었다. 공자 사상의 충실한 계승자이면서 이론적 보완자라 평가받고 있는 맹자는 "모든 사람이 요순이 될 수 있다",[5] 성인을 정의하여 인륜의 지극함(인간의 윤리적 문제에 대해 완벽을 이룬 사람)이며,[6] 백세(과거와 현재, 미래를 아우르는)의 스승이다.[7]고 하였다.

공자 사상의 핵심인 윤리도덕에 관한 학설을 계승하면서도, 인간 내면의 도덕적 가능성에 주목한 이론을 제시한 것으로 평가되는 성선설性善說의 제창자인 맹자의 이러한 언표들을 통해서 우리는 유학사상이 추구하는 교육목표와 인간이해의 기본입장에 대해 다음과 같이 정리할 수 있다. 즉, 인간이란 착한 성품을 지닌 존재로서 누구나 성인이 될 수 있는 가능성을 지니

---

5) 『孟子』, 「告子下」, "人皆可以爲堯舜."
6) 같은 책, 「離婁上」, "聖人, 人倫之至也."
7) 같은 책, 「盡心下」, "聖人, 百世之師也".

며, 성인이란 윤리적이고 정치적 측면에서 가장 이상적인 인간형이며, 교육은 이러한 인간형을 실현하는 것을 목표로 삼아야 한다는 것이다. 인간의 본성에 대해 기본적으로 맹자와 정반대의 견해를 피력한 순자도 성인에 대한 견해에서는 맹자의 사유와 크게 다르지 않은 논리를 제시한다.

다만, 맹자가 요순을 성인의 대명사로 간주한 반면, 순자는 "길을 가는 사람도 우임금이 될 수 있다"[8]고 하여 우임금을 성인으로 들고 있다. 이는 요순으로 대표되는 신화시대의 지나친 이상주의를 경계하며, 인간과 세계를 보다 현실적이고 역사적인 관점에서 이해하려는 그의 학문적 경향성과 관련이 있다. 현실적이고 사회적 인간을 제시하는 순자는 역사적 실재성에 대해 의심과 논란이 제기되기도 하는 요순보다 시대적으로 뒤의 인물인 우임금을 상정함으로써 역사, 현실, 사회 등의 개념을 자신의 이론적 근거로 접목시키려는 학문적 태도를 보여주고 있다.

이런 점에서 보면 순자의 성악설性惡說도 단지 '인간의 본성이 악하다'는 선언적 주장이라기보다 현실적으로 악한 성품을 어떻게 착한 것[善]으로 변화시킬 것인가 하는 방법론에 더 많은 관심을 기울이면서 인간의 윤리도덕적 문제들에 대해 해명을 시도한 결과물이라 할 수 있다. 그 방법론의 핵심에는 성인과 교육이라는 두 가지 축이 자리한다는 점에서 그는 공맹이 수립한 유학사상의 본질적 목표를 추구하고 있으며, 오늘날 유학자로 등록될 충분한 자격을 지니고 있는 것이다.

그런데 맹자와 순자에게서 본격적으로 시작된 유학사상에서의 인간의 본성 내지 성품에 대한 이해의 차이와 그를 둘러싸는 논쟁은 선善과 악惡이 어떻게 정의되어야 하는가(what the good is, what the evil is)하는 문제에 집중되기보다는 어떻게 선善을 유지 보존하고 악惡을 선善으로 교정 변화시킬 것인가(how to become good)하는 문제에 논의가 집약된다고 할 수 있다. 결국 맹

---

8) 『荀子』,「性惡篇」"塗之人可以爲禹."

자는 말할 것 없고 성악설을 주장하는 순자 이론의 궁극적 목표에도 선善이 자리하고 있는 것이다.

공자, 맹자, 순자 뿐 아니라 주자학의 이론 체계를 비판하며 등장한 양명학의 체계를 정립한 왕수인王守仁도 유학이 추구하는 기본 목표에 성인이 위치하고 있음을 인정하여 "사람의 마음속에는 각각 성인이 들어 있다"[9]고 하였다. 또한 주자는 물론이고, 율곡을 위시한 조선시대의 유학자들도 유학이라는 학문체계에서의 교육의 목표는 성인이 되는데 있다는 것에 동의한다.

그렇다면 성인지학 즉, 성인이 되는 배움과 학문이란 어떤 내용과 방법을 지니고 있을까? 일반적으로 학문과 교육은 그것이 추구하는 목표와 방법, 내용과 과정이 구체화되어 제시되어야 한다. 먼저 공자가 제시한 교육의 내용과 방법을 살펴보자. 『사기史記』의 기록에 의하면, 공자는 책읽기와 예절, 그리고 음악을 주로 가르친 것[孔子以讀書禮樂敎]으로 되어 있다. 또한 『논어』의 기록에 의하면 "공자는 네 가지 측면, 즉 학문, 행동, 마음, 신뢰[문행충신文行忠信]를 가르쳤다"[10]고 하였다.

공자 시기에서의 이른바 성인이 되는 구체적인 방법과 내용은 자세히 알수 없지만, 이 두 텍스트의 구절을 통해 우리는 교육은 학문적 지식과 윤리적 실천을 지향해야 한다는 공자의 생각을 읽을 수 있다. 『사기』에서 말한 책읽기는 『논어』에 언급된 문文에, 그리고 『사기』에서 말한 예악은 『논어』에 언급된 행충신行忠信의 의미로 이해하면 크게 틀리지 않을 것이다. 독서는 지식을 습득하기 위해 필요한 인간의 노력 중 가장 기본적이고 중요한 행위이며, 인간이 추구하는 지식의 내용은 대부분 언어文의 형태로 되어 있다. 예악은 오늘날 표현으로 거칠게 말한다면, 윤리[禮]와 문화[樂] 수준이 높은 개인과 사회의 모습을 축약적으로 표현한 유학적 용어라고 할 수 있다. 그리고 공자가 생각하기에 예악사회의 종착역에는 "시적 언어로 대화

---

9) 『王陽明全集』, 卷三, 「語錄三」(上海古籍出版社, 1992)

10) 『論語』, 「述而」, "子以四敎, 文行忠信."

를 하고 예의를 지키며 음악이 넘실거리는 사회"[11]가 기다리고 있다.

흔히 대동사회로 표현되는 이런 이상적 사회를 실현하기 위해서는 사회 구성원 모두가 각자의 윤리도덕적 행동양식에서의 도덕적 수준과 차원이 높아야 할 것이다. 사회는 개인들의 집합이기 때문이다. 당연히 사회 구성원이 자신의 윤리적 의지에 대해 최선을 다하고[忠] 타인과의 관계에서 믿음[信]을 주는 행위[行]가 절대적으로 필요하다. 공자 이래 유학의 교육이 윤리적 측면에 집중되어 있는 이유가 여기에 있다.

한편, 지식[知]과 실천[行]의 관계에 대해서 어느 쪽이 먼저이고 중요한가에 대해서는 동서고금을 통해서 끊이지 않는 논쟁이 제시되지만, 유학자들의 기본적 입장은 먼저 지식을 습득하고 이를 기반으로 윤리를 실천하는 것, 즉 선지후행先知後行을 이상적인 방법론으로 여긴다. 이런 점에서 『논어』의 첫 편이 학이편學而篇이고, 그 첫 문장이 학습을 강조하고 학문적 성과의 기쁨을 언급한 것도 우연이 아니다. 물론 이 때의 학문이란 개념은 주로 윤리학적 지식과 이론을 의미한다.

공자를 위시한 유학의 기본적 교육 내용을 제시한 유학사상가들에게 윤리적 지식의 습득과 도덕적 실천의 문제는 언제나 인간사회의 현실적 문제 해결을 다루는 정치의 문제와 연계된 것으로 이해되어왔다. 위에서 언급한 것처럼 군자라는 개념의 의미에는 원초적으로 통치자의 뜻이 포함되어 있기 때문에 유학의 목표가 '성인군자'에 있다면, 성인의 도덕성을 지닌 통치자가 사회 구성원의 올바름[正]을 추구하는 정치행위를 하는 인간사회가 유토피아로 그려질 수 있을 것이기 때문이다.

그러므로 인간이 해결해야 할 많은 문제들 속에서 윤리도덕적 차원을 우선시하는 유학의 기본 패러다임을 생각할 때, 정치가 교육의 내용으로 등장할 경우에도, 그 밑바탕에는 언제나 도덕성이 자리 잡고 있어야 한다. 다

---

11) 같은 책, 「泰伯」, "子曰, 興於詩, 立於禮, 成於樂."

시 말하면 통치자는 자신의 윤리의식을 확립하는 준비단계[修己], 또는 내성 內聖의 과정을 반드시 거쳐야 모든 사회 구성원의 편안한 삶[安人, 安百姓]과 이상적 통치를 실현하는 단계[外王]를 달성할 수 있다는 것이다. 공자는 수 기치인修己治人으로 대표되는 다양한 단계들을 설정하여 다음과 같이 설명 한다. 즉, 개인이 '공경함에 입각하여 자신을 닦는 것[修己以敬]', '자신을 닦 아서 다른 사람을 편안하게 하는 것[修己以安人]', '자신을 닦아서 모든 사람 을 편안하게 하는 것[修己以安百姓]'[12] 세 단계로 나누어 설명한다. 정치를 직 접 담당하는 계층은 먼저 자신의 도덕성을 확립하는 것이 전제되어야 그들 의 정치행위가 영향을 미치는 다른 사람들의 편안한 삶을 보장하고 도덕사 회를 실현할 수 있다는 것이다.

조선시대 성리학자들이 당시 정치현실에 대해 임금들에게 자신의 의견을 제시하고 통치자들의 잘못된 정치행위를 바로잡아야 한다고 끊임없이 주장 하는 것은 윤리적 행위의 최상층에 통치행위가 자리 잡고 있다는 유학적 대 전제를 중시하기 때문이다. 최고 통치자에 의한 윤리 도덕적 측면에서의 이 상적인 정치 실현을 달성하기를 희망하지만 동시에 유학사상가들은 정치행 위의 실질적 담당자뿐만 아니라 모든 사람에게도 이런 원리가 적용가능하 다고 생각하는 사람들이었다. 일반적으로 유학사상의 체계에서 자신의 내면 적 성숙과 사회적 윤리의 확립을 추구하는 방법론은 구별되어 실현되어야 할 것이라 여겨지는데, 『논어』에서는 이 두 가지를 각각 '자신을 위한 위기 爲己의 학문'과 '다른 사람을 위한 위인爲人의 학문'로 구분하여 설명한다.[13]

자신을 위한 학문[爲己之學]이란 자기 자신의 도덕성을 완성시키는 것을 근본으로 여기는 지식 및 이론체계를 뜻한다. 그리고 다른 사람을 위한 학

---

12) 같은 책, 「憲問」, "子路問君子. 子曰, 修己以敬. 曰, 如斯而已乎. 曰, 修己以安人. 曰, 如斯 而已乎. 曰, 修脩以安百姓, 修己以安百姓, 堯舜其猶病諸."
경(敬)의 함의에 대해 공경함, 엄숙함, 내면적 성숙, 외면적 위엄 등 다양한 해석이 가 능하나, 여기서는 기본적인 의미를 적용하였다.
13) 같은 책, 「憲問」, "子曰, 古之學者爲己, 今之學者爲人."

문[爲人之學]이란 일차적이고 부정적인 의미에서는 다른 사람에게 자신의 존재를 알리거나 능력을 과시하려는 명예욕을 추구하는 지식과 학문 경향을 뜻한다. 대체로 『논어』에서의 공자의 의도와 주자 등의 주석도 이런 의미로 이해되기도 한다. 그러나 한편으로 긍정적 의미로 이 텍스트의 행간을 읽으며 곰곰이 생각해 보면, 위인지학이란 다른 사람의 고통을 어루만지고 삶의 질을 높이는[救世濟民] 학문이라는 의미로 이해할 수 있으며, 이는 많은 사람들에게 공감을 얻는 해독법이기도 하다. 유학이 지향하는 일차적 목표가 자신의 도덕성을 완성시키는 것에 있으며 공자가 당시의 많은 사람들이 바로 이 문제를 간과하고 있음을 비판하고 있지만, 공자 이후 유학사상이 역사상 이른바 위기지학만을 추구할 것을 주장한 적은 없다고 할 수 있다.

자신의 학문과 도덕성이 자기 영역에만 머물지 않고 현실 사회에 일정한 역할과 기여를 할 때에 그들이 추구하는 지식과 이론이 진정한 의미를 갖는다고 생각하는 것이 바로 유학자들의 기본 입장이다. 이런 의미에서 유학자들은 자신들의 학문체계를 언제나 실학實學이라고 불리기를 기대하면서, 개인의 삶과 자신의 지식만을 추구하는 것을 허학虛學이라고 비판해왔다. 그들이 추구하는 학문은 오로지 지식의 습득 자체에만 그치지 않고, 습득된 지식을 현실사회에서의 실천으로 연결시키려는 방법론이 중요한 내용으로 포함되어 있는 것이다. 이때의 지식은 물론 윤리도덕과 관련되는 윤리적 지식이라 할 수 있다. 즉, 유학사상가들은 언제나 윤리적 지식이란 행위와 실천의 문제와 연계되어 추구되어야 한다고 생각하였다. 다시 말하면, 자신의 수양을 바탕으로 타인의 삶에 영향을 미칠 수 있는 도덕성의 확립이 중요하다. 이러한 관계 설정의 저변에는 개인의 도덕적 완성(자아의 실현)과 사회 질서의 확립이라는 두 가치 차원, 즉 유학적 용어로는 수시修己-치인治人의 구조가 내재되어 있다. 그들이 생각하기에 이 '수기치인修己治人'의 과제를 현실사회에서 완벽하게 실천한 인간형이 바로 성인聖人인 것이다.

이와 같이 유학자들이 생각하는 학문과 실천 관계에는 개인의 도덕적 완성(자아의 실현)과 사회 질서의 확립이라는 자아(self, individual) - 사회(society)의 유기적 구조,14) 유학적 용어로는 수기修己-치인治人의 패러다임이 중심을 이루고 있다. 이 구조와 관계의 그물망을 확대시키면, 개인(individual, self, 己)의 모음과 집합으로서의 '인간'과 동물사회, 나아가 물질사회의 총합으로서의 '자연'과 모든 '존재'에까지 이 이론적 구조를 적용시켜 이해할 수 있다는 것이 주자가 확립한 이기심성론에 의거한 성리학性理學의 이론 구조의 핵심이다. 또한 이는 주자 이후 유학자들의 공통적 생각이기도 하다. 인간과 세계, 자연의 관계에 대해 이론적 일치성을 찾아내고 그 존재론적 의미를 추구하면서, 불교와 도가철학 등 다른 학설에 대해 유학의 체계의 우수성을 주장하기 위해 등장한 것이 바로 주자 이후의 성리학이다.

공자, 맹자, 순자 등이 제시한 유학적 이론들과 마찬가지로 주자가 정립한 성리학의 기본 구조의 중심에도 성인이 되는 학문이 위치하고 있다. 주자가 집대성한 유학 즉, 성리학의 기본적 관점은 인간과 사회, 인간과 자연의 관계를 이분법적으로 파악하지 않고, 서로 불가분의 유기적 관계[天人合一]를 맺고 있는 것으로 이해한다. 이런 사유의 밑바탕에는 인간에 대한 이해의 방법과 사회와 자연에 관한 원리를 이해하는 방식이 크게 다르지 않다(성즉리性卽理, 즉 인간의 해명=자연의 이해)는 전제가 깔려있다. 이런 사유구조에서의 인간이해는 인간의 성품, 특성, 본질[性]에 대한 규정과 설명이 논리적으로 제시되어야 하는데, 주자 등 성리학자들은 이 문제를 해결하기 위해 심성론에 관한 이론적 체계를 정립한 것이다. 그들은 또한 이러한 인간해명에 대한 인식을 토대로 나아가 인간과 자연을 아우르는 공통의 이론과 원리[理]도 인간의 문제와 연계하여 설명가능하다는 학설을 정립하게 된다. 그래서 성리학자들은 인간과 사회, 자연을 동일한 방법론으로 해명할 수 있는 주요 개념과 문제들에 대해 학문적 관심을 집중시켰으며, 그 결과가

---

14) individual-society의 관계에 대한 설명은 Herbert Fingarette, *Confucius, The secular as sacred*, (Waveland Press, 1972). 71-76쪽 참조.

심성론[心性論]과 이기론[理氣論]으로 요약된 것이다.

한편, 인간과 사회, 인간과 자연을 유기적으로 연계해주는 공통 원리의 중심에 도덕성의 확립이 자리한다는 기본 입장에 동의하면서도 유학사상가들은 다양한 학문적 변별성을 드러내 보이고 있다. 공자의 경우, 그는 아직 인간과 자연과의 관계에 대한 치밀한 논리와 이론이 문제가 되지 않는 시기를 살았기 때문이기도 하지만, 그의 주요 관심사는 개인의 도덕성과 존엄성은 역사사회 속에서 이루어져야 한다는 신념 아래 사회의 질서와 윤리를 확립하는 것에 있었다. 그는 춘추전국시대의 혼란을 종식시킬 수 있는 사회의 질서와 윤리의 확립을 위해 '인仁'이라는 윤리도덕적 개념을 제시하였다.

공자는 개인과 사회 속에서의 인간관계[仁]는 예禮라는 연결고리와 서로 얽혀 있다고 생각하고, 개인적 차원에서 얻어진[得] 지식을 사회적으로 실천하는 것을 덕(德, 문자학적으로 득得+심心)을 소유한 사람[有德者], 즉 군자라고 정의한다. 그리고 사회적 차원에서 예가 실행되는 사회인 이른바 대동사회를 지향한 것이라 할 수 있다.

공자가 현실사회 속에서의 인간관계들의 윤리적 '행위' 내지 '실천'에 주목하여 '예론禮論'과, '덕론德論', '인론仁論'을 제시했다면, 맹자는 사회의 윤리가 확립되지 않는 주요 원인은 옳음 즉 정의[義] 개념이 제대로 정립되어 실행되지 않고, 또 이 의미의 중요성을 무시해왔다고 생각하여 공자가 강조한 도덕개념인 인仁을 기본적인 가치로 인정하면서도 의義를 강조하는 측면으로 자신의 윤리적 실천의 방법론을 정립하였다. 그는 인간관계에서의 윤리적 행위를 가능하게 하는 개인적 내면의 근원을 상정하여 인간의 마음과 성품에 대한 심리적 분석을 시도하여 성선설을 주창하였다. 또한 '사단칠정四端七情'의 개념을 적용하여 인간의 윤리적 행위의 근거를 감정의 차원과 연계하여 설명하였으며, 고자告子와의 성품과 마음에 대한 논변 등을 통해 구체적 행위 이전의 단계와 행위를 발생시키는 심리의 문제로 까지 유학적 관심사를 확대시켰다고 할 수 있다.

공자는 인간과 사회를 아우르는 도덕적 관계 자체에 관심을 집중시키고, 사회 구성원으로서의 개인이 인, 예, 덕 등의 도덕적 덕목을 어떻게 획득할 것인가에 관한 방법론(습득모델, acquisition model)[15]을 제시하고, 이 문제를 인간의 도덕교육의 주요 내용으로 삼았다고 할 수 있다. 그런데 도덕 함양에 관한 이 습득 모델은 두 가지 과제를 던져 준다. 하나는 도덕성의 습득은 인간의 타고난 착한 성품에 의존하여 달성된다는 입장이고, 또 다른 하나는 도덕성의 습득의 가능성으로서 인간의 성품을 믿을 수 없다는 견해이다. 물론 전자는 맹자의 생각이고, 후자는 순자의 견해이다.

인간의 도덕성은 선[善]한 경향성을 띠고 있는 인간의 본성을 그대로 드러내는 과정을 거치면 자연스럽게 이루어진다는 이른바 '발현모델(development model)'을 주장하는 것이 맹자의 생각이다. 이와 반대로 인간의 본성은 기본적으로 악惡하다고 생각하는 순자는 성인이 제시한 교육 프로그램에 의해 인간의 본성을 교정해야 한다는 '교정모델(re-formation model)'을 제시한다.

맹자, 순자 보다 천년 뒤에 유학사상의 문예부흥을 이룩한 주자는 맹자가 인간을 이해하고 설명하는 기본적 학설인 착한 본성과 마음에 대한 이론을 계승하면서도, 마음이 작용하는 유형과 원리에 대한 구체적 이론을 정립하는데 심혈을 기울인다. 그에 의하면, 인간의 마음속에는 윤리도덕을 실천하려는 마음(천리天理의 속성을 지닌 것)과 악으로 흐를 가능성이 있는 마음(인욕人欲의 가능성을 지닌 것)이라는 두 가지 유형이 공존한다. 주자가 정립한 이 이론에 따르면 천리의 경우는 별 문제가 없지만, 인욕의 문제에 대해서는 매우 다양한 공부방법론과 수양론이 필요하다.

이른바 인욕을 막고 제거하며, 천리를 유지 보존한다[存天理遏人欲]는 주자 성리학의 방법론은 '회복 모델(recovery model)'이라고 이름붙일 수 있는데, 주

---

15) acquisition model, development model, re-formation model, recovery model 등의 개념은 Philip J. Ivanhoe, *Confucian Moral Self Education*, (Second Edition, Hackett Publishing Company, Inc., 2000년), 101-103쪽 참조.

자는 도덕성 확립의 방법론으로 존양存養, 성찰省察, 거경居敬, 궁리窮理 등 다양한 개념을 설정하고 있다. 주자 등 대부분의 유학자들에 의하면 존양存養, 성찰省察, 거경居敬, 궁리窮理의 네 가지 방법론은 결국 거경居敬 또는 경敬이라는 글자로 수렴된다고 보고 있다. 이런 점에서 주자는 인간의 윤리도덕을 위한 수양론의 종합적 방법의 측면과 자연계의 질서를 대하는 인간의 태도라는 두 가지 측면을 중심으로 경敬에 대한 논의를 전개한다.

위의 개념들 중에서 '거경居敬'이라는 용어는 『논어』의 공자와 중궁仲弓과의 대화에서도 등장한다. 『논어』에는 '경敬'이라는 용어가 모두 19번 보이는데, 대부분은 '공경하다'는 동사적 의미로 쓰이고 있다. 공자시대의 윤리적 목표는 개인의 사회 속에서의 구체적 행위를 다루는데 있었으므로, 행동의 측면이 강조되어 동사적 의미로 쓰였다면, 주자의 시기에 오면 '경敬'은 윤리적 행위를 위한 구체적 방법의 의미로서 '공경함'이라는 명사적 개념으로 쓰이는 경우가 많다. 그리고 이 '공경함'으로서의 '경'은 인간의 윤리 문제 뿐 아니라 자연의 원활하고 이상적인 질서와 운동을 기대하면서 절대자에 대한 인간의 경건함을 의미하는 종교적 표현으로 이해되기도 한다.

앞에서 언급하였듯이 유학사상의 정통적 이해방식은 인간과 세계, 그리고 자연은 상호 밀접하게 유기적으로 연관되어 있다는 것이다. 이런 점에서 유학자들의 세계와 자연에 대한 학문과 진리추구[眞理]는 결국 인성人性의 문제와 함께 논의될 수밖에 없는 구조를 이루고 있다. 이런 생각의 시초에는 『중용中庸』에 보이는 "하늘이 인간에게 명령한 것을 성품이라 한다[天命之謂性]"는 전제가 자리하고 있다. 인간의 본성은 하늘로부터 부여받은 것인데, '하늘'이란 유학사상의 체계 내에서 사상가들에 따라 여러 가지 의미로 해석될 수 있지만, 자연계의 최고 원리로서의 의미가 부여되는 것에는 모두 동의하고 있는 듯하다. 유학사상은 인간과 자연을 통합적인 관점에서 파악하고자 하는 관점을 지시하는 용어인 천인합일天人合一이란, 본성의 소유자로서의 인간이 자연의 최고원리로서의 하늘과 논리적으로 하나임

을 선언한 말이기도 하다. 이런 의미에서 유학자들은 인간이해와 자연이해
를 위해 다시 별도의 방법론이 존재할 필요성을 느끼지 못한다.

그리고 인간과 자연을 통합적으로 생각하는 유학적 사유의 근저에는 인
간이해를 출발점으로 하여 자연이해를 추구하는 이른바 '하학下學'에서 '상
달上達'로 나아가는 인식방법과 '자신과 자신의 주위부터[能近取譬] 먼 곳으
로'라는 두 가지 이해방식이 자리한다. 즉, 진리와 윤리의 세계 모두 쉽고
가까운 문제부터 이해하고 해결한 다음에 어렵고 먼 문제들을 다루어야 한
다는 입장과 관점이다. 이런 점에서 주자는 학문하는 순서 내지 방법론으
로 다음과 같은 과정을 제시하기도 하였다. 『소학小學』에 보이는 '물 뿌리
고 비질(청소)하는' 행위와 '부모님께 대하는 기본적인 예절' 등을 익히고
실천한 다음에 학문의 세계인 '사서오경四書五經' 등의 경전의 내용을 통해
이론적 지식을 습득한 다음 마지막에 인간의 성품[性]과 진리, 윤리[理]의 문
제를 공부하여 한다는 것이다.

한편 인간의 윤리도덕성을 중시하는 유학의 관점에서 보면 엄밀한 의미
에서 인간과 사회와 관련이 없는 순수한 학문적 진리란 인정되지도 존재하
지도 않는다. 나아가 유학사상들은 존재에 관한 진리를 이해하는 것과
윤리적 실천은 별개의 문제가 아니며, 전자보다 후자가 우선되어야 한다고
생각해 온 것이다.

이런 이해 방식을 따르면, 인간의 윤리적 특성[性]이 바로 진리이며 윤리
[理]이며, 윤리도덕에 관한 명확한 인식체계가 바로 학문이 된다. 바로 인간
과 세계를 하나의 동일한 원리와 이론으로 설명할 수 있다는 것이 성리학
적 의미에서의 진리의 정의定義이다. 이런 점에서 수신修身이라는 개인적이
고 윤리적인 덕목을 국가와 세계의 정치원리인 치국평천하治國平天下에까지
연관시켜 이해하는 『대학大學』의 논의 방식도 인간과 세계, 자연을 통합적
으로 파악하는 유학적 사유의 특징을 반영하는 것이다.

정리하면, 유학사상에서 추구하는 학문의 목표는 모든 존재의 의미와 목

적까지도 인간의 삶과 연계시켜 이해하는 방법론을 정립하는 것이며, 동시에 이런 이해 방식에 근거한 이상적이고 윤리적인 사회를 실현하는데 있다. 바로 이 목표의 중심에 '경敬'을 체현하고 이상적인 도덕성을 역사현실에 실현할 능력을 지닌 인간으로서의 성인이 자리하는 것이다.

3. 주자 도덕론의 이해와 수용

유학사상이 제시한 윤리도덕에 관한 이론의 정점에는 이상적 인간형으로서 수기치인修己治人의 실현자로서의 성인聖人이 자리하며, 유학의 학문적 목표는 이러한 인간형을 성취하는 것에 있었다. 성리학 시대에 들어서도 이런 인식에는 큰 변화가 없었다. 성리학의 대표적 사상가인 주자 도덕교육론의 근거에는 성인의 학문을 지향한다는 의식이 굳건하게 자리 잡고 있었다. 그는 밤낮으로 심혈을 기울여서 성인의 말씀이 기록된 경서經書를 섭렵하고, 이에 대한 연구를 토대로 도덕적 인간을 실현하는 교육의 문제에 관한 자신의 이론을 완성하였다.

그가 유학이 핵심 목표인 성인의 본질적 의미本意를 추구하면서 내린 결론은 "사람으로서 배워야 할 것은 오직 마음[心]과 이치[理]뿐이다"[16]는 말에 잘 나타나 있다. 이는 주자가 생각하는 성인이 되는 학문[聖人之學]은 주체적 마음의 문제와 객관적 이치의 문제를 동일한 범주 속에서 추구한다는 것을 의미한다. 앞에서 언급한 마음대로 행동하더라도 예의와 규범에 벗어나지 않는다[從心所欲不踰矩]는 공자와 같은 마음[心]을 소유한다면, 인간과 세계에 관계된 모든 원리[理]에 대한 완벽한 이해도 가능하다고 생각한 것이다.

중국 고대의 혼란한 춘추시대를 간접적으로 경험한 공자는 마음에 대한

---

16) 『四書或問』, 권2. "人之所以爲學, 心與理已矣."

치밀한 분석 즉, 개인의 내면적 수양보다 사회를 향한 윤리적 질서를 확립하고 정치제도를 개혁하는 것을 주요 학문적 과제로 인식하였다. 그러나 주자가 활약한 성리학의 시기에는 사회도 비교적 안정되었고, 불교적 이론 체계에서의 수준 높은 이론적이고 학문적인 연구 결과 등의 영향을 받음으로써 유학사상에의 도덕교육론은 주로 심리적인 측면에서의 분석을 통해 전개되는 특징을 보인다.

그리고 주자학의 체계 내에서 도덕교육의 내용과 방법은 유학적 지식을 습득하는 것, 내면적 수양과 실천적 행동을 위한 공부 방법으로 대별되어 그에 대응하는 각각의 공부방법론이 구체적으로 제시된다. 즉, 학문적 지식을 추구하는 것을 강조할 때는 '격물치지格物致知라는 용어로 표현되고, 개인의 내면적 도덕적 수양의 방법론을 설명할 때는 존양성찰存養省察이라는 용어가 사용되기 시작한다.

유학사상의 궁극적 교육 목적이 지식과 행동의 완벽한 일치를 추구하는 것에 있다면, 이런 수준에 이르기 위해서는 먼저 마음의 영명함을 알고 대상에 대해 제대로 대응하기 위한 준비과정이 필요한데, 주자는 이를 위해 존양과 성찰이라는 공부방법론을 마련해 두고 있으며, 객관적 존재들에 대한 참다운 인식을 위해서는 격물과 치지의 방법론을 제시하고 있다.

주자가 정립한 이러한 교육 방법론을 한강 정구도 그대로 수용하고 있다. 한강은 도덕교육에 관한 문제에 대해 어떤 체계적이고 독창적으로 정리된 저술을 남기고 있지는 않다. 그러나 그의 생애를 살펴보면, 주자학적 학문방법론에 충실하였음을 알 수 있다. 공자 이후 주자에 이르기까지 거의 모든 유학자들이 동의하였듯이, 한강도 인간은 성인이 되는 것에 학문적 목표를 두어야 한다고 주장하였다. 다음의 두 인용문이 이를 증명한다.

성인의 성스러움과 현인의 어짊은 마치 사다리를 타고 하늘을 오르는 것을 진실이라고 여기는 것처럼 높고 멀며 이상한 것이 아니라, 인간의 이치

상 당연한 것이다.[17]

　우리 동약인同約人들은 모두 맹자가 말하였듯이 요순과 같은 성인이 될
수 있다.[18]

한강은 성현이 되는 일이 이상을 추구하는 것이거나, 인간의 노력을 초
월해 있어서 이루어질 수 없는 것이 아니라, 누구나 성인이 될 수 있다는
공맹 이후 유학자들의 기본 전제를 그대로 수용하고 있다. 그리고 그는 성
인을 목표로 노력하게 되면, 만일 성인이 되지 못하더라도 좋은 사람[吉人]
과 착한 선비[善士]는 될 수 있다고 하여 다음과 같이 말한다.

　"위로는 성현이 될 수 있고, 아래로는 좋은 사람과 착한 선비가 되는데
실패하지 않을 것이니, 오직 내가 어떻게 노력하느냐에 달려 있다."[19]

위의 인용문들을 통해 우리는 한강이 유학의 기본전제 중 하나라 할 수
있는 보통 사람이 성현이 되는 것이 하늘을 올라가는 것처럼 불가능한 것
이 아니라, 사람은 누구나 될 수 있다는 것을 인정하고 있음을 알 수 있다.
그리고 우리는 위의 마지막 인용문을 통해 앞에서도 언급한 성인들에 의한
이상적 사회보다 낮은 차원에서의 도덕이 넘실거리는 좋은 사회의 실현 가
능성에 대해 한강도 공자 이후의 유학사상가들과 유사한 사유를 하고 있음
을 확인하게 된다. 다시 말하여, 유학이 모든 인간이 성인이 될 수 있음을
주장하는 '성인지학'을 현실 사회에서 달성하기를 지향하지만, 역사상 어떤
사회도 모든 사회구성원이 성현의 도덕성을 달성한 시기는 존재하지 않았

---

17) 『寒岡全書』, 이하 『全書』라 함. 上, 169쪽, 「契會立義」, "聖入之聖, 賢人之賢, 蓋非高遠
異常, 如昇天梯空之爲實, 人理當然."
18) 『全書』上, 같은 곳, 「契會立義」, "吾同約之人, 皆孟子所謂可以爲堯舜之人也."
19) 『全書』上, 같은 곳, 「契會立義」, "高可爲聖賢, 下不失爲吉人善士, 唯吾用力如何耳."

다는 사실에 근거하면, 좋은 사람과 착한 선비가 많은 사회를 지향하는 것이 보다 현실적으로 도덕적인 국가를 건설하는 길이 아닐까 하는 한강의 현실의식을 엿볼 수 있다.

한강은 성인이 되는 것을 인간의 문제를 해명하는 학문과 윤리도덕의 목표로 설정해야 한다고 주장하면서 그 구체적 실천단계로 무엇보다 성인이 되고자 하는 뜻을 세우는 일이 중요함을 역설한다. 율곡을 위시한 모든 유학자가 동의하듯이 성인이 되기 위한 첫 단계는 '목표를 세우는 것[立志]'에서 시작된다. 한강도 예외가 아니다.

> 그러므로 사람들은 반드시 '뜻을 세울 것[立志]'을 말하였다. 군자가 군자가 되는 이유와 보통 사람이 보통 사람이 되는 이유는 뜻이 있느냐[有志]와 뜻이 없느냐[無志]에서 유래된다.[20]

성인이 되는데 뜻을 세운 다음 단계로 상정되어야 할 것은 성인이 되기 위한 구체적인 공부방법론일 것이다. 그 방법론으로 한강은 '경敬'을 제시한다. 한강은 도동서원道東書院의 원규院規을 만들었는데, 그는 서원의 기능이 본래 사서오경과 역사책, 제자백가, 선인들의 문집 등을 익혀 과거시험을 준비하는 곳이지만, '위인지학'이라 할 수 있는 과거시험공부 외에도 자신의 내면세계의 함양을 위한 공부인 '위기지학'이 있다고 전제하고, 위기지학의 귀결처를 '경敬'으로 파악하고 있다.

> 마음을 보존하고 힘을 기울일 곳은 거의 '경敬' 한 글자를 넘어서지 않을 것이다. 이천 선생(정자)이 처음으로 이를 드러내었고, 운곡 선생[21](주자)이

---

20) 같은 책, 같은 곳. "是故人必言立志, 有爲君子之所以爲君子. 常人之所以爲常人, 莫不由有志與無志判焉."

21) 雲谷은 주자가 1170년 蘆峯山에 晦庵이라는 草堂을 짓고 친구인 蔡季通과 교유하였는데, 이 노봉산 정산 부근을 운곡이라고 부른다. 그는 운곡의 자연과 그곳에서의 심경을 토로한 『雲谷記』를 남기고 있다. 운곡이라는 주자의 별호는 이에 유래하였다.

더욱 분명하게 밝혀내었다.22)

이 인용문을 통해 우리는 '경敬'을 중시하는 한강의 학문방법론이 성리학적 정통을 정립하고 이를 계승한 것으로 평가되는 송나라 시기의 유학자 정이천과 주희의 입장을 그대로 계승하고 있음을 알 수 있다. 한강은 주자 이후의 대부분의 유학자들처럼 성리학의 학문방법론의 핵심에 '경敬'이 위치한다는 기본적 견해에 전적으로 동의한다.

한강도 지적하였듯이 이런 사유의 출발점에는 정자[伊川]가 위치한다. 위에서 언급하였듯이 주자에 의하면, 사람이 배워야 할 두 가지 문제는 인간의 마음[心]과 인간과 세계를 포괄하는 이치[理]인데, 『주자어류』에서는 마음[心]에 대해서는 '거경居敬'을, 그리고 진리, 윤리[理]에 대해서는 '궁리窮理'라는 표현이 사용되어 주자학의 도덕교육론을 설명하고 있다. 주자학의 체계에서 이 '거경居敬·궁리窮理'의 공부방법론은 『주자어류』에는 '주경主敬·궁리窮理', '지수持守·궁리窮理', '지경持敬·궁리窮理', '조존操存·궁격窮格', '함양涵養·사색思索', '조존함양操存涵養·진학치지進學致知' 등의 다양한 표현으로 설명된다.23) 이러한 표현들은 모두 인간의 내면적 성숙과 외면적 진리를 동시에 지향하는 의미를 지닌 것들이다.

이 거경과 궁리는 주자학이 정립한 공부론의 두 기둥이라 할 수 있는 것으로 흔히 수레의 두 바퀴[車兩輪], 새의 두 날개[鳥兩翼]로 비유되는데,24) 둘 중 어느 한쪽도 소홀히 하면, 수레가 움직일 수 없고 새가 날 수 없는 것처럼 인간도 자신의 마음[心] 안에 위치한 것으로 여겨지는 본래의 성품[本性]을 잘 보존하고 기르는 것과 함께 외계사물에 대한 이치[物理]를 연구하는 공부를 병진시켜야 한다.

---

22) 『全書』上, 302면, 「雜著」 「院規」, "其存心之地, 用力之方, 庶幾不越乎敬之一字矣. 伊川夫子始表章之, 而運谷夫子大發明之."
23) 『朱子語類』, 권9 輔廣錄 참조.
24) 『全書』上, 428쪽, 『心經發揮』, 권1. "又曰, 涵養窮索二者, 不可廢一, 如車兩輪, 如鳥兩翼."

그러나 주자는 이런 도덕공부론을 완성시키기까지 일련의 시행착오를 거친다. 성리학적 체계에서 마음[心]에 관한 공부문제는 항상 두 가지 입장과 과제가 제시될 수 있는데, 바로 마음이 외계사물을 지각하기 전[未發時]의 공부와 마음이 외계사물을 인식한 후[已發時]의 공부가 그것이다. 애초에 주자는 스승 이연평李延平이 자신에게 해준 '마음이 아직 발하기 이전[未發]의 기상氣象을 보라'는 말을 이해하지 못하였다. 그러다 친구인 장남헌張南軒으로부터 호오봉胡五峯의 사상을 전해 듣고 이들의 이론에 영향을 받게 된다. 그들의 견해에 의하면 인간의 성품[性]은 본체이고 마음[心]은 작용이기 때문에 성性은 미발未發이고 심心은 이발已發이며, 미발의 성[未發之性]이 드러나서 움직이면 이발의 심[已發之心]이 된다. 따라서 미발의 시기에는 성인도 보통 사람과 마찬가지로 본성 그대로를 유지하고 있어서 어떤 악도 존재하지 않는다. 인간의 본성이 온전히 보존된 형이상학의 차원인 미발시에는 수양의 측면에서 볼 때 공부의 대상이 존재하지 않는다. 그러므로 공부는 이발의 세계에서만 행지지면 된다는 것이다.

주자는 한때 이 이론을 수용하여 이른바 이발시의 공부인 '외계사물의 관찰과 인식[察識]'을 먼저하고 나중에 미발시의 공부인 '본성을 보존하고 마음을 유지하는 것[存養]'을 하면 된다고 생각하여 이를 증명하려고 시도하기도 하였다. 그러나 이런 생각은 다시 바뀌게 되는데, 현상학적 개념으로 말한다면, 의식의 기능적이고 작용적 측면에서 볼 때 인식주체(Noesis)인 마음[心]이 지향[發]한 모든 인식대상(Noema, 의식이 지향하는 객관적 대상)의 이치[理]에 대해 하나도 빠짐없이 공부한다는 것은 불가능하기 때문이다.

마침내 주자는 장씨와 호씨의 외계 사물과 대상에 대한 관찰과 인식[察識]을 먼저 해야 한다는 공부방법론에 회의를 느끼게 된다. 주자는 공부의 선후 문제에 있어서 '미발시의 지각능력'인 마음의 본체[心體]를 함양하고 경을 위주로 하는 것[涵養主敬]이 공부의 출발과 근본이 되어야 하고, 이런 공부가 이루어진 이후 인식대상에 대한 공부가 필요하며, 이를 위해 격물格物, 궁리

窮理, 치지致知의 방법이 요구되어야 한다는 것으로 자신의 입장을 수정한다.

그리고 주자는 정이천이 선언한 '함양은 반드시 경을 사용해서 해야 하고 학문을 진전시키는 목적은 앎을 완성시키는 데 있다[涵養須用敬 進學則在致知]'는 말을 체용과 본말이 구비된 학설이라고 평가하고, 이 주장을 자신의 이론을 형성하기 위한 근거로 삼는다.

이런 과정을 거쳐 주자는 40세 때 '이발미발설已發未發說'을 제시하였는데, 이 학설은 이연평과 호오봉, 장남헌 등의 사상을 경유하여 최종적으로 정이천의 이론을 적극 수용하면서 완성된 것이다. 이 '이발미발설'에 의하면, 미발은 대상과 사물에 대한 분별의식이 아직 발동하지 않은 차원으로서 이 단계에서는 존양存養과 함양涵養의 공부가 필요하며, 분별의식이 발동한 이발의 차원에서는 찰식察識, 성찰省察, 격물치지格物致知의 학문 방법이 요구된다는 것이다.25) 마음에 대한 공부를 둘러싼 이발미발시의 공부방법론은 이렇게 최종적으로 정리된다.

그리고 이러한 '이발미발설'을 근거로 주자는 5년 뒤 『대학혹문』과 『중용혹문』을 완성시키게 된다. 주자는 『대학혹문』에서 『대학大學』의 팔조목 중에서 격물치지의 전제조건으로서 거경居敬, 지경持敬, 주경主敬 등의 표현과 달리, '거居', '지持', '주主' 등 행위와 실천을 뜻하는 수식어를 생략하고 목표로서의 '경敬'만을 제시한다.

'경敬'에 근거한 주자의 학문방법론의 대강은 다음과 같다. 먼저 학습과정의 순서를 살펴보면, 첫째, 『소학小學』을 통해서는 "풀린 마음을 거두어 그 도덕성을 길러야 한다. 왜냐하면, 『소학』의 내용은 『대학』의 기본 과정"26)을 이루는 것이기 때문이다. 즉, 『소학』의 학문내용과 과정은 『대학』의 학문을 위한 기본적 성격을 이해하는 단계라는 것이다. 둘째 『소학』의 학문을 마친 다음에 『대학』의 내용을 학습해야 하는데, 『대학』을 학습하는

---

25) 友枝龍太郎, 「朱子の學問論」, 『朱子學大系』권1, 『朱子學入門』, 323-324쪽 참조.
26) 『大學或問』 經一章, "收其放心養其德性, 而爲大學之基本."

것은 "의리를 살펴서 이를 모든 사업에 적용시키는 것이며 『소학』의 성공을 거두는 과정"27)으로서, 『대학』은 『소학』의 완성이라고 주장하고 있다. 그리고 주자는 『소학』과 『대학』에 이르는 이른바 성학聖學의 출발과 완성이 모두 '경敬' 한 글자에 집약되어 있다고 선언한다.28)

주자에 의하면 『소학』의 단계에서는 '경敬'에 의해서 본원을 함양하고, 물 뿌리고 청소하는 기본 생활, 다른 사람을 대하는 자세[灑掃應對], 나아가고 물러나는 절도와 예절[進退之節], 예악사어서수禮樂射御書數 등의 여섯 가지 교과목[六藝]에 관한 교육을 실시해야 한다. 이를 토대로 『대학』의 단계에서는 '경敬'에 근거하여 총명함을 개발하고 도덕을 증진시키며 학업을 연마하여 도덕성을 밝히고 백성을 새롭게 하는 일을 완성해야 한다는 것이다.

이렇게 본다면 '경敬'은 『소학』에서 『대학』에 이르는 전 교과과정을 관통하고 있는 것으로, 배우는 사람이 지녀야 할 기본 덕목으로 인식된다. 『소학』의 학습내용은 주로 윤리적 행위와 마음을 다스리는 것과 연계되며, 『대학』의 학습내용은 『소학』의 공부를 토대로 사물의 존재 원리와 사회의 질서에 대해 이해하는 과정이라는 것이다. 전통적 유학용어로 표현하면, 『소학』은 수기修己를 위한 교육내용을 담고 있으며, 『대학』의 교육은 치인治人의 실천을 목표로 하고 있음을 알 수 있다. 이런 인식을 근거로 주자는 '경敬'을 정의하여 "한 마음을 주재하는 것이며 모든 일의 근본이다"29)라 하였다.

그러면 이 '경敬'의 확립을 위해 어떤 노력이 필요한가. 주자는 구체적인 방법론으로 정이천이 확립한 이른바 '마음을 한 곳에 집중하여 다른 생각을 하지 않는 것[主一無敵]', '인간의 내면적 고요함과 외면적 태도의 엄격함을

---

27) 같은 책, 같은 곳. "察夫義理措諸事業, 而收小學之成功."
28) 같은 책, 같은 곳. "敬之一字, 聖學之所以成始, 而成終者也." 본문의 『소학』과 『대학』은 책의 이름을 뜻하며, 소학과 대학은 교육과정의 의미이다.
29) 같은 책, 같은 곳. "敬者 一心之主宰, 而萬事之本根也."

추구하는 것[整齊嚴肅]', 그리고 사상채謝上蔡의 방법론인 '항상 마음을 깨어있게 하는 법[常惺惺法]' 등을 소개한다. 주자가 제시한 이 '경敬'을 유지하는 방법[持敬]들은 결국 마음의 허령성虛靈性을 보존하고 기르는 것으로 요약될 수 있다.

이런 이론에 따르면 마음의 주재이며 만사의 근본인 '경敬'에 의해서 본원의 마음을 함양하는 일은 『소학』의 과정이며, 학문의 시작이 된다. 그리고 이 본원의 마음을 정립하는 것과 함께 '경敬'을 통하여 격물치지格物致知라는 공부방법을 통하여 사물의 이치를 완전히 이해하는 일은 『대학』의 과정이며 학문의 완성이라고 할 수 있다. 이를 『중용中庸』의 언어로 표현하면 『소학』의 과정은 '도덕성을 보존하고 중시하는 것[尊德性]과 그리고 『대학』의 과정은 학문적 지식에 대해 묻고 이해하는 것[道問學]'으로 분류된다.

이렇게 해서 주자가 40세에 정립한 '이발미발설'의 논리는 미발시의 존양存養, 함양涵養과 이발시의 찰식察識, 치지致知, 성찰省察의 공부방법론을 경유하여 45세 『혹문』을 저술하는 단계에 이르러 여러 가지 공부방법론이 '경敬'의 방법론 하나로 통일되었다.

이는 주자가 공맹이후의 유학의 정통을 계승하고 있음을 보여주는 증거이기도 한데, 유학자들은 진리는 기본적으로 학문 자체만을 위해 그리고 순수한 지식체계를 통해서 얻어지는 것이 아니라고 생각한다. 유학사상에서의 진리는 실천이라는 행위의 문제가 포함되는 윤리와 동의어로 쓰인다. 그리고 진리와 윤리를 연계시키는 연결고리에 '경敬'이 자리하는 것이다. 이런 유학적 전통은 한강의 경우에도 그대로 수용한다.

4. 정구 도덕교육론의 확립

한강은 7-8세에 『대학』과 『논어』에 대해 공부하였고, 12세 때는 스승의 도움 없이 『통감』을 스스로 이해하였으며, 14-15살 때는 『역』의 건괘와 곤괘에 대해 덕계德溪 오건吳健(1521-1574)로부터 가르침을 받았다.[30] 한강의 수학시기에 그가 주로 공부한 서적들의 목록을 살펴보면, 유가의 경전과 사서,『역』,『통감』등과 함께, 북송시기 성리학의 단초를 제시한 이른바 '송나라의 다섯 선생[北宋五子]'의 저술들이 포함되어 있다. 그리고『주자대전』,『주자어류』,『주자어록』,『근사록』등 주자학 관련 서적과 진서산眞西山의『심경』등이 망라되어 있다.[31] 허목許穆이 쓴『한강선생문집寒岡先生文集』의 서문序文의 기록을 살펴보자.

　　선생은 어려서 예禮를 좋아하고, 독서를 열심히 하였다. 덕계선생으로부터『주역周易』을 배웠으며, 21세 때 처음 퇴계를 만나서『심경心經』을 강론하였는데, 도리가 이미 통달하였다.[32]

이러한 기록들을 통해서 우리는 한강이 평소에 성리학적 이론에 대한 충실한 이해를 추구하였으며, 주자학의 본질을 파악하려고 노력하였음을 유추할 수 있다. 위에서 언급한 서적들의 공부를 통해 한강이 얻은 결론은 바로 유학과 성리학의 중심에는 '경敬'과 '의義' 두 글자가 위치한다는 것이었다.
　　한강의 제자들이 기록한 한강의 말에서 우리는 다음의 두 가지 문장을 발견하게 된다.

30)『全書』下, 358쪽,「言行錄」권1, 讀書 참조.
31) 같은 책, 356쪽,「言行錄」권1, 學問, "先生十三歲時, 受易于德溪吳先生." 李厚慶
　　같은 책, 357쪽,「言行錄」권1, 學問, "先生一生, 用功專取法於朱子, 故於大全語類語錄近思錄諸書, 尤爲致力每讀其書." 李堉
　　같은 책, 358쪽,「言行錄」권1, 學問, "先生之學, 博求經傳, 得其大義. 語孟庸學, 尤所致力至於靜字敬字上工夫, 益加勉勵." 崔恒慶
　　같은 책, 같은 곳,「言行錄」권1, 學問, "先生濂洛關閩之書, 無不該通而於朱子語類大全. 講明之功益深切. 眞西山之心經, 尤所尊信, 故晚年編集發揮以授後學, 有志於學者, 不可不考究." 文緯
32)『寒岡集』97면,『韓國文集叢刊』53, "先生少好禮, 發憤讀書. 從吳德溪先生, 受易乾坤文言. 二十一, 初見陶山李先生, 講心經, 道旣通."

학자가 제일 먼저 공부해야 할 것은 마음이다.[33]

선생은 자신의 집을 '경의재'라고 이름 붙였다.[34]

먼저, 첫 번째 인용문에서 마음[心]을 공부의 제일 과제로 여기는 한강의 입장을 확인하게 된다. 『설문해자』에 의하면, 문자학적 의미에서 한자 '심心'은 인간의 오장 중 하나인 심장을 뜻하는 글자였다. 오래 동안 동양 문화권에서는 인간의 육체를 구성하고 있는 장기 중에서 온 몸에 피를 공급하는 심장이 가장 중요한 기관이라고 생각해 왔다. 그리고 이런 이해방식에 더하여 인간이 다른 동물과 달리 생각하는 능력을 소유한 동물이라면, 인간의 사고작용도 육체의 가장 중요한 곳인 심장과 관련이 있을 것이라는 유비[Allegory]가 행해지는 것은 자연스러운 일이다. 이러한 언어와 사고의 유비에 의해 인간의 인식작용을 설명할 때 내면에 존재하는 인식주체의 개념으로 '마음[心]'이 상정되었다. 결국 '심心'이라는 글자는 육체의 중심이라는 의미에서의 '심장'과 함께 생각의 주체라는 뜻에서의 '마음'이라는 개념이 결합된 다의어多義語로 등록된다.

물론 인간의 지각작용을 담당하는 부분이 머리(구체적으로 뇌)라고 보느냐 아니면 마음이라고 생각하느냐에 따라 철학의 경향성은 달라진다. 경향성의 측면에서 볼 때 서양 쪽은 비교적 전자의 입장을 선호하고, 동양적 전통은 후자의 견해를 지지한다. 동양의 전통사상과 성리학적 이론에 충실한 한강은 물론 후자의 입장에 서있다고 할 수 있다. 한강은 장남헌에게 대답한 주자의 말을 인용하여 "사람 몸의 지각작용은 모두 심心에서 이루어지며 심心이란 원래 몸의 주인으로서 움직일 때나 고요할 때, 말을 할 때나 침묵할 때의 차이가 없는 것이다"[35]고 설명한다. 다시 말해서 외계사물을

---

33) 같은 책, 357쪽, 「言行錄」 권1, 學問, "心是, 學者第一工夫也."
34) 같은 책, 358쪽, 「言行錄」 권1, 學問, "先生名其所居之室, 曰敬義齋."
35) 같은 책, 上 450쪽, 『心經發揮』 권2. "答張敬夫書曰, 人之一身知覺運用, 莫非心之所爲,

인식하기 전의 고요한 상태[靜]에는 마음에서 사고작용[思慮]이 이루어지지 않지만, 외계사물을 인식한 순간 사고작용이 이루어지고 일곱 가지 감정[七情]이 발생하게 된다는 것이다.

그리고 『심경발휘』에서 한강이 인용한 주자의 장문의 편지를 통해 우리는 마음이 아직 발하지 않은 때(미발시)에는 성품[性]을, 마음이 발한 이후(이발시)에는 감정情을 통괄하는 기능을 한다는 장횡거張橫渠의 이른바 '마음이 성품과 감정을 통합한다[心統性情]'는 이론을 한강도 그대로 수용하고 있음을 보여준다.

위에서 언급하였듯이 주자는 미발과 이발시의 '심心'을 위한 통일된 공부방법론으로 '경敬'을 제시하였는데, 한강도 이런 입장에 동의하면서, '경敬' 이외에 '의義'를 덧붙여서 자신의 도덕교육론의 입론 근거로 삼는다. 자신의 집을 '경의재敬義齋'라 이름 붙인 것에서도 우리는 한강의 학문자세의 면모를 유추해 볼 수 있다. 그는 모름지기 자신의 학문의 목표를 '경敬'과 '의義'에서 찾고자 한 것이다.

한강은 『심경발휘』를 위시한 「독서첩讀書帖」 등 여러 곳에서 정이천이 제시하였고 주자 등 많은 학자들이 공부방법론의 출발로 인정하는 '함양은 반드시 경을 사용하고 학문을 진전시키는 것은 앎을 완성시키는 데 있다[涵養須用敬 進學則在致知]'는 말을 인용하고 있다. 위에서 살펴보았듯이 주자는 정이천이 제시한 이러한 학문방법론의 대원칙에 근거하여 자신의 체용이론을 설명한다. 즉, 정자를 계승하여 주자가 내린 결론은 함양涵養과 진학進學의 공부방법론은 각각 체體-본本과 용用-말末의 관계를 이룬다는 것이다. 『심경발휘』에서 한강은 주자의 이러한 공부방법론에서 설명되고 있는 체용론을 그대로 인용하고 있다. 그는 다음과 같이 말한다.

則心者固所以主於身, 而無動靜語默之間者也."

"이 두 가지 말(함양과 진학)은 체용과 본말의 관계이며, (이 관계로) 모든 것을 설명할 수 있다."[36]

주자에 의하면 전체적으로 함양涵養, 거경居敬과 진학進學, 궁리窮理의 관계는 두 가지의 공부방법론인 동시에 하나로 통일될 수 있는 방법론이다. 이런 점에서 한강은 『심경발휘』에서 내면의 수양공부[行]와 외면의 진리추구의 공부[知]가 체용體用-본말本末의 관계를 이루는 동시에, 둘이면서 하나[二而一]인 관계를 지닌다는 것을 인정하고 있다. 한강의 설명에 의하면, 정이천이 학문을 하는데 가장 중요한 요소로 '경敬'을 추출하여 제시한 것은 몸과 마음[身心]에 대한 공부를 바탕으로 사물의 도리道理를 차례로 추구해야 함을 강조하기 위해서라는 것이다.

그런데, 학문방법론과 도덕교육론에 있어서 정자와 주자에 의해 강조된 거경居敬과 궁리窮理라는 용어를 각각 '경敬'과 '의義'라는 표현으로 바꾸면, 인간과 세계에 관한 윤리와 진리理를 추구하는 것 대신에 사회 속에서의 윤리적 행위의 올바름, 정의, 의리, 예의 등의 의미로서 '의義' 개념이 중요해진다. 한강의 이러한 이해방식은 학문의 이론적 측면[窮理]보다 실천을 위한 윤리적 측면[敬義]을 강조하는 입장을 대변하고 있다고 볼 수 있다.

다시 말해서 이러한 방법론은 내면적 도덕성의 함양으로서의 경敬과 외면적 행위의 바름으로서의 의義가 강조되는 것이라 할 수 있는바 전통적인 성리학적 용어로 표현하면, 경의협지敬義夾持(경敬과 의義를 양 옆구리에 끼고 있는 것처럼 윤리의 실천을 강조하는 말)에 해당한다.

유학의 교육적 이념과 목적은 인간의 도덕성(인격과 가치)을 사회의 현실에 실현하는 성인을 지향하는데 있다. 그리고 유학적 전통에서 볼 때, 인간의 도덕성이라는 가치의 실천을 강조할 때 바로 '경敬, 성誠, 의義' 등의 개

---

36) 같은 책, 上, 428쪽, 『心經發揮』 권1, "此二言者, 體用本末, 無不該徧." (   ) 부분은 저자의 보충설명이다.

넘이 중시된다. 이들 가치 개념은 학자들의 '관심의 지향성', '윤리적 경향성'이 무엇인지를 알려주는 기호라 할 수 있는데, 일반적으로 이 세 가지 가치 중에서 퇴계는 '경敬', 남명은 의義를 강조한 사상가라고 평가된다.

주자와 마찬가지로 퇴계는 거경居敬은 '근본을 세우는 일[立本事]'이고 궁리窮理는 '앎을 다하는 일[致知事]'이다. 그리고 이 두 가지를 고루 발전시키는 것이 바로 '경敬'이라고 주장하였다. 한편, 남명은 치지致知보다는 거경居敬을 더욱 중요시하는 학문적 경향성을 보이며 학문에 근거한 이론적 지식보다는 인간사회의 윤리적 실천성을 강조한 사상가이다.[37]

이론적 이해가 강조되는 이른바 이론 유학적 측면에서는 궁리窮理와 치지致知 개념이 중시되지만, 실천적 행동이 강조되는 이른바 실천 유학적 측면에서는 거경居敬과 의義 개념이 더욱 중시되는 경향성을 보이게 된다. 유학적 전통 속에서 이론유학과 실천유학이 별개의 학문으로 존재하는 것은 아니지만, 한강은 유학의 이러한 두 측면의 조화를 추구하려고 시도한 사상가로 보여 진다. 퇴계의 학문적 경향이 비교적 '경敬'을 추구하는 것에 가깝고, 남명의 학문적 경향은 '치지致知' 보다는 '경敬'을, 다시 '의義'를 강조하는 흐름을 보였다면, 퇴계와 남명 이 둘의 학문을 습득한 한강은 '경敬'과 '의義'의 윤리적 실천 측면에 충실하고자 한 사상가였다. 이것이 바로 '경의협지'를 추구하는 그의 도덕교육이론의 특징이라 할 수 있으며, 그 대강을 정리하면 다음과 같다.

첫째, 퇴계와 남명의 제자인 한강은 기본적으로 내면적 도덕성의 함양을 위한 공부로서 '경敬'과 외면적 행위의 바름을 위한 공부인 '의義'에 대한 병행 공부를 강조한다.

"선생이 배우는 사람들에게 가르쳐서 말하기를, 경敬으로서 내면을 바르게

---

37) 丁淳睦, 「寒岡 鄭逑의 敎學思想」, 『韓國의 哲學』 제13호(경북대학교 퇴계연구소, 1985), 136쪽 참조.

하고, 의義로서 외면을 바르게 하는 것, 이것이 가장 중요한 공부처이다."38)

둘째, 우리는 한강에게서 사회 정의를 추구하고 이른바 출처出處에 관해 분명한 행동원칙을 세우며, 예의를 강조하는 남명적 의미에서 선비의 모습도 찾아볼 수 있다.

> "경敬은 다만 자기를 지키는 도리요 방법이다. 의義란 (모든 일에) 옳고 그름이 있음을 아는 것이니, 이치에 따라 행동하는 것이 의義가 되는 것이다. 만약 경敬만 지키고 의義를 모으는 것을 알지 못하면 오히려 모든 일이 이루어질 수 없다."39)

이런 사유의 저변에는 개인적 인간으로서의 내면적 수양을 위한 공부의 차원에서는 경敬이 중요하지만, 사회적 인간의 삶의 구체적 현실과 관련된 문제에서는 의義에 입각한 행동과 실천이 요청되어야 한다는 원칙이 자리 잡고 있다. 이런 점에서 한강의 도덕론은 단순히 내면세계의 수양에 머물지 않고 실천적 영역으로 확대 적용될 수 있는 강력한 동력을 갖추었다고 볼 수 있다.40)

윤리도덕은 행위의 결과와 밀접한 관계를 지니는 것이므로, 개인과 사회생활을 위한 기본적 덕목인 경敬과 의義를 경유하여 드러나는 인간의 윤리도덕과 문화는 '예禮'라는 개념에 의해 종합된다. 주자로 대표되는 성리학적 이론에서 '예禮'는 '하늘의 원리가 알맞게 드러난 것인 동시에 인간의 일에 대해 가장 바른 원칙[天理之節文, 人事之儀則]이라는 말'로 정의된다. 그리고 한강은 유학의 모든 학문적 지식은 예禮의 실천으로 귀결된다는 의미에

---

38) 『全書』下, 371쪽,「言行錄」教人, "先生教學者曰, 敬以直內, 義以方外, 此學者, 喫緊用工處也."
39) 『全書』上, 305쪽,「養浩帖」, "敬只是持己之道, 義便知有是非, 順理而行, 是爲義也. 若只守一箇敬 不知集義, 却是都無事也."
40) 林宗鎭,「寒岡 鄭逑의 修養論」,『東方禮學』제6집(동양예학회, 2001), 50쪽 참조.

서 '모든 문화와 학문은 예禮로 집약된다[博文約禮]'는 언표를 강조한다. 인간의 도덕성이 구체적 현실에 드러나는 것이 예禮의 본질이라면, 관혼상제 등 예학禮學에 관련된 한강의 저술들은 그의 도덕교육론이 예禮에 의한 사회교육적 측면을 통해 완성되어야 할 것임을 보여준다.[41)]

그의 예禮에 대한 이론은 『의례儀禮』를 중심으로 하는 고례古禮의 탐구와 주자의 『가례家禮』에 주석을 붙인 『가례집람보주家禮輯覽補註』, 그리고 정호程顥, 정이程頤 형제와 사마광司馬光, 장재張載, 주희朱熹 등이 예禮의 문제에 대해 문답한 것을 발췌하여 편집한 『오선생예설분류五先生禮說分類』 등을 통해 그 대강의 내용을 확인할 수 있다. 한강은 이 저술들을 통하여 예禮의 본질과 근원을 탐구하는 동시에 예禮의 내용과 규칙을 현실에 적용하는 것을 강조하고 있다.

한강이 서원의 설립에 관여하여 서원의 각종 규약과 전례典禮의 형식과 절차를 마련하고, 고을의 수령으로서는 제사의 전례[祀典]를 정비하고 향음주례 등 향촌의 의례를 직접 시행한 점 등은 유학적 학문은 예禮에 의해 구체적으로 사회에 실현될 때 현실의 학문, 진실의 학문 즉, 실학으로서의 의미를 지닌다는 유학의 본령에 충실한 입장을 잘 보여주는 것이라고 할 수 있다.

5. 정구 도덕교육론의 의미

유학의 전통에서 볼 때, 한강 자신이 독특하고 기발한 도덕교육론을 정립하여 이를 제시한 것은 아니다. 그리고 특히 이 분야에 대한 한강의 학설

---

41) 한강의 예학사상과 사회교육의 측면에 대해서는 다음의 두 논문 참조.
    도민재, 「한강 정구의 학문과 예학사상」(『제15회 한국철학자대회보 남명학』, 2002), 213-227쪽.
    송준식, 「한강 정구의 사회교육사상」, 『남명학연구논총』 제8집(남명학연구원, 2000년), 192-231쪽.

이 주자가 확립한 성리학적 이론과도 크게 차이나지 않는다. 이 두 가지 점에서 논자의 학문적 어려움과 한계가 엄존한다. 논제를 정구의 도덕교육론이라고 정하였음에도 먼저 도덕교육론에 관한 유학의 기본적인 이론과 주자로 대표되는 성리학자들의 설명을 먼저 논의할 수밖에 없는 이유도 여기에 있다. 서양철학 등 몇몇 학문 분야에서 비판하는 것처럼 이론과 주장의 차이가 확연히 구분되지 않는 것이 철학적 변별성의 측면에서의 유학사상의 학문적 약점이기도 하다. 그러나 인간의 윤리도덕의 측면에 관한 유학적 설명방식에 의한 자세한 논의는 공맹 이후 오늘날에 이르기까지 논리적 치밀성의 측면에서 전 세계적으로 주목받아왔고, 그 학문적 가치를 인정받고 있다.

유학사상은 다른 어떤 사유체계 보다 인간 또는 교육을 통한 인간의 변화[敎化]를 강조하는 전통을 지니고 있다. 공자가 30세 쯤 사설학원을 열어 제자를 교육하고, 대부분의 생애를 교육자의 삶으로 일관한 이후 많은 유학자들이 교육에 대한 다양하고 깊이 있는 학설을 제시하였는데, 주자학을 경유한 조선시대의 유학자들도 예외가 아니다.

일반적으로 교육은 지식의 함양을 위한 교육[知育], 인간의 내면에 자리한 도덕성의 제고를 위한 교육[德育], 그리고 인간의 외면인 건강한 육체를 유지하기 위한 교육[體育] 등 세 가지로 분류되어 각 방면에 대해 필요하고도 알맞은 교수학습이 이루어질 때, 세 가지 측면에서의 인간의 성숙을 달성하는 교육의 목표가 성취된 것으로 여긴다.

그런데, 유학사상가들에 의하면 교육의 세 가지 측면 중 건강한 육체와 단순한 지식의 함양 보다 윤리적 행동으로 연결되는 인간의 도덕성을 함양하는 것이 가장 근본이고, 중요한 목표이다. 그리고 이 목표의 최상위에는 이상적 인간형으로서 성인聖人이 자리하고 있다. 우리 사회는 위의 교육의 세 분야 중에서 도덕교육[德育] 부문을 특히 강조해온 전통을 가지고 있다. 이러한 전통적 교육관의 저변에는 인간이란 다른 동물과 달리 윤리적 행위를 알고 실천할 수 있는 유일한 존재라는 유학적 인식과 정의가 뿌리 깊게 자리 잡고 있다. 그리고 유학적 입장에서 보면 엄밀한 의미의 지육知育은 존재하지 않는다고 말할 수 있다. 진리 자체만을 추구하기 위한 지식은 공자를 위시한 유학자들의 관심사가 아니었다.

『중용』제1장에 언표된 '진리를 닦는 것을 가르침이라 한다[修道之謂敎]'고 할 때의 '도道'라는 말에는 학문적 '진리[道]'라는 의미 보다 오히려 인간이 걸어가야 할 길[道]로서의 '윤리'와 윤리도덕에 이르는 길(방법, 수단道)이라는 의미가 더 강하다고 할 수 있다. 유학적 전통에서 볼 때 행동과 실천[行]이 전제되지 않은 지식체계知는 인간의 윤리적 삶에 아무런 도움을 주지 못하는 허학虛學으로 취급받는다.

지식체계 자체만을 놓고 보면 불교 쪽이 그 논리의 다양성과 인간의 마음에 대한 엄밀한 분석 등의 측면에서 유학의 이론들 보다 그 내용이 훨씬 풍부하고 정밀하다. 그러나 부모와 자식 간의 가장 기본적인 윤리관계를 거부한다는 이유만으로 유학자들은 이를 허학이라고 간주한다. 불교의 직간접적 영향으로 정립된 성리학의 기본적 이론체계인 이기론理氣論도 순수하게 인간과 세계에 대한 객관적 진리만을 추구하기 위해 제시된 것이 아니라, 결국 인간의 윤리도덕에 관한 다양한 현실적 문제들을 해결하기 위해 요청된 체계적이고 이론적 논의의 결과라고 할 수 있다.

즉, 오늘의 학문분야로 말한다면 성리학자들은 철학자라기보다 윤리학자로 분류될 수 있다. 이점에서 한강도 예외는 아니다. 이 글에서는 공자를 위시한 유학사상가들이 생각하는 교육의 목적이 도덕성의 함양과 그 체현자로서의 성인이 되는 것에 있음을 고찰하고, 이러한 유학의 기본 교육목표를 달성하기 위한 구체적인 방법과 이론을 제시한 주자의 도덕교육론의 특성을 분석한 후, 성리학이 한반도에 뿌리내린 시기에 살았던 정구의 도덕교육에 관한 사유의 단편들을 대상으로 한강의 도덕교육론의 특성을 정리한 것이다.

일반적으로 유학적 전통에서 진리는 언제나 인간의 삶의 영역에 대한 진리, 즉 윤리가 선험적으로 전제되어 있는 것으로 생각되었다. 대부분의 유학사상가들과 주자를 위시한 성리학자들은 순수한 의미에서 진리 자체보다 인간의 윤리적 행위를 설명하는 철학적 근거와 논리를 찾아내기 위해 노력한 사람들이다. 이런 점에서 유학자들은 우리들에게 엄밀한 의미에서 철학자라기보다는 윤리학자, 도덕교사의 역할을 수행한 것으로 이해되었으며, 한강의 경우 이런 성격은 더욱 분명하게 드러난다.

끝으로, 도덕교육과 관련된 한강의 학문적 특성과 교육적 의미는 다음과 같이 요약될 수 있다. 첫째, 유학 도덕교육의 기본목표가 성인이 되는 학문[聖人之學]에 있음을 인정하였다. 둘째, 정자와 주자, 그리고 퇴계로 이어지는 경敬 중심의 도덕교육이론의 전통을 수용하였다. 셋째, 경敬을 강조하면서 의리義理가 구체적으로 드러나는 현실사회에서의 올바름[正義]을 구현하는 문제와 연계하여 경敬과 의義를 윤리도덕의 구체적 방법론으로 강조하였다. 넷째, 이런 점에서 한강은 퇴계학과 남명학의 핵심적 전통을 충실히 계승한 유학사상가라고 평가할 수 있다.

한강 정구의 이러한 도덕교육론의 특성을 전통적 유학 용어로 표현하면 '경의협지敬義夾持'와 '박문약례博文約禮'라는 말로 요약할 수 있다. 그리고 또한 한강은 관혼상제에 관한 구체적 절차와 예절을 정리하고 서원의 규약을 통한 올바른 교육의 실현에 힘쓰고 마을 공동체의 도덕적 성숙을 위한 다양한 방법을 제시하였다. 이런 점에서 그는 예禮의 현실적 실용성에 주목하였다는 점에서 유학사상사적으로 볼 때 조선시대의 대표적 윤리교육이론가이며 실천가라 평가할 수 있다.

* 『남명학연구논총』 제12집(남명학연구원, 2003)에 수록된 글을 수정 게재함.

7장

정구의 저술·출판 활동과
무흘정사 장서각의 장서 경향

전재동(경북대학교)

1. 서론

　실록實錄은 정구鄭逑(1543-1620)의 죽음을 기록하면서 "그는 성주星州 사람으로 한훤寒暄 선생(김굉필金宏弼)의 외손이다. 어려서는 덕계德溪 오건吳健을 스승으로 모셨고, 겸하여 퇴계退溪와 남명南冥의 문하에 드나들었다. 일찍이 말하기를 '퇴계는 덕우德宇가 혼후渾厚하며 행실이 독실하고, 남명은 재기才氣가 호걸스럽고 고매高邁하여 우뚝 서서 홀로 행하는 어른이다.'라고 하였는데, 그가 마음에 정한 견해가 그러하였다."[1]라고 평가하였다. 또 조선 후기의 학자 정약용丁若鏞(1762-1836)은 혹독한 사화士禍를 거친 뒤 조선의 도학道學은 "퇴계와 한강寒岡의 학문이 홀로 영남에 전해졌다."[2]라고 하였다.

---

[1] 『光海君日記』 12년 1월 5일 조, "逑星州人 寒暄先生之外裔也 少師德溪吳健 兼遊退溪南冥之門 嘗言退溪德宇渾厚 踐履篤實 南冥才氣豪邁 特立獨行 其所定見然也"

[2] 丁若鏞, 『與猶堂全書』 卷17, 「玄坡尹進士行狀」, "國朝自弘治甲子以來 己卯乙巳 儒禍屢起

두 텍스트에 기록된 정구 관련 기록은 그의 삶과 학문을 평가하는 자료로 시사하는 바가 크다. 두 가지 기록을 근거로 정구에 대한 기존의 연구는 예학禮學과 심학心學, 성리학性理學, 경학經學 등의 방면에 초점을 맞추어 논의가 진행되었다.3) 또한 『광해군일기』에 정구가 퇴계와 남명의 문하에 드나들었다는 기록 이후, 최근의 연구에서는 정구의 학문을 퇴계학과 남명학을 포괄하는 회통적會通的 성격으로 평가하기도 한다.4) 여기서 말하는 '회통'이란 정약용의 언술과 맞물려 비단 영남 지역 내에서의 회통이 아니라, 기호학畿湖學과 퇴계학退溪學의 회통, 전체대용全體大用으로 요약되는 궁리窮理와 치용致用의 내재적 회통을 모두 아우르는 개념이다.5)

본고는 무흘정사武屹精舍에 소장되었던 장서의 규모와 경향을 분석하기 위한 것으로, 정구가 1603년에 고향 성주에 건립한 무흘정사는 주희朱熹가 무이정사武夷精舍를 짓고 무이구곡武夷九曲을 경영한 것에 비견되어 특별히 주목되었다.6) 지금까지 무흘정사에 대한 연구는 건축사적 특징뿐만이 아니라 위치와 성격, 한강학寒岡學에서의 의미, 장서각에 소장되었을 것으로 추정되는 도서 등에 대한 논의가 활발하게 진행되었다.7) 그러나 무흘정사 장서각의 장서에 대한 규모나 성격, 텍스트 자체에 대한 고찰 등은 상대적으

至萬曆己丑 黨獄滋豐 一時端方之士 無不草薙禽獮 自是厥後 道學名檢 爲世大忌 退溪寒岡之學 獨傳於大嶺之南"

3) 정재훈, 「寒岡 鄭逑에 관한 한국사 분야의 연구 회고와 전망」, 『영남학』 제25호(경북대 영남문화연구원, 2014) 및 최석기, 「寒岡 鄭逑의 經學觀과 學庸解釋」, 『퇴계학과 유교문화』 제58호(경북대 퇴계연구소, 2016) 참고.

4) 정우락, 「寒岡 鄭逑의 사물인식과 세계지향」, 『한국사상과 문화』 제49집(한국사상문화학회, 2009).

5) 정우락, 「寒岡 鄭逑의 武屹精舍 建立과 著述活動」, 『남명학연구』 제28집(경상대 남명학연구소, 2009), 275쪽.

6) 정우락, 「寒岡 鄭逑의 武屹 경영과 武屹九曲 정착과정」, 『한국학논집』 제48집(계명대 한국학연구소 2012).

7) 정우락, 「전게 논문」 및 「山中圖書館 武屹精舍 藏書閣의 藏書 성격과 의미」, 『영남학』 제20호(경북대학교 영남문화연구원, 2011) 참고.

로 소홀하였다고 할 수 있다. 따라서 본고에서는 무흘정사를 주목한 기존 연구 성과를 충실하게 수용하여 다음과 같은 논의를 진행하고자 한다.

첫째, 정구의 저술 활동과 출판 활동을 분석하여 장서의 동인動因을 분석한 다음, 무흘정사에 대한 후인들의 인식에 대해 살펴볼 것이다. 둘째, 선행연구에서 파악한 무흘정사의 장서를 사부분류법四部分類法으로 분석하여 주목할 만한 텍스트를 소개하고, 각 부部의 특성과 의미를 조명해보고자 한다.[8]

2. 정구의 저술·출판 활동

『연보』를 통해 확인해 보면, 정구는 성주 사월리沙月里 본가에서 출생하여 22세 되던 해에 대과에 응시하기 위해 상경하였으나, 과장科場에 들어가지 않고 귀향하였다. 전라도 동복同福, 경상도 함안咸安 군수를 거쳐 강릉부사江陵府使, 강원도 감사, 안동도호부사 등의 외직과 동부승지, 좌송지, 형조참판 등을 역임하였지만, 만년에 성주로 돌아와 은거하면서 강학과 저술로 일생을 마쳤다.

그는 이미 31세에 마련해 두었던 한강정사寒岡精舍가 있었지만, 1603년 한강 북쪽에 숙야재夙夜齋, 1604년 오창정五蒼亭과 월상정川上亭, 1605년 무흘정사 등 여러 채의 건물을 다시 건립했다. 정구는 이 과정에서 낙마落馬로 인해 심하게 상처를 입어 석 달 동안 기거에 불편함을 느낄 정도였으나, 공사를 마치는 열정을 보였다.[9]

---

8) 무흘정사 소장 자료를 四部分類法으로 분류할 경우, 같은 자료라도 중국의 『四庫全書』와 한국의 국학기관-규장각 한국학연구원이나 한국학중앙연구원 장서각 등-의 분류법이 다소 相異한 것도 있는데, 이럴 경우 한국 국학기관의 분류법을 따랐음을 미리 밝힌다.

9) 鄭逑, 『寒岡集』 卷3 「答朴德凝」, "淸庵古寺相距七八里之地 暫有水石之幽 縛得數椽之茅 其

이후 정구는 1612년에 노곡정사盧谷精舍, 1617년에 사양정사泗陽精舍 등을
건립하여 산중에서 손님을 사절하며 독서에 매진하겠다는 의지를 강하게
드러내었다. 이우성에 따르면, 정구는 종신토록 성리학 관련 서적 7건(『개정
주자서절요총목改定朱子書節要總目』, 『중화집설中和集說』, 『성현풍절聖賢風節』, 『심경발
휘心經發揮』, 『수사언인록洙泗言仁錄』, 『염락갱장록濂洛羹墻錄』, 『곡산동암지谷山洞庵志』),
예학 관련 서적 4건(『가례집람보주家禮輯覽補註』, 『오선생예설분류五先生禮說分類』, 『예
기상례분류禮記喪禮分類』, 『오복연혁도五服沿革圖』), 역사 및 전기 관련 자료 10건(『역
대기년歷代紀年』, 『고금충모古今忠謨』, 『경현속록景賢續錄』, 『와룡암지臥龍岩志』, 『무이지
武夷志』, 『고금치란제요古今治亂提要』, 『고금인물지古今人物志』, 『유선속록儒先續錄』, 『일
두실기一蠹實紀』, 『고금명환록古今名宦錄』), 지지地志 관련 자료 8건(『창산지昌山志』, 『동복
지同福志』, 『함주지咸州志』, 『통천지通川志』, 『임영지臨瀛志』, 『관동지關東志』, 『충주지忠
州志』, 『복주지福州志』), 의학醫學 관련 자료 2건(『의안집방醫眼集方』, 『광사속집廣嗣續
集』), 문학 관련 자료 3건(『고금문수古今文粹』, 『낙천한적樂天閒適』, 『주자시분류朱子
詩分類』) 등 44건 정도의 서적을 편찬했다고 한다.10)

정구가 편찬한 서적에 대해선 신흠申欽(1566-1628)이 찬撰한 <신도비명神道
碑銘>에서 "선생이 저술한 글로는 『심경발휘』, 『관의冠儀』, 『혼의婚儀』, 『장
의葬儀』, 『계의禊儀』, 『오선생예설五先生禮說』, 『갱장록羹墻錄』, 『성현풍범聖賢風
範』, 『고금충모』, 『수사언인록』, 『오복연혁도』, 『심의제도深衣制度』, 『무이지』,
『곡산동암지』, 『와룡지』, 『역대기년』, 『고문회수古文會粹』, 『경현속록』이 있
으며, 본가에 소장되어 있다."11)라는 기록이 보인다. 또 장현광張顯光
(1554-1637)이 행장에서 "선생이 저술한 책으로는 『갱장록』, 『성현풍범』, 『고

未訖功之前 未有寓宿之所 未免往來淸庵 偶於一日 因馬驚墜落危坂 翻轉累次 所傷極重今旣
三朔 而起居猶不便 瘀血滯於腰腹之間 晝夜疼痛 憫苦如何"
10) 이우성, 「해제」, 『國譯 寒岡集 1~5』(민족문화추진회, 2001), 7-8쪽.
11) 申欽, 『象村集』卷27, 「鄭寒岡神道碑銘 幷序」, "先生所著 有心經發揮冠儀婚儀葬儀禊儀五
先生禮說 羹墻錄聖賢風範古今忠謨洙泗言仁錄五服沿革圖深衣制度武夷志谷山洞庵志臥龍
志歷代紀年古文會粹景賢續錄 藏于家"

금충모』, 『수사언인록』, 『심경발휘』, 『오선생예설』, 『오복연혁도』, 『심의제도』, 『무이지』, 『곡산동암지』, 『와룡지』, 『역대기년』, 『고문회수』가 있다. (중략) 또 부임하는 고을에는 모두 지誌를 만들어 그 고을의 산천과 방곡坊谷, 인물의 사적을 기록하여 한 책으로 만들었다. (중략) 또 일찍이 한훤선생의 『경현록』을 가지고 자못 추후에 수습하여 모으고 더 기술하여 속록續錄을 만들었으나 또한 화재에 불타고 말았다."12)라고 하여 그 개략을 소개한 뒤 화재로 대부분이 소실燒失되었음을 한탄했다.

그러나 후대의 학자 노우魯宇 정충필鄭忠弼(1725-1789)의 기록에 따르면 "한강이 편찬한 서적은 묘지墓誌에 자세하며, 만력萬曆 원년元年(1573)에 『가례집람보주家禮集覽補註』를 찬하였고, 7년에 『혼의昏儀』를 찬하였으며, 10년에 『관의冠儀』를 찬하였다. 26년에 『고금충모』를 편차編次하고, 31년에 『오선생예설』과 『심경발휘』를 찬하였다. 32년에 『수사언인』을 편차하고, 병오년(1606)에 『치란제요』를 찬하였다. 39년에 『경서구결經書口訣』을 이정釐正하였다. 43년에 『예기상례분류禮記喪禮分類』를 편차하고, 2년 뒤에 『오복연혁도』를 완성하였다."13)라고 하여, 장현광의 기록과는 다소 차이를 보이기도 한다.

이 같은 몇 가지 사례만 가지고도 정구는 독서와 저술 활동에 정성을 아끼지 않았음을 짐작할 수 있다. 정구는 저술을 위해 다른 사람들에게 서적을 빌리는 수고를 아끼지 않았으며, 심지어 서적의 이동 경로까지 세밀하게 파악하고 있었다. 예를 들면, 금응훈琴應壎(1540-1616)에게 보낸 편지에서

---

12) 張顯光, 『旅軒集』 卷13, 「皇明朝鮮國。 故嘉善大夫司憲府大司憲兼世子輔養官。 贈資憲大夫吏曹判書兼知義禁府事寒岡鄭先生行狀」, "先生所著之書 有礬墻錄聖賢風範古今忠謨洙泗言仁錄心經發揮五先生禮說五服沿革圖深衣制度武夷誌谷山洞庵誌臥龍誌歷代紀年古文會粹...中略...又於所涖之邑 皆有誌 以記其邑之山川坊谷人物事蹟爲一冊者...中略...又嘗就寒暄先生景賢錄 頗有所追拾增述 以爲續錄而亦灾焉"

13) 鄭忠弼, 『魯宇集』 卷3, 「與李參判丈」, "寒岡所編書 詳載於墓誌中 有曰萬曆元年 撰家禮集覽補註 七年撰昏儀 十年撰冠儀 二十六年 編次古今忠謨 三十一年 撰五先生禮說心經發揮 三十二年 編次洙泗言仁 丙午撰治亂提要 三十九年 釐正經書口訣 四十三年 編次禮記喪禮分類 後二年 五服沿革圖成"

는 상대방이 이황이 손을 댄『주자어류朱子語類』를 보관하고 있음을 알기에 빌려 주기를 요청한 것14)이나, 이영도李詠道(1559-1637)에게『송사宋史』한 질을 빌리면서 이 책의 원주인에 해당하는 권순權淳(1564-?)에게 의견을 물어서 열람하고자 하는 뜻을 전달해 주기를 요청하는 글15) 등에서 정구가 애쓴 서적 확보의 노력을 짐작할 수 있다.

정구의 저술 활동은 주변 사람들의 도움을 마다하지 않았다. 심지어 도설圖說이나 그림이 많은 경우에는 그 분야에 탁월한 실력을 지닌 제자에게 직접 부탁하기도 했다.16) 또『주자대전』과 같은 거질巨帙은 상대방에게 말[馬]을 구하는 수고로움을 꺼리지 않을 정도로 확보에 열정을 보이기도 했다.17)『한묵翰墨』,『옥해玉海』과 함께『대학연의보大學衍義補』에 수록된 정자程子, 장자張子, 주자朱子의 예설禮說을『오선생예설』(『오선생예설분류五先生禮說分類』를 가리킴)에 편입하기 위해서는 이씨 집안의 아이들을 보내 모두 짊어지고 오게 하기도 했다.18) 또 무흘정사의 화재로『경세기년』이 불타 없어지자, 이 책의 대본인『황극경세서皇極經世書』를 영주에 기거하는 배숙전裵淑全에게 부탁하여 구하는 열정을 보였다.19)

---

14) 鄭逑,『寒岡續集』卷2,「與琴壎之應壎」, "竊念先生朱子語類 藏在山中 倘得一借 謹跪而奉翫焉 則手澤猶存 謦欬如承 不猶愈於堯於羹堯於墻者乎 此固區區之至誠血懇 而吾老兄之惻然動念 思有以矜副者也"

15) 鄭逑,『寒岡續集』卷2,「與李聖與詠道」, "仍白昔到先生遺宅 見有宋史一帙 聞是權金陵家藏 鄙人竊有考據撰集之事 其後請於金陵 則金陵許以借覽 然猶欲稟於左右而取來也 遷延未及 而金陵遽作古人 豈勝悲哉 (下略)"

16) 鄭逑,『寒岡續集』卷2,「與都廷彦聖兪」, "家禮會通之書 曾借於京中宰相 今旣三載 方被督推 於禮學甚關之書也 欲圖謄寫 其中多圖畫 欲請君指教 而君適方在調護 可恨 其中序文朱子親筆也 欲摸取而弁其首 人皆言非君手 不能摸 切乞爲禮家 毋惜暫頃揮筆之勞 如何"

17) 鄭逑,『寒岡續集』卷7,「與徐行甫思遠」, "朱子大全 欲見之時多 而遠在湖西 致之不易 東岡之藏 兄旣取去矣 曾所惜於李埼者 聞許還云 故令李天封覓馬載來 又恐渠之覓馬 亦不易也 馬若不往 貴庢未必無馬焉 又非望之所敢也"

18) 鄭逑,『寒岡續集』卷7,「與崔季昇晛」, "大學衍義補 多有程張朱說禮 或元集之所無 而有可以採入於禮說者 貴篋之儲 得聞於旁求之餘 而幷與商山之翰墨 沈公之玉海 俱忘再告 老病昏瞀 蓋至是耶 附童李行 亦爲是耳"

정구는 외직外職을 맡았을 때 『주자서절요朱子書節要』를 비롯하여 『논어論語』 등 경서經書 인출印出에 적극적이었으며, 자신의 임기가 다하기 전에 일을 마칠 수 있도록 노력하였다. 예를 들어, 안동부사로 제직하던 때에 경상감사 정사호鄭賜湖(1553-?)에게 『역易』은 다 판각하였고, 『태극도太極圖』는 글씨를 다 쓰지 못했지만 그믐이나 다음 달 초에는 판각을 완수할 수 있을 것이며, 『계몽도서啓蒙圖書』는 『역』과 함께 장정할 계획 등을 말하는 대목20)은 이를 방증한다. 또 당홍부원군唐興府院君 홍진洪進(1541-1616)에게 보낸 편지에서는 『계몽전의啓蒙傳疑』를 가까운 시일 내에 개정한 한 부를 찍어 올리겠다고 한 지난날의 약속을 어기지 않겠으며, 관찰사의 하명으로 인출한 『통감通鑑』을 반드시 순영巡營에 보내겠다는 약속, 『역전易傳』은 선본善本을 구하지 못해 사수寫手[필사자]를 기다리고 있다는 사실 등21)을 아뢰기도 했다.

공무 이외에 선사先師의 저술을 간행하는 일도 정구는 직접 주관하거나 적극적으로 개입하였으며, 다음의 예문에서 이런 정황을 유추할 수 있다.

"『심경질의心經質疑』는 당초에 선생 자신이 만드신 것이 아니고 그 당시 문생들이 선생께 질문했던 내용을 개인적으로 기록한 것으로서 그것이 여러 사람의 손에 들어가 세상에 나왔으니, 반드시 완전하여 전혀 미진한 점이 없지는 못할 것입니다. 그러니 혹시 경연에서 임금을 모시고 공부할 때 이와 같은 사정을 아뢰어 올린다면 옳을 것입니다. 그런데 지금 책 윗난의

---

19) 鄭逑, 『寒岡續集』 卷2, 「與裵淑全」, "仍白僕曾撰經世記年之書 蓋參取皇極經世書之緒餘矣 悶其經火之後 尙未重修 近於病中 欲暫料理 而皇極經世書 亦旣入火 近又無可借處 遙想貴書籠中 必有之矣 切乞惠借 俾成一好事之書 以資同志之考閱 何如"

20) 鄭逑, 『寒岡續集』 卷2, 「答鄭方伯賜湖」, "易刊今已畢矣 若待數三十件 一時偕印 恐有遲延之患 竊欲先印一二件 急速粧峽 上使措辭以啓而投進 庶幾自上調攝之中 一番披閱 或未必不爲一分慰懷之地 則如何如何 此書爲上念所軫 而刊刻之意 曾已上達 故敢以賤見拜稟 伏惟令敎可否 太極圖 緣寫未訖 時未付板 然晦初間 當訖功矣 啓蒙圖書 當與先印之易 一時粧峽伏計"

21) 鄭逑, 『寒岡續集』 卷7, 「與洪唐興府院君」, "慕陶集傳疑 近當改正一本印納事 敢忘舊約 通鑑 承方伯之令 已爲印得 當轉送于巡營矣 易傳未得善本 頃者承宣 欲啓送寫手 須待其來 可以寫出入梓 而但恐賤生去官之後 事或未易辦得焉耳"

빈자리에 써놓은 것을 옮겨 기록하여 범연하게 올린다면 이는 이 선생의 본 뜻이 아닐 듯합니다. 어찌 고명高明의 견해가 이점을 간파한 것이 아니겠습니까. 마음속으로 감복해 마지않습니다."[22]

인용문은 서사원徐思遠(1550-1615)이 스승이 편찬한 『심경질의』를 춘궁春宮에 올리는 일에 대해서 정구에게 문의하자 대답한 내용이다. 인용문에서는 생략되었지만, 정구는 『심경心經』(혹은 『심경부주心經附註』)을 이황이 직접 구결口訣에 점말點抹을 붙인 텍스트로 인식하였고, 이를 임금에게 바치는 정성은 매우 훌륭한 뜻임을 피력하였다.[23] 하지만 두주頭註의 내용에 후학들의 견해가 들어가 이황의 뜻과 부합하지 않기에, 서사원이 이 점을 신중하게 생각해 주기를 요청하였다.

사실 『심경질의』는 이황의 사후 퇴계학파退溪學派에서 논란에 휩싸였던 텍스트이다. 이익李瀷(1681-1763)의 증언에 따르면, 이 책은 1569년에 이함형李咸亨(1550-1586)이 이황을 알현하고 농운정사隴雲精舍에서 『심경』을 강학한 뒤 이덕홍李德弘(1541-1596)의 기록과 합쳐서 편찬한 것이다.[24] 그렇지만 『심경질의』는 이황의 사후에 편저자 시비를 비롯한 수록 내용의 오류誤謬 문제로 인해 퇴계학파 내부에서 심각한 갈등을 초래하였다. 특히 조호익曺好益(1545-1609)은 『심경질의』의 잘잘못을 조목조목 비판하여 『심경질의고오心經質疑考誤』를 간행하기도 하였다. 정구의 『심경발휘』 또한 이런 배경에서 편찬된 것이다.[25]

---

22) 鄭逑, 『寒岡集』卷3, 「答徐行甫思遠○癸卯」, "質疑之書 初非出於先生之自爲 一時門生 私自錄其間質 因傳播行世 未必瑩然無一毫未盡者 或筵中侍講之際 具達而進之則可矣 今遽以移錄書頭 而泛然上進 則恐非李先生之本意乎 豈高明之見 有出於此乎 令人尤竊心服"

23) 鄭逑, 『같은 곳』, "況於心學之書 而李先生親爲之點抹口訣 復加以質疑之錄 欲精寫投進於春宮 甚盛意也 甚盛擧也"

24) 李瀷, 『星湖全集』68권, 「山天齋李先生小傳」, "先生生於嘉靖庚戌 卽老先生卜居退溪之歲 至己巳春 老先生乞退歸鄕 先生往謁受業 時年弱冠 仍留隴雲精舍講心經 老先生亟許之曰爲人開悟刻意向學 共處令人有益 自是書牘往來 日有精進 明年三月撰心經質疑成 與艮齋李德弘所錄 合爲一書"

이상의 기록을 통해 살펴보았듯이, 정구의 저술·출판 활동은 젊어서부터 시작되어 성주로 이거한 뒤에도 꾸준하게 추진되었다. 또한 1614년 무흘정사의 화재 이후에도 저술·출판 활동은 중단되지 않았고, 이 과정에서 참고서를 비롯한 각종 서적들이 무흘정사에 갈무리되었다. 은거와 구도求道를 위해 건립한 무흘정사가 시나브로 장서의 기능을 겸하게 되었던 것이다.

3. 무흘정사 장서각의 장서 내역

1) 무흘정사 장서각에 대한 후인들의 인식

정구가 41세 되던 해에 건립했던 회연초당檜淵草堂과 그가 조성한 백매원百梅園 등은 무흘정사와 더불어 정구의 유촉지遺囑地로 인식되었다. 특히 무흘정사는 정구의 문하생들이 중심이 되어 한강학의 계승지로 유지하기 위한 노력이 진행되었다. 가장 먼저 주목되는 것이 1633년 문하생들의 주도로 원래 자리에서 아래쪽으로 수백 보를 옮겨 36칸 규모로 확장한 일이다. 이 때 남쪽 10보 되는 곳에 장서각 서운암 3동이 건립되었다. 이후 1784년에 후손 정위鄭偉(1740-1811)의 주도로 무흘정사를 옛터에 옮겼고, 1810년에는 장서각마저 옛터로 옮겼다.[26]

정구의 사후 무흘정사에 대한 후인들의 인식은 크게 두 가지 경향으로 나누어 볼 수 있다. 하나는 무흘정사가 선비들의 대표적인 유람 코스로, 장서각 서운암棲雲庵에 들러 정구의 유품을 봉심하고 장서를 열람하는 것이 하나의 문화로 자리 잡혔다고 보는 입장이다.[27] 다른 하나는 궁곡협처窮谷狹

---

25) 『心經發揮』에 대해선 홍원식, 「李滉과 그의 直傳 제자들의 『心經附註』 연구」, 『퇴계학보』 제121집(퇴계학연구원, 2007) 및 최석기 「전게 논문」에 자세하다. 퇴계학파 내에서 『심경부주』 주석서의 간행 과정과 논란 등에 대해선 향후 정밀한 검토가 필요하지만, 본고의 주제와 맞지 않으므로 이에 대해선 후일을 기약한다.

26) 정우락(2009), 17쪽에서 인용.

處으로 표현되는 자연적 접근 어려움과 정보 부족 등으로 인해 그다지 많은 사람이 답사한 것 같지는 않다는 입장이다. 후자는 정구의 증손曾孫 정창지鄭昌址(1641-1705)가 성주목사星州牧使에게 올린 2통의 소지所志를 통해 유추한 것이다.[28]

첫 번째 소지는 1662년에 작성한 것이다. 이 소지는 무흘정사는 정구가 평소에 열람하던 책 수천 권과 『한강집寒岡集』 책판 등이 보관된 곳으로 관찰사와 수령들이 완문을 발급하여 완호完護하였다는 사실을 말하고, 지금은 노승老僧들이 수호하다가 방천군防川軍으로 편입되는 바람에 수호守護의 방법이 없어졌으므로 무흘정사를 지키는 승려들을 방천군에 편입시키지 말아달라는 청원이다. 두 번째 소지는 1667년에 작성한 것이다. 이 소지는 첫 번째 소지와 유사한 내용으로 무흘정사를 수호하는 승려들이 한꺼번에 승역僧役에 피초被招되어 인원이 부족하므로 이 문제를 해결해 달라는 내용이다. 두 소지의 제김은 모두 청원을 해결해주는 내용이다.

1667년에 작성한 소지는 무흘정사가 정구를 추모하는 후인들의 정성이 모여 공호共護하는 곳이지만 "궁협窮峽지고 인가가 아득하게 먼 곳에 정사精舍가 있기에 승려들이 아니면 수호하기 어렵다.[齋在窮峽, 人煙逈隔, 倘非釋子, 難以守護.]"는 내용을 수록하고 있다. 이 기록을 통해 무흘정사는 사람들이 쉽게 접근할 수 있는 곳은 아니라는 사실을 유추할 수 있다. 18세기 초에 무흘정사를 답사한 것으로 추정되는 김성탁金聖鐸(1684-1747)의 아래의 시에서도 무흘정사에 대한 당시인들의 의식을 엿볼 수 있다.

紅流洞裏匝千峯　홍류동 속은 천 봉우리로 에워싼 절경
幾箇遊人到此中　얼마나 많은 유객遊客들이 이곳을 찾았을까?

---

27) 무흘의 자연 경관과 장서각에 대한 애정은 여러 사람들에게서 볼 수 있지만, 선행연구에서는 成涉(1718-1788), 宋履錫(1689-1782) 등을 대표적인 인물로 열거하였다. 정우락(2009), 17-23쪽.
28) 자세한 내용은 【부록】 참고.

若使尋源看武屹　만약 근원을 찾는 이들이 무흘을 본다면
藏書何啻梵王宮　장서가 해인사에만 있지는 아님을 알리라.[29]

　이 시의 소주小註에는 "세상에 유람의 목적으로 산에 오르는 이들은 대부분 해인사 장경각을 기경奇勝으로 여기지만 무흘에 들어가 한강 선생의 장서를 볼 줄은 모르기 때문에 이와 같이 말했다.[世之遊客入山 率以觀海印之藏經閣 爲奇勝 而不知入武屹 讀寒岡先生所藏書 故云爾]는 기록이 있다. 이 기록은 당시 지식인들의 가야산 답사 코스에 무흘정사가 들어가는 경우가 그다지 많지 않음을 짐작케 한다.

　무흘정사는 정구의 학문을 앙모하는 후인들이 가야산을 오르면서 답사하는 코스로 인식되는 경우가 많았다. 현전하는 자료를 통해서 분석해 보면,[30] 박이장朴而章(1547-1622), 장현광張顯光(1554-1637), 이후경李厚慶(1558-1630), 김봉조金奉祖(1572-1630), 이만부李萬敷(1664-1732), 이광정李光庭(1674-1756), 이만운李萬運(1723-1797), 이원조李源祚(1792-1872), 이진상李震相(1818-1886) 등 영남지역에 거주한 인물들은 대부분 무흘정사를 답사한 기록을 남겼다. 또한 허목許穆(1595-1682), 유척기兪拓基(1691-1767), 송병선宋秉璿(1836-1905) 등 영외嶺外 인사人士들도 종종 무흘에 들러 답사기를 남기기도 했다.

　그렇다면 과연 무흘정사 장서각에는 얼마나 많은 서적이 보관되어 있었을까? 이에 대해선 장을 달리하여 자세히 논하기로 한다.

2) 무흘정사 장서각의 장서 내역과 규모

　1662년에 정창지가 작성한 소지所志에 따르면, 무흘정사에는 정구가 평소에 열람하던 책 수천 여권과 문집, 『오선생예설』, 『심경발휘』, 『오복연혁도』,

---

29) 김성탁, 『霽山集』 卷2, 「次宗孫始元紀行諸詩 幷序」 <次紅流洞韻>.

30) 이는 한국고전종합DB(http://db.itkc.or.kr/itkcdb/) 및 유교넷(http://www.ugyo.net/)을 통해 검색한 결과이다.

『하락도병河洛圖屛』 등의 책판이 갈무리되어 있었다.[曾祖所覽書冊數千餘卷, 及曾祖文集五先生禮說心經發揮五服沿革圖河洛圖屛等冊板子, 俱爲藏置於此齋.]고 한다. 또 지수재知守齋 유척기가 가야산을 유람하고 난 뒤에 남긴 기록에는 "무흘정사는 이 절(해인사를 가리킴-필자 주)과의 거리가 7-8리이며, 한강이 평소 이곳에서 독서하였기에 승려들이 결사結社하여 거주하고 있다. 한강의 구서舊書 수십 상자가 갈무리되어 있다."[31]라고 하였다.

유척기와 비슷한 시기에 활동했던 송이석宋履錫(1698-1782)은 1777년 무흘 정사를 방문하고, 장서각에 소장되어 있었던 도서를 정리하여 『무흘서각초록武屹書閣抄錄』 2권을 남겼다.[32] 이 책의 후지에서 송이석은 당시의 상황을 아래와 같이 기록하였다.

> 무흘은 우리 한강선생이 갑진년 이후 입산入山했을 때의 산천암山泉庵이다. 이때 선생은 손님을 사절하고 독서로 즐거움을 삼았다. 시렁에는 수천 축軸을 꽂아 두었는데, 대부분 선생이 직접 손을 댄 것이었다. 선생이 역책易簀하신 뒤 서각을 설치하고 승려들로 하여금 장서와 수호守護를 전담케 한 지 이미 백여 년이다. (중략) 지금 합쳐 한 통通으로 삼고 그 본권本卷으로 유편類編한 까닭은 고열考閱의 편리를 위한 것이므로 이를 제군자에게 알린다. 또 이미 기행紀行하면서 지나간 곳을 일록日錄으로 만들었으나, 늘그막에다 살피지 못해 필시 빠졌거나 혹 잘못된 것도 있을 것이니, 응당 동행했던 제군들에게 다시 물어야 할 것이다.[33]

---

31) 兪拓基, 『知守齋集』 卷15, 「游伽倻記」, "武屹書堂 距寺亦七八里 鄭寒岡少日讀書於此 僧徒因結社居之 藏寒岡舊書累十篋"

32) 宋履錫, 『南村集』 卷5, 「行狀」, "丁酉之夏 公已大耋 訪修道山下武屹精舍 入藏書閣 披見其所未見之書 拈出精華要語 謄寫爲二冊 題曰武屹書閣抄錄"

33) 宋履錫, 『南村集』 卷1, 「書武屹書閣抄錄後」, "武屹 是我寒岡先生甲辰以後入山時山泉菴也 是時 先生謝遣賓客 而以書籍自娛 架揷數千軸 多先生手自點竄 先生易簀之後 爲置書閣 以僧徒籠藏守護者 已百餘年...中略...今且合以爲一通 而以其本卷 類編之 則便於考閱 故聊以是奉告諸君子 旣又記行中所經過者 爲日錄 而昏不能盡省 必有闕漏或倒錯者 則當更問之同行諸君也"

인용문에서 송이석은 무흘정사 장서각에 정구의 손이 닿은 서책 수천 축이 소장되어 있었으며, 당시의 기록을 일록으로 작성했음을 알 수 있다. 하지만 아쉽게도 송이석이 작성했던 장서 목록이나 일록 등은 현전하지 않는다. 그렇지만 이상에서 살핀 몇 가지 자료들로 무흘정사 장서각에는 백 단위가 아닌 천 단위의 권수로 구성된 서적들이 19세기까지 전존했던 것으로 추정이 된다.

무흘정사 장서각에 소장된 자료의 규모는 최근의 선행 연구를 통해 그 규모가 대략적으로 파악되었다. 정구의 제자 채몽연蔡夢硯(1561-1638)의 문집 『투암집投巖集』에서 조사한 목록과 1968년에 국회도서관에서 발간한 『한국고서종합목록韓國古書綜合目錄』, 한국학중앙연구원 장서각에 소장된 고문서 「성주무흘산정한강소재소장서책星州武屹山鄭寒岡書齋所藏書冊」, 1832년에 간행된 『성주목읍지星州牧邑誌』 등을 종합 분석한 선행연구에 따르면,[34) 무흘정사에는 고문헌 78종 507책, 책판 6종이 갈무리된 것으로 알려졌다.

이 자료들은 정구가 열람했을 것이거나 후대에 편입된 것으로 추정되며, 중국서中國書가 78.3%를 차지한다고 했다. 그렇지만 중국에서 간행된 책을 그대로 소장한 것 같지는 않고, 조선에서 활자나 목판으로 다시 간행한 판본을 소장한 것으로 추정된다. 선행연구를 활용하여 무흘정사 장서각에 소장되었던 장서를 사부분류법으로 분류해 보면 다음과 같다.

① **경부**經部

<표 1> 武屹精舍 장서각 소장 經部 資料(추정)

연번	四部分類	書 名	編·著者	册數	板種	備 考
1	經部 禮類	五先生禮說分類	鄭述	20卷7冊	木版本	33.2*23.0cm
2	經部 禮類	五服沿革圖	鄭述	1卷1冊	木版本	40.0*24.3cm
3	經部 禮類	深衣制造法	鄭述	1冊	筆寫本	24.9*16.4cm
4	經部 禮類	儀禮注疏	賈公彦(唐)	28冊	木版本	24.2*14.7cm

---

34) 정우락(2011), 「전게 논문」.

5	經部 禮類	禮記註疏	孔穎達(唐)	14冊	木版本	24.0*15.0cm
6	經部 禮類	儀禮圖	楊復(宋)	17卷9冊	木版本	30.9*21.6cm
7	經部 禮類	儀禮經傳	朱熹(宋)	24冊	木版本	26.0*16.9cm
8	經部 小學	東國正韻	申叔舟 等	2冊	古活字本	26.2*18.5cm
			소계	86책		

경부는 총 86책이며, 대부분 정구가 편찬한 『오선생예설분류』와 『오복연혁도』 관련 자료들이다. 판종으로 분류하면 활자본이 1종, 목판본이 6종, 필사본이 1종이다. 고활자본으로 파악된 『동국정운東國正韻』은 1448년 10월에 申叔舟 等이 왕명으로 편찬하였으며, 6권 6책이 완질이다. 활자본은 현재 간송미술관과 경기대학교 박물관에 영본零本이 소장되어 있으며, 본문의 한글과 한자 대자大字는 목활자木活字이고, 소서小字와 서문의 대자는 초주갑인자初鑄甲寅字이다.

『오선생예설분류』는 송대宋代의 유학자 정호程顥·정이程頤·사마광司馬光·장재張載·주희朱熹 등 5인의 예설禮說을 정리한 것으로, 1617년 문인 이윤우李潤雨(1569-1634) 등과 봉산욕행시蓬山浴行時에 이윤우의 서사書寫에 힘입어 완성되었다. 이 책은 1629년 이윤우가 담양부사潭陽府使로 부임하여 열읍列邑의 동지同志와 분담하여 간행한 이른바 '담양본潭陽本'과 1664년 감사監司 정만화鄭萬和(1614-1669)와 현령縣令 홍석洪錫(1604-1680)이 중간한 이른바 '용담본龍潭本' 두 판본이 현전하고 있다. 규장각과 한국학중앙연구원 장서각에 보관된 책의 사이즈(33.1×23.1cm)와 같은 점으로 미루어, 무흘정사 장서각에 보관된 『오선생예설분류』는 초간본인 '담양본'으로 추정할 수 있다.

『의례주소儀禮註疏』, 『예기주소禮記註疏』, 『의례도儀禮圖』, 『의례경전儀禮經傳』 등은 『오선생예설분류』와 『오복연혁도』의 참고자료로 활용되었을 가능성이 있으나, 권수卷數와 책수冊數가 현전하는 판본과 달라 자세한 내용은 알기 어렵다. 또한 이 텍스들이 조선에서 금속활자로 간행된 기록이 아직까지는 발견되지 않았으므로, 무흘정사에 소장된 것도 목판본으로 보여진다. 하지만 이 판본들이 조선본인지 중국본인지에 대해선 의문이 남는다. 이 가운데 『의례경전』은 『의례경전통해儀禮經傳通解』으로 보이며, 이 책은 조선에서 1569년에 처음으로 간행되었다.

② 사부史部

<표 2> 武屹精舍 장서각 소장 史部 資料(추정)

연번	四部分類		書　　名	編·著者	册數	板種	備　考
1	史部	傳記	古今人物志	鄭逑	7册	-	?
2	史部	傳記	古今名宦錄	鄭逑	-	-	?
3	史部	傳記	景賢續錄	鄭逑	3卷3册	木版本	28.3*19.3
4	史部	傳記	皇明理學名臣言行錄	李楨(朝鮮)	2册	木版本	33.6*23.3cm
5	史部	傳記	治亂提要	鄭逑(?)	1册	-	?
6	史部	編年	高麗史節要	春秋館	30卷30册	古活字本	34.0*21.0cm
7	史部	編年	東史纂要	吳澐	2册	木版本	32.3*22.5cm
8	史部	編年	歷代通鑑纂要	李東陽(明)	4卷2册	古活字本	34.5*21.7cm
9	史部	編年	孤樹裒談	李默(明)	10册	木版本	30.5*17.8cm
10	史部	編年	帝王歷年記	鄭逑(?)	1册	-	?
11	史部	政法	通典	杜佑(唐)	38册	淸板本	28.5*17.8cm
12	史部	政法	大明會典	李東陽(明)等	27册	古活字本	31.7*20.5cm
13	史部	政法	通志略	鄭樵(宋)	46册	木版本	24.7*22.5cm
14	史部	地理	闕里誌	陳鎬(明)	13卷7册	古活字本	31.5*21.3cm
15	史部	地理	京山誌	李元禎	6卷2册	木版本	28.4*19.5cm
16	史部	雜史	夏山勸懲案	鄭逑	1册	-	?
17	史部	對策	王梅溪策疏	王十朋(宋)	1册	필사본	?
18	史部	史表	稽古錄	司馬光(宋)	20卷3册	古活字本	32.8*21.5cm
				소계	183책		

사부는 전기류傳記類 5종, 편년류編年類 5종, 정법류政法類 3종, 지리류地理類 2종, 잡사雜史·대책對策·사표四表가 각각 1종이다. 판종별로는 활자본活字本이 5종, 청판본淸版本 포함 목판본木版本이 7종, 필사본이 1종, 미상이 4종이다. 사부史部는 『통전通典』·『역대통감찬요歷代通鑑纂要』·『계고록稽古錄』 등의 『통감通鑑』 계열의 서적과 『고금인물지古今人物志』·『고금명환록古今名宦錄』· 『경현속록』·『황명이학명신언행록皇明理學名臣言行錄』·『고수부담孤樹裒談』 등 언행록 및 이학록理學錄 계열의 텍스트가 주류를 이룬다.

선행연구를 검토해 보면 정구는 『창산지』(38세), 『동복지』(42세), 『함주지』

(45세), 『통천지』(50세), 『임영지』(52세), 『관동지』(54세), 『복주지』(65세) 등의 지리서와 『고금충모』(56세), 『성천수신제명안成川守臣題名案』(57세), 『경현속록』(62세), 『치란제요』(64세), 『고금인물지』(65세), 『유선속록』(65세), 『역대기년』(73세), 『일두선생실기』(75세), 『경세기년』, 『고금명환록』 등의 역사서를 편찬한 것으로 파악된다.35) 이중 1960년대까지 전존했던 역사 관련 자료는 『경현속록』, 『고금인물지』, 『고금명환록』 등 몇 편에 불과했던 것으로 보인다.

『통전』은 오제시대五帝時代부터 당唐 현종玄宗 연간(712-755)까지 전장제도典章制度의 연혁沿革을 집대성한 정서政書이다. <표 2>에서 『통전』을 청판본이라고 한 점으로 미루어, 청淸 건륭乾隆 12년(1747) 칙령勅令에 의하여 삼통관三通館을 특설特設하고 삼통관三通館 감리監理 홍주弘晝와 이부우시랑吏部右侍郎 겸兼 무영전武英殿 총재總裁 덕령德齡 등 36인이 합동으로 중수重修한 뒤 무영전에서 교각校刻한 『흠정통전欽定通典』일 가능성이 크다. 『계고록』은 '사마온공경진계고록司馬溫公經進稽古錄'이라고도 하며, 고활자본이라고 한 점으로 미루어 17세기 갑인자甲寅字로 인출한 것이거나, 18세기 이후 정유자丁酉字로 인출한 판본 중 하나일 것으로 추정된다.

『황명이학명신언행록』은 명대明代의 학자 양광楊廉의 저술로, 조선에서는 1562년 이정李楨(1512-1571)의 발문跋文이 부기된 2권 1책의 목판본으로 간행되었다. 이정은 이 책을 간행하게 된 동기와 내력을 "월호月湖 양렴楊廉(자字 방진方震)은 이미 『황조명신언행록皇朝名臣言行錄』을 편찬하고 또 설문청薛文淸(설선薛瑄을 가리킴-필자 주) 이하 15인을 모아 『이학록理學錄』으로 만들었으니, 실로 송조宋朝의 이록二錄을 모방하여 완성한 것이다. 그 용심用心의 부지런함은 지극하다고 하겠다. 나는 매매고루昧昧孤陋하여 일찍이 이 책에 대해 알지 못했으나, 기미년(1559) 가을에 서울로 부임하였을 때 상공相公 송태수宋台叟(송기수宋麒壽)가 퇴계 이선생(자字 경호景浩)이 직접 편찬한 『이학록理學錄』

---

35) 박영호, 「寒岡 鄭逑의 遊伽倻山錄」 연구」, 『남명학연구논총』 5(남명학연구원, 1997).

한 질을 보여주었다. (중략) 지금 송조의 양록兩錄에 의거하여 계림鷄林에서 모두 간행하되,『이학록』에 수록된 설문청·오강재吳康齋(오여필吳與弼)·진포의陳布衣(진진성陳眞晟)·나수찬羅修撰(나흠순羅欽順) 4인은 이미 전록前錄에 들어가 기사가 중복되기 때문에 소강절邵康節과 여영양呂滎陽의 예에 따른다."[36] 고 하였다. 그러므로 이 책은 송조의 명신록名臣錄과 이학록理學錄을 저본으로 하여 이황이 편찬한『이학록』(『송계원명이학통록宋季元明理學通錄』)를 모방한 것임을 알 수 있다.

명明의 이묵李默이 편찬한『고수부담』은 10권 5책으로 구성되었으며, 위의 표에서 10책이라 한 것은 권의 착오로 보인다. 이 책은 규장각을 비롯하여 고려대학교 박물관, 성암고서박물관 등에 남아 있다.[37] 진호陳鎬의『궐리지闕里志』는 처음에 13권 7책으로 간행되었으나, 이후 10권으로 규모가 축소되었다. 이 책이 고활자본이라는 점을 감안하면 고려대학교 만송문고에 소장된 중종中宗-명종연간明宗年間(1506-1567)에 갑인자甲寅字로 간행된 판본과 동일한 것으로 추정할 수 있다.『대명회전』은 1581년에 병자자丙子字로 간행한 판본이 남아 있으며,『역대통감찬요』는 1518년 초주갑인자初鑄甲寅字로 간행한 판본이 전존하고 있다.『고려사절요』는 1452년에『고려사』를 요약하여 35권 35책으로 간행한 것으로, 초주갑인자로 인출한 것은 1권 1책으로 구성되어 있다.

---

36) 李楨,『龜巖集 別集』卷1,「皇明理學名臣言行錄跋」, "月湖楊廉方震 旣編皇朝名臣言行錄 又輯薛文淸以下十五人 以爲理學錄 實倣宋朝二錄而成之者也 其用心之勤 可謂至矣 楨昧昧孤陋 尙未知有此書 己未秋 赴都下 宋相公台曳示之以退溪李先生景浩手書理學錄一帙...中略...今者 謹依宋朝兩錄 幷刻于鷄林 而理學錄中所載薛文淸吳康齋陳布衣羅修撰四人 曾入前錄 紀載重複 故亦倣邵康節呂滎陽例"

37) 규장각에서는 이 책을 史部 編年으로 분류하고『四庫全書總目』에서는 子部 小說類로 분류하였다.

③ 자부子部

<표 3> 武屹精舍 장서각 소장 子部 資料(추정)

연번	四部分類	書 名	編·著者	册數	板種	備 考
1	子部 儒家	洙泗言仁附錄	鄭述	1卷1册	木版本	27.5*18.4cm
2	子部 儒家	心經發揮	鄭述	4卷2册	-	35.5*23.0cm
3	子部 儒家	伊洛淵源錄	朱熹(宋)	2册	木版本	33.5*21.3cm
4	子部 儒家	朱子大全	朱熹(宋)	13册	木版本	34.8*21.7cm
5	子部 儒家	晦庵辭受	朱熹(宋)	1册	-	?
6	子部 儒家	朱子成書	黃瑞節(宋)	2册	古活字本	30.5*19.2cm
7	子部 儒家	橫渠經學理窟	張載(宋)	5卷1册	木版本	25.1*16.2cm
8	子部 儒家	政經	眞德秀(宋)	1册	古活字本	33.7*21.3cm
9	子部 儒家	上蔡先生語錄	謝良佐(宋)	3册1册	古活字本	31.5*19.5cm
10	子部 儒家	薛文淸公讀書錄	薛瑄(明)	3册1册	古活字本	31.0*19.5cm
11	子部 儒家	異端辯正	詹陵(明)	2册	古活字本	31.4*19.3cm
12	子部 儒家	晦菴先生語錄類要	葉士龍(明)	18卷6册	木版本	31.0*21.0cm
13	子部 儒家	困知記	羅欽順(明)	2册	木版本	35.7*18.0cm
14	子部 儒家	袁氏書錄	-	4册	-	?
15	子部 儒家	鄕射之禮	-	1册	필사본	?
16	子部 儒家	南冥先生學記類編	曺植	5卷2册	필사본	29.9*20.6cm
17	子部 儒家	性理淵源撮要	柳崇祖	1册	古活字本	32.5*20.3cm
18	子部 儒家	性理遺篇	李楨	1册	木版本	30.5*20.0cm
19	子部 儒家	成仁錄	尹斗壽	1册	木版本	33.7*21.1cm
20	子部 儒家	入學圖說	權近	1册	木版本	30.0*19.7cm
21	子部 儒家	正氣錄	高敬命	1册	木版本	20.7*15.4cm
22	子部 儒家	退溪高峰兩先生往復書	李滉·奇大升	3册	木版本	29.5*20.5cm
23	子部 兵家	十一家註孫子	吉天保(宋)	6卷1册	古活字本	32.0*20.6cm
24	子部 天文	步天歌	丹元子(隋)	1册	古活字本	34.8*22.0cm
25	子部 藝術	琴譜啓蒙	-	1册	-	?
26	子部 類書	吏學指南	宋元瑞(明)	8卷1册	木版本	30.2*20.0cm
27	子部 類書	龍龕手鑑	行均(遼)	9卷4册	木版本	37.8*25.8cm
			소계	58책		

자부子部는 유가류儒家類 22종,[38] 병가류兵家類 1종, 천문류天文類 1종, 예술류藝術類 1종, 유서류類書類 2종이다. 판종으로는 활자본 7종, 목판본 13종, 필사본 2종, 미상 4종이다. 이 중『회암사수晦庵辭受』와『원씨서록袁氏書錄』은 한국 및 중국의 도서목록DB에서 검색되지 않는 자료로, 서명의 오기誤記이

---

38) 이 중『朱子大全』은 別集類로 분류하는 경우(『四庫全書叢目提要』)도 있으나, 본고는 규장각 한국학연구원의 분류법을 따랐다. 아울러 鄕射之禮는 經部 禮類로 분류할 수 도 있으나, 본문의 내용을 파악할 수 없어 子部로 분류하였다.

거나 기록자의 착오 등으로 판단된다. 나머지 자료들은 대부분 주자학朱子學, 혹은 송宋-명明 이학理學과 관련된 것이 주류를 이룬다. 판종, 혹은 텍스트별로 주목할 만한 자료를 검토해 보면 다음과 같다.

송대宋代의 학자 황서절黃瑞節이 편찬한 『주자성서朱子成書』는 주자의 『역학계몽易學啓蒙』에 자신의 소견을 덧붙인 책이다. 을해자본乙亥字本으로 알려져 있지만, 간기刊記가 없어 인출의 자세한 시기를 알기는 어렵다. 『횡거경학이굴橫渠經學理窟』은 장재張載가 편찬한 것으로 조선에서 인출된 기록은 없고,[39] 현재 국립중앙도서관에 중국본 『횡거선생경학이굴』이 남아 있다. 진덕수眞德秀(송宋)가 편찬한 『정경政經』은 무신자戊申字로 인출한 텍스트가 연세대학교 학술정보원에 남아 있으며, 어제서御製序에 1747년 조명리趙明履가 봉교奉敎로 간행했다는 기록이 있다. 『이단변정異端辯正』은 고려대 만송문고에 을해자乙亥字로 인출한 텍스트가 남아 있으며, 명종明宗 6년(1551)에 발행한 것으로 소개하고 있다.

유숭조柳崇祖(1452-1512)가 편찬한 『성리연원촬요性理淵源撮要』는 1511년 중종에게 상진上進한 기록이 있으며, 김응조金應祖(1587-1667)의 증언에 따르면 당시 중종은 이 책을 간행하라고 명령했다는 언급이 있다.[40] 아마도 이 때 간행된 판본이 금속활자였을 것으로 추정되지만, 현전하는 『성리연원촬요』 중 금속활자로 간행된 것은 없고 「대학잠大學箴」이 합간合刊된 목판본만 남아 있다.

『십일가주손자十一家註孫子』는 태허정太虛亭 최항崔恒(1409-1474)이 오류가 많음을 지적한 사실[41]과 『선조실록』에 양호한 판본이 남아 있다는 기록[42]

---

39) 『中宗實錄』 13년 11월 22일 조에 金安國이 북경에서 『張子語錄』, 『經學理窟』, 『延平問答』, 『胡子知言』 등을 가져와 上進한 기록이 있다.
40) 金應祖, 『鶴沙集』 卷5, 「大學十箴性理淵源撮要重刊後識」, "我聖朝崇儒術尙文敎 中宗大王 至親臨國學 引諸儒臣學生 橫經問難 時完山柳先生崇祖爲大司成 進講大學 退而著大學十箴 及性理淵源撮要等書進之 中廟深加嘉奬 仍命刊行"
41) 崔恒, 『太虛集』 卷2, 「武經跋」, "嘗觀藝文志 兵家者流 無慮數百 而太公黃石司馬孫吳尉李之書 爲其冠冕 世所傳武經七書是已 然孫子則有十一家註 而僞舛尙多 餘六書則未有註解 學者病之"
42) 『宣祖實錄』 33년 9월 13일 조 참고.

등을 통해 선초鮮初부터 유통되었음을 알 수 있다. 그 중 금속활자본은 을해자로 1558년과 1577년에 간행한 판본이 알려져 있다. 단원자丹元子(수隋)의 『보천가步天歌』는 금속활자로 인출한 판본은 현전하지 않고, 대부분 목판본으로 인출한 텍스트가 남아 있다. 그 중 미국 컬럼비아대학교 도서관(Columbia University Library)에 소장된 것은 목활자본(교서관필서체자校書館筆書體字)으로 인출한 것인데, 아마도 이 판본을 고활자본으로 판단한 것으로 보인다.

④ 집부集部

<표 4> 武屹精舍 장서각 소장 集部 資料(추정)

연번	四部分類	書 名	編·著者	冊數	板種	備 考
1	集部 總集	文苑英華	李昉(宋)	45冊	古活字本	30.8*20.0cm
2	集部 總集	文章辨體	吳訥(宋)	55卷12冊	古活字本	33.6*21.0cm
3	集部 總集	文章正宗	眞德秀(宋)	24卷20冊	古活字本	35.5*22.4cm
4	集部 總集	崇古文	樓昉(宋)	4冊	古活字本	32.4*19.7cm
5	集部 總集	古文珠璣	-	7冊	-	?
6	集部 總集	宋學文集	-	9冊	-	?
7	集部 總集	朱子詩分類	鄭逑	-	-	?
8	集部 總集	古文會粹	鄭逑(?)	1冊	-	?
9	集部 總集	分年日程	程端禮(元)	3卷2冊	木版本	25.0*15.0cm
10	集部 別集	呂東萊集	呂祖謙(宋)	49卷16冊	木版本	27.0*17.5cm
11	集部 別集	武陵雜稿	周世鵬	22卷8冊	木版本	30.5*19.5cm
12	集部 別集	文山集	李載毅	16冊	木版本	27.0*18.0cm
13	集部 別集	秋江集	南孝溫	2冊	木版本	20.8*15.6cm
14	集部 別集	潛溪後集	李全仁	1冊	木版本	28.2*19.5cm
15	集部 別集	拭疣集	金守溫	3卷1冊	古活字本	?
16	集部 別集	睡軒集	權五福	1冊	木版本	22.3*17.5cm
17	集部 別集	秋月軒集	孫三燮	2卷1冊	石印本	29.5*19.4cm
18	集部 別集	三休堂遺稿	趙休	1冊	木版本	24.5*16.9cm
19	集部 別集	圓齋集	鄭樞	1冊	-	?
20	集部 別集	迂拙齋先生實紀	朴漢柱	3卷1冊	木版本	28.5*19.1cm
21	集部 別集	復齋集	鄭摠	1冊	木版本	?
22	集部 別集	止止堂集	金孟性	1冊	木版本	30.5*21.0cm
23	集部 別集	灌圃集	魚得江	2卷1冊	木版本	22.9*17.3cm
24	集部 雜記	兩山墨談	陳霆(明)	18卷4冊	木版本	24.2*20.9cm
25	集部 雜記	筆疇	王達(明)	2冊	필사본	?
26	集部 雜記	學範	趙謙(明)	1冊	木版本	28.3.20.1cm
			소계	149책		

집부集部는 총집류總集類 9종, 별집류別集類 14건, 잡기류雜記類 3건이며, 판종은 고활자본 6종, 목판본 14종, 필사본 및 석인본石印本 각 1종, 미상 5종이다. 이중 『고문회수』와 『주자시분류朱子詩分類』는 다른 기관에서 찾을 수 없는 유일본이었을 것이며, 『송학문집宋學文集』과 『고문주기古文珠璣』 및 손삼섭孫三燮의 『추월헌집秋月軒集』은 서명이나 기록자의 오류가 있었을 것으로 추정된다.

송宋의 이방李昉 등이 봉칙편奉勅編한 『문원영화文苑英華』는 『중종실록』 31년(1536) 11월 2일조에 중국에서 사온 판본을 인출케 하라는 기록이 있다. 현전하는 『문원영화』는 중종 11년(1516)의 간기가 기재된 병자자 판본이 한국학중앙연구원 장서각 등에 남아 있다. 이 책은 100책의 거질로, 무흘정사에 남아 있었던 45책은 낙질로 판단된다. 명대의 학자 오눌吳訥이 편찬한 『문장체변文章辨體』은 갑인자甲寅字자 인출한 판본이 고려대 만송문고에 남아 있다. 진덕수眞德秀의 『문장정종文章正宗』은 1761년 홍계희洪啓禧의 서문이 붙은 무신자본戊申字本이 전하고 있다. 『상채선생어록上蔡先生語錄』은 중종 17년(1522) 갑진자甲辰字로 인출한 판본이 있으며, 목판본도 다소 전하고 있으나 판본이 매우 귀한 편이다. 송宋 누방樓昉의 『숭고문崇古文』은 『우재선생표주숭고문결迂齋先生標註崇古文訣』로 알려져 있으며, 『고문진보古文眞寶』의 주석을 이해하는데 필수불가결한 텍스트이다. 중종연간에 병자자로 인출한 판본이 남아 있다.

정추鄭樞(1333-1382)의 『원재집圓齋集』과 정총鄭摠(1358-1397)의 『복재집復齋集』은 1607년 무렵 정구鄭逑가 『서원세고西原世稿』를 편찬하기 위해 활용한 텍스트로 여겨진다. 김수온金守溫(1409-1481), 김맹성金孟性(1437-1487), 남효온南孝溫(1454-1492), 박한주朴漢柱(1459-1504), 권오복權五福(1467-1498), 어득강魚得江(1470-1550), 주세붕周世鵬(1495-1554), 이전인李全仁(1516-1568) 등을 저자로 하는 조선 전기 사림파의 여러 문집들은 사화史禍와 연관된 인물들이 많다는 점이 이채롭다.

잡기류雜記類 가운데 명明의 조겸趙謙이 편찬한 것으로 알려진 『학범學範』은 학계에 거의 알려지지 않은 텍스트이다. 한국학중앙연구원 장서각에 소장된 『학범』은 후면에 "이 책은 모재慕齋 김안국金安國이 중국에 사신으로 가서 가져온 책이다. 작자는 송나라 왕실의 후손 조준趙浚이며, 홍무洪武 연간年間에 중국에서 간행된 책이다. 구부우참찬歐府右參贊이 감사로 왔을 때 승려 관지貫之와 성문性文에게 간행케 했다."라는 기록이 보이며, "正德庚辰(1520)抄春上澣晋陽後學暾庵書于龍潭縣齋"라는 간기가 있다.

이 책의 체재는 총 5권으로 구성되어 있다. 권1은 학범學範으로 행실行實(효孝, 제弟, 목睦, 인婣, 임任, 휼恤), 문예文藝(고문古文, 금문今文), 치사治事이다. 권2는 독범讀範으로 성리자훈性理字訓, 이아爾雅, 소학小學, 독경讀經, 대학大學, 논어論語, 맹자孟子, 중용中庸, 사서합간서목四書合看書目, 효경孝經, 역易, 시서詩書 등이다. 권3은 점범點範으로 경서經書의 비점批點 범례凡例, 구두례句讀例, 관각교감법館閣校勘法, 면재비점사서례勉齋批點四書例, 정씨실면재례程氏實勉齋例, 노재선생비점강목범례대략魯齋先生批點綱目凡例大略, 강목대서綱目大書, 강목분주綱目分註, 정씨광첩산비점한문범례程氏廣疊山批點韓文凡例 등이다. 권4는 작범作範으로 양기법養氣法, 구제법拘題法, 명체법明體法, 분간법分間法, 입의법立意法, 용사법用事法, 조어법造語法, 문답법問答法, 편법編法, 구법句法, 자법字法, 기상氣象, 음절音節, 변체유일십구자辯體有一十九字 등이다. 권5는 서법書法으로 필법筆法, 혈법血法, 골법骨法, 육법肉法, 심법가心法歌 등으로 구성되어 있다. 그러므로 학문과 독서, 작문법, 글씨 등의 모범을 소개하는데 주안점을 둔 책으로 여겨진다.

4. 무흘정사 장서각의 장서 경향과 특징

지금까지의 논의를 통해 무흘정사 장서각에는 최소 경부 86책, 사부 183책, 자부 57책, 집부 150책 이상이 갈무리되었던 것을 짐작할 수 있다. 이 가운데는 금속활자로 인출된 텍스트는 경부經部 1종(『동국정운東國正韻』), 사부史部 5종(『고려사절요高麗史節要』・『역대통감찬요歷代通鑑纂要』・『대명회전大明會典』・『궐리지闕里誌』・『계고록稽古錄』), 자부子部 7종(『주자성서朱子成書』・『정경政經』・『설문청공독서록薛文清公讀書錄』・『이단변정異端辯正』・『성리연원촬요性理淵源撮要』・『십일가주손자十一家註孫子』・『보천가步天歌』), 집부集部 6종(『문원영화文苑英華』・『문장변체文章辨體』・『문장정종文章正宗』・『상채선생어록上蔡先生語錄』・『숭고문崇古文』・『식우집拭疣集』) 등 총 19종이다. 이 중 『성리연원촬요』와 『보천가』는 현전하는 금속활자본이 없어 대조가 어렵지만, 나머지 17종은 초주갑인자初鑄甲寅字(1434)를 비롯하여 을해자乙亥字(1455), 병자자丙子字(1516) 등 선초鮮初에 주조鑄雕한 것들이다.

초주갑인자에 해당하는 것은 『동국정운』(1448년 간행), 『고려사절요』(1452년 간행), 『역대통감찬요』(1518년 간행) 등이며, 중종 연간에 간행된 『궐리지』도 갑인자로 인출된 텍스트이다. 사주갑인자四鑄甲寅字인 무신자로 간행된 『정경』(1747년 간행), 『문장정종』(간행연도 미상) 등도 갑인자 계열의 판본이다. 1455년 세조가 즉위하던 당시에 주조된 을해자乙亥字로 간행된 텍스트는 『주자성서』를 비롯하여 『이단변정』(1551년), 『십일가주손자』(1558년), 『설문청공독서록』(1607년 을해자 번각본) 등이 있다. 1484년 『구양공집歐陽公集』과 『열녀전列女傳』을 저본으로 하여 주조된 갑진자로 간행된 텍스트는 『문장변체』와 『상채선생어록』(1522년)이 있다. 1516년 중국판 『자치통감資治通鑑』을 저본으로 하여 주조된 병자자로 간행된 텍스트는 『대명회전』(1518년), 『문원영화』, 『숭고문』 등이다.

정구가 활동했던 조선 중기에는 관직에 나가지 않으면 금속활자로 인출된 서적을 소유하기가 어려웠다. 아울러 무흘정사에 소장된 금속활자본이 모두 선초鮮初에 인출印出된 것이라고 가정한다면, 무흘정사 장서각은 귀중본을 소장처였다고 할 수 있다. 하지만 무흘정사 장서 목록과 『한강집寒岡集』을 대조해보면, 장서 목록은 실재 장서량의 1/10에도 미치지 못한다는 사실을 알 수 있다. 경부 자료의 경우, 대부분『오선생예설분류』이나『오복연혁도』와 등 예학禮學 관련된 것으로,『예기주소禮記註疏』나『의례주소儀禮註疏』등이 여기에 해당한다.『오선생예설분류』에 인용된 참고서는『정씨유서程氏遺書』·『정씨외서程氏外書』·『경설經說』·『이천문집伊川文集』·『횡거이굴橫渠理窟』·『정몽正蒙』·『가례家禮』·『주자대전朱子大全』·『주자어류朱子語類』·『회암어류晦菴語錄』·『주자행장朱子行狀』·『주자연보朱子年譜』·『송조명신언행록宋朝名臣言行錄』·『이락연원록伊洛淵源錄』·『성리대전性理大全』·『문헌통고文獻通考』·『역전易傳』·『서전書傳』·『시전詩傳』·『춘추공양전春秋公羊傳』·『춘추호전春秋胡傳』·『예기禮記』·『주례周禮』·『대대례大戴禮』·『의례경전통해儀禮經傳通解』·『의례경전통해속儀禮經傳通解續』·『논어집주論語集註』·『맹자집주孟子集註』·『중용장구中庸章句』·『중용혹문中庸或問』·『통전』·『대학연의보大學衍義補』·『자치통감강목資治通鑑綱目』·『강목대성綱目大成』·『가례의절家禮儀節』·『가례회통家禮會通』·『안씨가훈顔氏家訓』·『한창려집韓昌黎集』·『유선생집柳先生集』·『소학집해小學集解』·『한위공제식韓魏公祭式』·『사문유취事文類聚』·『문한유선文翰類選』·『학림옥로鶴林玉露』·『향교예집鄉校禮輯』·『역본의易本義』·『여씨종법呂氏宗法』·『장남헌집張南軒集』·『천원발휘天原發微』[43] 등 실로 방대하다. 하지만 이 책들 중 목록에서 확인되는 것은『횡거리굴』·『주자대전』·『의례경전통해』·『통전』등 4종 뿐이다.

또 정구는 "산중의 옛 서재에『천원발미』가 있는데, 그중 한 책을 쥐가 수십 장이나 더럽히고 쏠아 버린 탓에 글자가 흐릿하거나 떨어져 나가 알아볼 수 없네. 그래서 다른 종이를 때워 넣을 수밖에 없는데, 그 부분을 고쳐 쓰려고 생각하니 선본善本을 얻을 수가 없었네. 박도사朴都事 어른께 빌려달라고 청했더니, 그대가 빌려 간 것을 가져다가 등사하라고 대답하였네. 그 부분은 제5책의 상권이네. 부디 그 책을 찾아서 지금 찾아간 이 인편에

---

43)「五先生禮說分類 해제」, 규장각 홈페이지(http://kyujanggak.snu.ac.kr/home)

부쳐 주기 바라네."[44]라고 하며, 저술에 필요한 참고서적 한 권을 구하기 위해 백방으로 노력했음은 이미 언급한 바 있다. 여기서 알 수 있듯이, 정구 생전에 서재에 갈무리되어 참고서로 인용된 『천원발미』는 목록에 없다.

이처럼 무흘정사 장서각의 장서 내역은 문집이나 다른 자료와 부합되지 않는 아쉬움은 있다. 또 불경佛經이 전혀 보이지 않는 점으로 미루어 정구의 도서 수집은 유학儒學의 조선화 등과도 관련이 있을 것으로 조심스럽게 추정된다. 목록으로만 전하는 무흘정사 장서각의 장서는 아래와 같은 몇 가지 경향과 특징을 지니고 있다고 하겠다.

첫째, 무흘정사 장서각에는 정구가 활동했던 시대를 비롯하여 그 이전에 간행된 다양한 판종의 장서가 소장되어 있었으며, 후대에 편입된 것은 비교적 소량이었을 것으로 추정할 수 있다. 이는 장서 목록에서 서명과 편저자에 대한 정보만으로도 쉽게 유추할 수 있다. 그러므로 무흘정사 장서각은 특정 개인이 장서를 구축한 뒤 후손들이 유지를 위해 노력한 산중 도서관의 성격의 띤다고 할 수 있다.

둘째, 경부는 자료가 제한적이라 쉽게 단정할 수 없지만, 사부는 전기류, 편년류, 정법류, 지리류, 잡사류 등 비교적 다양한 장르의 서적이 갈무리되었다. 이 가운데 전기류와 편년류 관련 서적은 대부분 인물에 대한 평가가 주류를 이루기에, 이는 역대의 치란治亂과 인물人物 포폄褒貶에 관심이 많았던 정구의 독서 경향을 대변해 준다고 하겠다.

셋째, 자부는 유가류가 많으며, 그 중에서도 송조육현宋朝六賢으로 대변되는 주돈이周敦頤, 장재張載, 소옹邵雍, 정호程顥, 정이程頤, 주희朱熹 등과 관련된 서적이다. 또 권근權近, 이정李楨, 윤두수尹斗壽, 이황李滉, 고경명高敬命 등 조선 초-중기 성리학자들이 편찬한 서적도 눈길을 끈다. 윤두수의 『성인록成人錄』

---

44) 鄭逑, 『寒岡續集』 卷7, 「與任卓爾屹」, "仍悚山中舊龕 有天原發微之書 其中一冊 爲鼠所損壞 至於數十張漫漶殘破 不堪着目 不免補入他紙 而欲改書焉 則不得善本 求諸朴都事子(缺) 丈 答以借在貴傔 令請取憑寫云 乃第五上也 幸許搜付此便 擬於一二日內 寫訖奉還"

은 절의節義를 지키다가 죽은 남송南宋 문천상文天祥과 고려의 정몽주鄭夢周를 추장推獎하기 위해 편찬한 것이다. 고경명의 『정기록正氣錄』은 그의 아들 종후從厚와 임란 당시 복수의병장復讐義兵將이 되어 진주晉州에서 김천일金千鎰, 최경회崔慶會 등과 함께 남강南江에서 수사水死할 때까지 이들이 각처에 보낸 격서檄書와 통문通文, 왕복 편지 등을 묶은 것이다. 그러므로 자부 관련 서적은 성리학을 근간으로 하여 절의를 강조하는 내용이 담긴 서적이 많다는 특징을 지닌다.

넷째, 집부는 총집류總集類와 별집류別集類 등 개인의 문집이나 문집에서 발췌한 글을 모은 것이 주류를 이룬다. 이 중 총집류에 해당하는 『문원영화』, 『문장변체』, 『문장정종』 등은 당송고문唐宋古文을 익히기 위한 전범典範에 해당하는 텍스트들이다. 정구가 편찬한 『고문회수』 역시 이 텍스트들과 내용이 유사할 것으로 추정된다.

다섯째, 『학범』의 경우에서 보았듯이, 무흘정사 장서 중에는 『필주筆疇』・『분년일정分年日程』 등 아직 학계에 소개되지 않은 귀중서가 종종 보인다. 아울러 현재는 무흘정사 장서 목록에만 남아 있는 자료도 산견되기에, 향후 이에 대한 정밀한 검토가 필요하다.

5. 결론

이상의 논의를 통하여 정구의 저술 및 출판활동과 무흘정사 장서각의 장서 경향을 검토해 보았다. 1603년 정구가 무흘정사를 건립하여 장서를 갈무리한 이래로, 무흘정사는 정구의 유촉지이자, 회연서원과 더불어 한강학의 중심지로 인식되었다. 그러나 무흘정사는 산중 협처에 위치한 이유로 수호는 인근 사찰의 승려들에게 맡겨졌으며, 19세기에 이르기까지 여덟 차례에 걸쳐 신창新創-중수重修-이건移建-중수重修의 과정을 겪게 되었다.[45]

무흘정사에 갈무리되었던 장서는 1940년에 이르러 회연서원으로 옮겼다가, 1970년 화재로 대부분이 소실되었다고 한다. 그러므로 무흘정사의 장서 목록은 현재 1968년에 국회도서관에서 간행한『한국고서종합목록』과 한국학중앙연구원의 고문서 등으로 유추할 수밖에 없는 실정이다. 앞서 언급한 자료들을 바탕으로 한 선행연구에서는 무흘정사 장서각에는 고문헌 78종 507책, 책판 6종이 갈무리된 것으로 파악하였다. 본문에서는 이 507책을 사부분류법으로 분류하여 각 부에 해당하는 서적의 특색을 구명하였다.

무흘정사 장서 목록에 한정하여 정구의 독서를 논한다면, 송명 이학을 바탕으로 한 도학자의 전형을 엿볼 수 있다는 점이 가장 주목할 만하다. 무흘정사 장서 목록에는 조선시대 선비들의 장서목록에서 흔히 발견되는 사서오경대전본四書五經大全本이나 삼서三書(『사기史記』・『한서漢書』・『후한서後漢書』) 등이 보이지 않는다. 몇몇 건을 제외하면 명초明初에 간행되었던 판본이 조선 초-중기에 다시 간행 서적이 거의 대부분을 이룬다.

무흘정사 장서 목록에서 보이는 서적들 중에는 정구의 학문관을 집약할 수 있는 자료도 산견된다. 예를 들어『설문청공독서록』에 대해 정구는 "명明에서 선두에 서서 도학을 인도해 나가 사문斯文의 정맥을 얻은 사람은 우리 경헌敬軒 설선생薛先生(설선薛瑄)이 곧 그분이다."[46]라고 할 정도로 설선의 학문을 칭송했다. 그래서 안동부사로 재직하던 때에 오정거吳廷擧가 편찬한 『설문청공독서록요어薛文淸公讀書錄要語』에 자신의 의견을 부기하여 판각하기도 했다. 선행연구에서는 정구의 시에서 설선의 시를 차운한 경우가 산견된다고 했는데, 유성룡柳成龍・조목趙穆 등 이황의 직전제자들의 글에서 설선을 칭송하는 내용을 어렵지 않게 발견할 수 있다. 이에 대한 논의는 후일을 기약한다.

---

45) 정우락(2011), 「전게 논문」, 14쪽.
46) 鄭逑,『寒岡集』권9,「書讀書要語續選後」, "在皇朝倡先道學, 得斯文正脉, 惟吾敬軒薛先生其人也."

끝으로 무흘정사 장서 목록은 본문에서도 언급한 송이석의『무흘정사장서초록』2권 이외에도 김진동金鎭東(1727-1800) 또한 무흘정사의 장서 목록을 작성하여 상진한 적이 있다는 기록이 있다. 이런 자료들은 현전하지 않아 안타까울 따름이지만, 지속적인 자료 발굴은 시급성을 다툰다고 하겠다.

* 『영남학』 제60호(경북대학교 영남문화연구원 · 퇴계연구소, 2017)에 수록된 글을 수정 게재함.

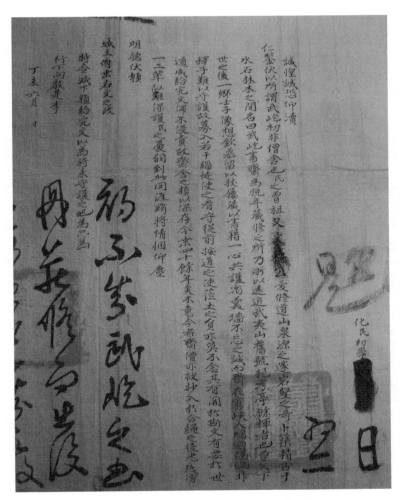

<1662년에 정창지가 성주목사에게 올린 소지(부분)>

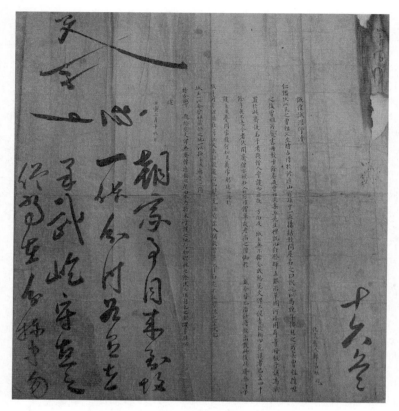

<1667년에 정창지가 성주목사에게 올린 소지>

8장 회연서원의 입지환경과 풍수논리

박정해(한양대학교)

1. 서론

경북 성주군 수륜면 신정리 258번지에 위치한 회연서원은 한강寒岡 정구 鄭逑(1543-1620, 이하 한강)의 학문을 길이 보전하고, 후학들이 더욱 정진할 수 있도록 하기 위해 건설하였다. 우리의 전통교육기관이자 학문탐구의 장이었 던 서원은 그 중요성만큼이나 의미 있는 입지를 선정하였다. 조선시대 서원 은 연고를 바탕으로 입지선정이 이루어졌는데, 특히 강학장소와 생가 혹은 묘지근처 등과 같이 중요하게 인연을 맺었던 곳에 건설하는 것이 상례였다. 회연서원도 생전에 한강이 학생을 가르치던 회연초당 터에 건설한 것으로, 서당이 사후에 서원으로 발전한 경우에 해당한다. 이러한 전통은 비록 회원 서원만이 아니고, 퇴계선생의 도산서원도 이와 같은 경우에 해당한다.

조선중기 이후에 나타나기 시작한 서원은 차츰 그 위세를 높여갔고, 지 나치게 비대해진 서원은 많은 부작용을 양산하기에 이른다. 결국에 흥선대 원군의 서원철폐령이라는 철퇴를 맞고 훼철되는 아픈 역사를 가지고 있다. 회연서원도 흥선대원군의 철퇴를 피해 가지는 못하였다.

남명南冥 조식 曺植과 퇴계退溪 이황 李滉의 학문을 이어받아 성리학 발전에 크게 기여한 한강의 학문 세계는 성리학性理學과 예학禮學, 역사歷史, 전기傳記, 산수算數, 지리地理, 의학醫學, 병진兵陣, 풍수風水, 문학文學 등 광범위한 영역에 걸쳐있었다. 특히, 예학禮學에 밝은 모습을 보이는데, 『국조보감國朝寶鑑』에서도 그가 예학에 뛰어났다는 점을 확인할 수 있다.[1] 『심경心經』[2]을 깊이 연구하여 오늘날 한국 심학의 원천이자 상징이 되었다. 조선의 성리학자는 학자에 머물기보다는 관료로써 자신의 학문세계를 실천하는 모습을 보인다. 물론 한강도 당시 유학자의 모습과 크게 다르지 않다. 성리학에 매진하던 한강은 관료의 길을 걸으면서도 현실정치에서 자신의 학문세계를 실천하는 모습이다.

현재 한강의 학문 세계와 관련한 연구는 다양한 각도에서 활발하게 이루어지고 있다. 그러나 한강과 중요한 인연을 맺었던 장소이자 입지선정의 기준을 살펴 볼 수 있는 회연서원과 관련한 연구는 미흡한 실정이다.[3] 따라서 본 연구는 회연서원의 건축적 특징과 풍수인식에 대해 살펴보는 것을 목적으로 한다. 한강의 학문세계를 포함한 연혁을 간단히 살펴보고, 아울러 회연서원의 연혁도 살펴본다. 회연초당이던 서원입지에 반영된 한강의 풍수인식과 공간구성의 논리성을 분석하고, 현장조사와 문헌고찰을 통해 입지와 공간구성의 특징적인 모습을 살펴본다.

회연서원 관련 문헌자료의 부족은 연구의 한계성이지만 새롭게 밝혀야 하는 과제를 제시한 셈이기도 하다. 이미 알려진 바와 같이 회연서원은 홍

---

1) 『國朝寶鑑』 卷26 선조조3, 선조13년(경진, 1580) 4월.
2) 『心經』은 朱子의 문인인 眞德秀가 편찬한 것으로 書・易・論語・中庸・大學・禮記・孟子 등 經書와 周濂溪의 通書에서 心性에 관한 격언들을 채취하고, 그 외에 程伊川・范蘭溪・朱晦菴의 箴과 銘을 채록하여 이를 心經이라 이름 짓고 앞에 贊을 붙였는데, 그 첫머리에 堯舜禹가 전한 16자로 만세심학의 연원이 여기에서 나왔다고 하였다.
3) 강예석, 「회연서원 강당 복원평면의 특성에 관한 연구」, 『한국건축역사학회 추계학술발표대회』(한국건축역사학회, 1995)

선대원군의 서원 철폐령에 의해 훼철되었고, 이를 다시 복원하는 과정을 거치게 된다. 복원하는 과정은 여러 변수들이 작용하기 마련으로 원래의 모습과 괴리감이 생기는 것을 완전히 배제할 수 없다. 그럼에도 불구하고 서원입지의 특징적인 모습을 살펴보는 연구는 부족한 모습이다. 특히 전통건축의 입지선정은 풍수에 바탕을 두고 이루어졌음에도 불구하고, 이를 애써 외면한 현실은 서원입지의 진면목을 살펴보는데 한계성을 드러내고 있다.

2. 한강 정구와 회연서원의 연혁

1) 한강 정구의 학문세계와 풍수인식

한강의 본관은 청주淸州요 자는 도가道可이며, 호는 한강寒岡이다. 한강의 선대는 서울에서 살았다고 하는데, 중종 38년(1543) 음력 7월 9일 자시子時에 정사중鄭思中의 셋째 아들로 경북 성주군 대가면 사월리 현 칠봉리 유촌에서 태어난다. 한강이 이곳에서 태어나고 자란 배경에는 할아버지 정응상鄭應祥이 김굉필金宏弼(1454-1504)의 사위인 관계로, 외가 쪽에 정착한 정사중의 영향 때문이다.

한강은 어려서부터 굉장히 총명했다고 하는데, 9살에 맞이한 부친의 사망은 큰 충격이었겠으나 학문 탐구를 통해 이를 극복한 것으로 보인다. 13세 때에 성주향교의 오건吳健에게 배운 『주역周易』을 바탕으로 학문적 성장을 이룩하게 된다. 특히, 퇴계 이황과 남명 조식이라는 걸출한 스승을 통해 학문적 기개가 돋보이게 된 계기가 되었다. 한강의 학문적 특징은 성리학과 예학 그리고 경세론經世論으로 크게 나눌 수 있는데, 그 중에서도 예학에보다 중점을 두었으며 육례六禮4)가운데 사례四禮를 더 중시하였다.

---

4) 冠·婚·喪·祭·鄕·相見.

이와 같이 한강의 학문세계는 주자의 학문에 전적으로 천착하기보다는, 관념론보다는 실제론, 이기론理氣論보다는 심성론心性論에 더 큰 비중을 두었다. 성리학과 예학은 전통적인 영남학풍嶺南學風을 계승하였으며, 이황과 조식의 학풍 가운데 조식의 학맥으로부터 영향을 더 받은 듯하다. 그는 주자나 이황과 같이 성즉리性卽理의 입장에서 인간본성을 천리天理와 보편이성으로 보았으며, 이존기비理尊氣卑를 인정함으로써 윤리적 당위성을 강조하였다. 그의 학문적 관심이 예학에 쏠린 것은 이와 같은 사상과 밀접한 관련성을 갖는다. 특히, 『오선생예설분류五先生禮說分類』·『예기상례분류禮記喪禮分類』·『가례집람보주家禮集覽補註』·『오복연혁도五服沿革圖』·『심의제도深衣制度』 등은 예학에 관한 그의 해박한 지식과 깊은 연구가 나타나 있는 저술들이다.

한강은 경세經世에 대해서도 깊은 관심을 갖고 있었으며, 『창산지昌山志』를 비롯한 각 지방의 지지류地志類와 의학 관계의 『의안집점醫眼集占』, 『광사속집廣嗣續集』 등에는 구체적인 경세의 방법들이 제시되어 있다. 그의 경세론은 허목許穆 등 근기학파近畿學派에 속한 학자들에게 계승되어, 이익李瀷과 안정복安鼎福, 정약용丁若鏞 등에 의해서 더욱 심화·발전되었다. 경세론 연구에 대한 저술에는 『고금충모古今忠謀』, 『고금치란제요古今治亂提要』 등과 같이 정치의 규범과 득실을 역사적 사실에 입각하여 파악하려 한 것이 있고, 『고금인물지古今人物志』, 『고금명환록古今名宦錄』 등과 같이 인물의 전기傳記를 통하여 역사의 교훈을 보이려 한 것이 있다.

한강의 풍수인식은 몇 가지의 자료를 통해 유추해 볼 수 있다. 주로 성리학 탐구에 집중하였지만 풍수 자체를 부정하지는 않았던 것 같다. 그리고 풍수이론을 구성하는 특징적인 모습조차도 이해하고 있었다.5) 그렇지만 그가 부정하고자 하였던 것은 득수得水와 파구破口 방향에 따른 길흉론吉凶論과

---

5) 『寒岡集』 卷2 「疏」 請勿改卜山陵疏 庚子 : 盖臣嘗聞地理之家其所以爲說者有二 相賓主拱揖之勢 定龜雀龍虎之形 審聚散離合之情 求融結關鑽之密 此山家之所宗也 用八卦干支之數 寓推排參錯之妙 建方位向背之名 著逆順吉凶之象 此又山家之所參取也.

연운年運에 따른 상극론相剋論을 수용하지 않았다.6) 당시에 유행하던 호순신
胡舜申 지리신법地理新法의 핵심논리가 '길한 방향에서 득수하고 흉한 방향으
로 파구되어야 한다'고 하였는데, 이와 같은 술법術法에 대한 반감이 컸던
것으로 보인다. 호순신의 지리신법에 집착하여 포천 신평에 잡았던 의인왕
후 박씨의 능지를 부정하는 풍수가들의 주장을 수용하지 말 것을 상소한
사실에서도 입증되고 있다.7) 또한 연운年運에 따라 좌향의 선택이 제한되는
풍수술법에 대해서도 역시 부정적인 시각을 드러내고 있다. 하지만 풍수가
갖는 논리성과 합리성 자체를 부정하지 않았고, 그가 입지선정에 중요한
근거로 활용한 것으로 판단된다. 왜냐하면 그가 입지를 선정하여 학생들을
가르쳤던 곳을 살펴보면 모두 풍수 길지에 자리하였다는 점이 이를 입증한
다. 특히 회연초당의 입지는 풍수논리에 부합하는 모습을 확인할 수 있어
이를 3장에서 살펴본다.

2) 회연서원의 연혁

회연서원은 선조16년(1583) 한강
이 제자를 기르기 위해 건립한 회
연초당에서 비롯되었다. 한강의 학
문을 기리기 위한 회연서원은 회
연초당이 입지하던 자리에 인조5
년(1627) 지방 유림들에 의해 세워
진다.

<그림 1> 회연서원의 현판

회연서원은 숙종16년(1690) 사액
을 받았으나, 고종5년(1868) 흥선대원군의 서원철폐령에 의해 훼철되었

---

6) 『寒岡集』 卷4 「書」 答金邦良德民 : 山運難處之敎 謹奉承悉 但鄙生平生不能深信其說 前於
　　賤家遭喪之日 亦不能用焉 是以 今亦聞人水破之說 年剋之論 皆不能是之.
7) 『宣祖實錄』 卷129, 33년 9월 4일(갑진) ; 『寒岡集』 卷2 「疎」 請勿改卜山陵疏 庚子.

다.[8] 이후 1974년에 복원되었고 1976년에 동재東齋와 서재西齋를 신축하였다. 현재 회연서원은 사우祠宇와 강당講堂, 동재東齋, 서재西齋, 내삼문內三門, 외삼문外三門, 숙야재夙夜齋, 차사庫舍, 별사別祠등이 있다. 사우祠宇는 향사享祀를 지내는 3칸 규모의 건물이며, 한강과 이윤우李潤雨(1569-1634)의 위패가 봉안되어 있다. 강당은 원내의 모든 행사와 유림회합 및 학문토론의 장소인데, 5칸 규모로 중앙 3칸은 마루이며 좌우측은 협실夾室로 구성되어 있다. 동재와 서재는 수학하는 유생들이 거처하는 각 3칸 규모의 건물이다. 이 서원에서는 매년 음력 2월과 8월 중정일中丁日에 향사를 지내고 있으며, 소장 전적으로는 정구의 문집판인『심경발휘心經發揮』외에 수십 권이 있다.

경회당景晦堂은 회연서원에서 가장 오래된 건물로 정면 5칸, 측면 2칸의 홑처마 맞배지붕의 건물로, 이마에 '회연서원'이라는 현판을 붙이고 오랜 풍상을 곱게 견딘 기품있는 모습으로 서 있다. 강당 안 벽에는 '옥설헌玉雪軒'이라 쓴 편액[9]과 미수眉叟 허목許穆의 빼어난 글씨로 쓴 '망운암望雲巖'이라 적힌 편액이 걸려 있다.[10] 왼쪽 측실 옆 퇴보 위에도 허목이 쓴 '불괴침不槐寢'이라 적힌 편액이 또 하나 걸려 있다. '불괴침'이란 '부끄러움 없는 잠자리'라는 뜻으로, 부끄러움 없는 하루를 보내고 드는 잠자리는 아마 깃털처럼 가벼웠을 것이며, 당시 선비가 바라는 하루의 모습을 떠올릴 수 있다.

한편, 한강 정구가 제향된 서원 목록을 살펴보면, 회연서원을 비롯하여, 천곡서원川谷書院,[11] 사양서원泗陽書院,[12] 연경서원硏經書院,[13] 도동서원道東書

---

8) 이러한 사유로 인해 회연서원의 연혁과 관련한 자료는 극히 적을 수밖에 없다.『신증동국여지승람』에도 건립과 사액받은 연대만 간략하게 기록하고 있다.
도한기의『읍지잡기』에는 흥선대원군의 서원철폐령에 의해 회연서원도 철폐되었으나, 강당만은 훼철에서 제외시켰다고 한다.
9) 이 글씨를 쓴 분의 이름은 알 수 없고, 단지 字를 廣孝라 사용하는 분의 글씨이다.
10) 미수 허목의 글씨가 이곳에 많은 것은 거창 현감으로 부임한 아버지를 따라와 한강의 제자가 되었기 때문일 것이다.
11) 천곡서원은 경상북도 성주군 벽진면 해평리에 있었던 서원이다.
12) 사양서원은 경북 칠곡군 지천면 신리에 있는 서원이다. 효종 2년(1651)에 지방 유림

院,[14) 회원서원檜原書院,[15) 관산서원
冠山書院,[16) 반구서원般龜書院,[17) 도
림서원道林書院,[18) 도연서원道淵書
院,[19) 운곡서원雲谷書院,[20) 삼양서원
三陽書院,[21) 도원서원道源書院,[22) 경
덕사우景德祠宇, 학령서원鶴翎書院,[23)
용천서원龍泉書院[24)등이 있다. 이와
같이 한강 정구가 많은 서원에 제

<그림 2> 옥설헌 편액

향될 수 있었던 배경에는, 퇴계와 남명선생의 학문을 이어받아 자신만의
학문세계를 구축하였고 평생을 학문탐구에 쏟아 부었기 때문이다.

3. 회연서원 입지의 풍수분석

1) 회연서원의 주산과 주룡

회연서원은 <그림 3>과 같이 서원 우측에 우뚝 솟은 노인봉(400m)에서

의 공의로 정구의 덕행과 학문을 추모하기 위해 창건하여 위패를 모셨다.
13) 연경서원은 대구광역시 북구 연경동에 있었던 서원이다.
14) 도동서원은 충청남도 천안시 목천면 서리에 있었던 서원이다.
15) 회원서원은 경상남도 창원시 마산합포구 교방동에 있었던 서원이다.
16) 관산서원은 경상남도 창녕군 고암면 우천리에 있었던 서원이다.
17) 반구서원은 울산시 울주군 언양읍 대곡리에 있는 서원이다.
18) 도림서원은 경상남도 함안군 함안면 대산리에 있었던 서원이다.
19) 도연서원은 경상북도 봉화군 춘양면 서동리에 있는 서원이다.
20) 운곡서원은 충청북도 음성군 삼성면 용성리에 있는 서원이다.
21) 충남 옥천에 위치한 서원이다.
22) 도원서원은 전남 화순군 동복면 연월리에 있는 서원이다.
23) 학령서원은 평안남도 성천군 성천면 하부리 용천동에 있었던 서원이다.
24) 평안남도 성천군 성천면에 위치한 서원이다.

출맥하여 서원뒤편에 이르러 행룡을 멈춘 작은 봉우리에 의지하고 있다. 그러나 한강은 회연초당을 묘사한 시에서 서원 뒤편의 작은 봉우리를 '변변치 않다'고 노래하였다.

변변찮은 산 앞에 자그마한 초당이라	小小山前小小家
동산 가득 매화 국화 해마다 늘어난다	滿園梅菊逐年加
게다가 구름 냇물 그림같이 꾸며 주니	更敎雲水粧如畫
세상에서 내 생애 누구보다 호사로워	擧世生涯我最奢[25]

(출처 : 다음지도에 추가 작도)

<그림 3> 회연서원의 지형도

한강이 '변변치 않다'고 표현한 봉우리는 비록 높지 않고 작은 봉우리에 불과하지만 갖출 것은 다 갖춘 모습이다. 회연서원의 뒤를 든든히 받쳐주고 있을 뿐만 아니라 풍수이론에 충실한 모습이다.

회연서원에 정기를 제공하는 입수룡入首龍은 횡룡입수橫龍入首하는 모습이다. 회연서원의 주룡은 길게 행룡하다가 대가천을 만나 멈추게 되는데, 이때 하나의 맥을 주룡의 행룡 방향과 직각으로 뻗어 내리게 된다. 이러한 현상을 풍수에서는 횡룡입수라 한다.

횡룡입수의 경우에는 <그림 4>와 같이 뒤를 받쳐주는 귀성鬼星과 낙산樂山은 필수적인 요소로 인식한다. 귀성은 입수룡의 반대측 주룡에 붙어 있는 작은 지각地脚으로 용과 혈을 지탱해주고 주룡의 기운을 혈쪽으로 밀어주는

25) 『寒岡集』 卷1「詩」題檜淵草堂.

역할을 한다. 낙산은 횡룡입수하는 용의 뒤를 받쳐 주는 산으로 혈 뒤에서 불어오는 바람을 막아 주고, 혈의 허함을 보충해주며 생기를 보호하는 혈의 베개와 같은 산이다. 귀성과 낙산은 횡룡입수의 경우에는 필수적인 요소로써 그 의미와 역할은 크다고 할 것이다.

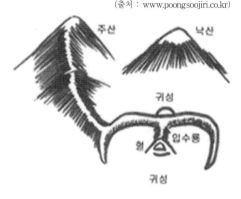

<그림 4> 귀성과 낙산

서원에 정기를 제공하는 노인봉과 뒤를 받쳐주는 작은 봉우리는 각각의 의미와 역할 그리고 구분점을 갖는다. 왜냐하면 노인봉을 주산主山이라 한다면 작은 봉우리는 현무봉玄武峰이라 할 수 있기 때문이다.

주산과 현무봉은 경우에 따라서 주산과 현무봉이 같은 경우도 있고 달리 활용되는 경우가 있는데, 이러한 현상이 생긴 배경에는 주산과 현무봉의 개념이 전혀 다른 차원에서 논의되고 정립되었기 때문이다. 주산은 태조산太祖山에서 출맥한 용이 행룡 과정에 중조산中祖山과 소조산小祖山을 일으키는데, 이때 소조산을 주산이라 부르는 것이다. 반면에 현무봉은 북쪽의 현무玄武와 남쪽의 주작朱雀, 동쪽의 청룡靑龍과 서쪽의 백호白虎와 같이 각각의 방위를 책임진 사령개념四靈槪念에서 등장한 것이다. 이러한 배경을 바탕으로 주산과 현무봉과 같은 용어는 탄생하였으나, 이들의 역할과 차이가 무엇인지 정리되지 못하였다. 다시 말해서 혈처穴處의 뒤를 받쳐주고 정기를 제공하는 산이 주산인지, 혈처에 정기를 제공하는 산이 현무봉인지 명확하지 않다는 것이다. 경우에 따라서는 주산과 현무봉이 같을 수도 있고 다를 수도 있다는 것인데, 이에 대한 명확한 구분점을 제시하지 못하였다는 뜻이다. 이와 같이 풍수는 개념과 역할에 대한 정리조차도 이루어지지 않은 상황으로, 앞으로 해야 할 연구가 많다는 의미를 가지고 있다.

풍수이론은 자연현상을 깊이 살펴보고 정리한 것으로 단순하게 길흉화복론吉凶禍福論만으로 구성된 것이 아니라, 자연의 특징적인 모습을 세밀히 조사한 결과라는 것이다. 풍수논리가 자연과 밀접한 관련성을 바탕으로 이루어졌다는 것을 입증한다. 풍수논리를 완벽하게 이해하기 위해서는 풍수이론서와 함께 현장답사를 통한 실제적인 현상을 살펴보아야 하며, 다양한 주변 학문과의 연계된 연구는 지속적으로 이루어져야 한다.

2) 회연서원의 혈

<그림 5> 회연서원의 강당인 경회당

우주의 근원은 자연이다. 자연은 우주를 만들고, 우주는 만물을 만든다는 논리를 『도덕경道德經』에서 "人法地, 地法天 天法道 道法自然"[26]이라 하였다. 도가사상과 밀접한 관련성을 가진 풍수는 자연에 바탕을 둔 지리학이고 환경학으로, 인간에게 심리적 안정감을 제공한다는 차원에서 환경심리학이라 인식하기도 한다. 자연이 가진 다양한 장점을 활용하기도 하지만, 자연 속에 자리하여 함께 어우러져 하나가 되기도 한다. 그 자체가 자연이기 때문에 자연이 만들었고 자연만이 제공할 수 있는 특징을 간직한다. 따라서 자연외적인 요인을 찾을 수 없으며 발복론만으로 재단할 수도 없는 존재이다. 자연이 만들었고 자연만이 제공할 수 있는 가장 큰 선물인 셈이다.

---

26) 『道德經』 25장.

혈은 자연이 가진 다양한 장점을 제시한 것으로, 가장 핵심적인 의미를 갖지만 여러 조건 요소의 충족을 요구한다. 정기를 전달하는 주산과 주룡이 필요하고, 좌우측에서 불어 들어오는 바람을 막기 위해 좌청룡과 우백호를 필요로 한다. 전면의 시각적인 효과와 아울러 앞에서 불어오는 바람을 막아줄 안산案山을 필요로 한다. 그 외에도 음양의 조화를 위해 전면에는 명당수明堂水가 필요하다.

혈은 이러한 기본적인 조건을 충족하는 것으로 끝나는 것이 아니라, 주룡의 행룡이 멈춰야 하고 기부肌附하고 포전鋪氈하는 형상을 갖춰야 한다. 그 외에도 결인속기結咽束氣와 입수도두入首倒頭, 선익蟬翼, 전순氈脣과 같은 혈穴의 기본 모습도 가져야 한다. 또한 혈처에서 혈토穴土가 나와야 한다는 점은

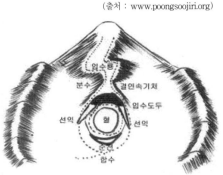

<그림 6> 혈의 구성요건

필수적인 요인이다. 여기에 혈은 정밀함을 요구하는데, 주자도 「산릉의장山陵議狀」에서 "소위 정혈의 법이란 침구에 비유할 수 있는 것으로써 스스로 일정한 혈의 위치를 갖는 것이기 때문에 터럭만큼의 차이도 있어서는 안된다"[27]고 하였던 것이다. 이러한 특징을 간직한 혈처에는 지향하는 가장 핵심적인 건물을 입지시키는 것이 풍수에 입각한 공간 구성론構成論이다. 따라서 혈처를 알면 지향하는 바를 알 수 있으며, 핵심건축물을 통해 혈처를 알 수 있는 상관관계가 이루어지는 것이다.

회연서원의 지향점은 혈처에 배치된 건축물을 통해 확인가능한데, 강당이 혈처에 배치되어 있다. 이는 회연서원이 선현제향의 목적보다는 학문탐

---

27) 『朱文公文集』 卷15 「山陵議狀」: 所謂正穴之法譬如 鍼灸自有一定之穴 而不可有毫釐之差 誠確論也.

구에 주안점을 두었다는 것을 입증하는 모습이다. 실제로 서원은 제향중심의 서원과 강학중심의 서원으로 분류할 수 있는데, 제향중심의 서원은 사당을 혈처에 배치하였다면 강학중심의 서원은 강당을 혈처에 배치하는 모습을 보인다. 따라서 회연서원은 혈처에 강당인 경회당景晦堂을 입지시켰다.

3) 회연서원의 물길

물은 순환을 통해 실천적인 모습을 현실 속에 드러내게 된다. 물은 멈추지 않고 흐르는 과정에서 지속적인 생명력을 갖게 되는데, 이때 다양한 주변 환경요인들과 수많은 관계를 형성한다. 이를 풍수라는 하나의 논리 속에서 객관화하는 방편으로 형세적 관점을 활용하였다. 오행五行을 통해 물길의 모습을 정립하였고, 환포環抱와 반배反背라는 이분법적인 길흉론을 제시하였다.

각종 풍수서는 물 흐름의 속도에 대해서도 언급하고 있는데, 머뭇머뭇 거리며 느리게 지나가야 생기生氣가 보존된다는 것이다. 이를 『설심부雪心賦』는 물의 흐름이 교交28) · 쇄鎖29) · 직織30) · 결結31)해야 하고, 천穿32) · 할割33) · 전箭34) · 사射35)

<그림 7> 회연서원 현무봉에서 바라본 대가천

---

28) 交는 용과 혈의 좌우에서 흘러나온 모든 물이 혈 앞 내외명당에서 서로 만나 交流하는 것을 말한다.
29) 鎖는 수구처에 捍門, 華表, 北辰, 羅星 등 水口砂가 있어 마치 보국의 출입문에 자물쇠를 채워놓은 것 같이 좁고 조밀한 수구, 즉 關鎖를 말한다.
30) 織은 원진수 및 내당수가 구불구불하게 之玄字로 굴곡을 이루면서 흐르는 것으로 그 형세가 마치 베틀에서 북이 왔다 갔다 하면서 베를 짜는 모양과 같다고 해서 직이라 한다.
31) 結은 여러 골짜기에서 흘러나온 물이 혈 앞 명당 한 곳에 모두 모이는 것을 말한다.

하는 곳을 피해야 한다36)고
하였다. 물과 물길의 중요성
에 대해서 다양한 각도에서
논하고 있으며, 이에 대한 특
징적인 모습도 구체성을 더
하고 있다.

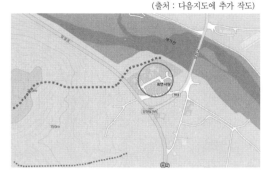

(출처 : 다음지도에 추가 작도)

<그림 8> 회연서원과 대가천

회연서원의 물길은 대가천
으로 <그림 7>과 같이 회연
서원의 뒤를 돌아 옆쪽으로
흘러가는 모습이다. 물길은 넓고 큰데, 굉장히 느린 속도로 흐르는 모습이
다. 특히 환포하는 형상은 풍수가 추구하는 음양교배의 완성을 위해 중요
한 고려사항인데 대가천은 회연서원을 완벽하게 환포하는 형상이다.

이를 통해 확인 가능한 회연서원 입지의 특징은 절묘한 산수가 조화를
이룬 곳에 입지하고 있다. 이는 당시 유학자들이 추구하던 산수가 조화를
이루어 아름다운 풍광을 이룬 곳에서 학문을 탐구하고자 하던 이상향을 현
실 속에 실현한 것이라 할 수 있다.

4) 회연서원의 좌향

건축물의 좌향 설정은 어느 하나만의 요소로 결정하지는 않는다. 주변
환경과의 조화는 가장 기본적인 요구조건이다. 여기에 남향을 선호하는 전

---

32) 穿으로 빠르게 직류하는 물이 명당을 뚫듯이 깨고 나가거나, 청룡이나 백호 한쪽이
    움푹 들어가 마치 팔뚝을 뚫고 물이 곧바로 흐르는 형세를 말한다.
33) 割은 혈장 아래 혈 앞에 순전이 없어 남아도는 기운이 없는 허약한 혈장 아래를 사나
    운 물이 흐르면서 그곳을 할퀴고 깎아 내리며 나가는 것이다.
34) 箭은 물의 흐름이 마치 쏜 화살같이 곧고 급하게 빠른 것을 말한다.
35) 射는 급류가 혈장의 중심을 찌르거나 또는 화살같이 빠르고 날카로운 물이 마치 혈장
    을 찌르듯이 들어오는 물을 말한다.
36) 『雪心賦』「論水法之要」: 交鎖織結 之宜求 穿割箭射 之宜避.

통적인 인식도 크게 고려된다. 더 나아가 이기론에 바탕을 둔 좌향론坐向論은 중요하게 다루어진다. 입수룡入首龍과 득수得水 그리고 파구처破口處가 서로 어우러져 가장 타당성을 갖는 좌향을 선택하게 된다.

이기론理氣論에 바탕을 둔 좌향선택법坐向選擇法은 시대적으로 항상 같은 선택을 하지는 않았다. 좌향론은 일정한 발전을 이룩하였는데, 기존 향법론의 모순점을 극복하기 위한 새로운 향법론向法論이 제시되었다. 새롭게 등장한 향법론은 일정부분 타당성을 바탕으로 진보된 모습을 보이기도 하지만, 언제나 완벽함을 갖지는 못하였고 새로운 향법론을 필요로 하였다. 물론 선택은 당시의 풍수가와 사용자들에 의해 이루어졌으나, 그들조차도 당시 향법론이 갖는 한계성을 인식한 사례가 있었다는 점이다. 이를 극복하기 위해 풍수가들은 연구를 통해 자신만의 논리를 바탕으로 보다 합리성을 추구하였고 제시하였다.

하지만 각각의 향법론은 모든 풍수가들에 의해 토론과 논의를 거쳐 이룩한 것이 아니라, 어느 특정인이 기존의 논리에 추가적인 논리를 더함으로써 창조되다보니 한계성은 분명 존재하였다. 따라서 각각의 이기론에 바탕을 둔 향법론은 서로가 같은 결과를 도출하지 못하였고, 서로 상반되는 결과를 보이기도 하였다. 풍수에 비판적인 시각을 가진 자들에 의해 공격을 받는 주원인이 되기도 하였다.

여러 비판을 받는 향법론은 시대에 따라 각각 다른 논리를 통해 새로운 향법론을 제시하였는데, 조선시대를 풍미한 향법론은 호순신의 지리신법이다. 지리신법은 입수1절용과 득수와 파구를 따져 좋은 방향에서 득수하고 흉한 방향으로 파구되어야 길하다는 논리를 바탕으로 향법을 구성하였다. 회연서원도 조선시대에 건설되었기 때문에 당시에 유행하던 호순신의 지리신법이 적용되었을 것이라는 전제는 가능하다.

<표 1> 회연서원의『지리신법』 적용 여부 검토결과

구 분	入首龍	入首龍大五行	坐向	得水				破口				附合與否
				胞胎	九星	吉凶		胞胎	九星	吉凶	
회연서원	乾(左)	金	亥坐巳向	申	官	武曲	吉	甲	胞	祿存	凶	O

회연서원의 좌향을 살펴보면 <표 1>과 같이 입수룡은 좌선左旋 건룡乾龍
이다. 대오행은 금국金局으로, 수법水法을 적용하여 보면 신득수申得水에 갑파
甲破이다. 신申 득수는 포태법으로는 관官에 해당되고, 구성은 무곡武曲에 해
당되며, 갑甲 파구는 포태법으로는 포胞에 해당되고 구성은 녹존祿存에 해당
되어 '길한 방위에서 득수하고 흉한 방위로 흘러나가야 된다'는『지리신법
地理新法』의 요구사항에 부합하고 있다. 따라서 회연서원은 당시에 유행하던
호순신의 지리신법을 적용하여 좌향을 정하였다는 것을 확인할 수 있다.

당시 호순신의 지리신법은 폭넓게 퍼져 있었고 활용성을 담보하고 있었
다는 것을 확인할 수 있다. 궁궐을 비롯한 왕실의 중요시설에만 적용된 것
이 아니라, 지방의 서원을 건설하는 데에도 적용하였다는 점이 확인한 셈
이다.

4. 회연서원의 입지환경과 풍수해석

회연서원 입지의 특징은 당시 조선 유학자들의 보편적인 사고가 반영되
었다. 왜냐하면 16세기 이후 조선의 많은 선비들은 세속을 벗어난 한적한
곳에 은거하면서 자기 수양을 위한 수련과정을 삶의 중요한 지표로 삼았다.
산과 물이 어우러진 이상적인 장소를 찾아서 거기에 작은 집을 짓고 성리
학을 통한 삶의 바른 태도를 탐구하고자 하였다. 이때 선비들은 자신이 머
무는 장소를 선택하는데 각별한 주의를 기울였으며, 집터에 대해서는 고금

선현의 향적을 참고해서 장소가 갖는 의미를 부여하는데 노력하였다. 송대의 주자朱子가 만년을 지냈다는 복건성의 무이구곡武夷九曲과 무이정사武夷精舍는 조선 선비들이 하나의 이상향으로 자리 잡았다.[37] 한강도 주자의 무이구곡을 모방하여 대가천에 무흘구곡武屹九曲을 개창하였다. 회연서원은 무흘구곡[38] 중에서 제1곡에 해당하는 봉비암鳳飛巖을 배경으로 건설하였다. 『한강집寒岡集』 연보年譜에 따르면, 선생나이 41세에 "그곳의 천석泉石이 아름다운 것을 사랑하여 작은 집을 짓고 머물러 있을 장소로 삼았다"[39]고 하였다.

중국학자인 유백린劉伯鱗도 『광동서원제도廣東書院制度』란 연구에서 서원의 입지론을 밝히고 있는데, 서원을 세울 때 형승形勝의 땅을 택하는 까닭은 다음 두 가지 측면을 고려하기 때문이라고 하였다. 그 첫째는 자연적 교육환경 조성으로 자연이 아름답고 뛰어난 경치를 지니고 있다는 일종의 천인합일적인 사상 아래서의 풍수감응설風水應感說이라고 할 수 있고, 둘째로는 인위적 교육환경의 조성으로 서원의 위치는 잡다한 민가를 벗어나야 하고 우마牛馬소리와 멀리해야 한다는 것이다.[40] 앞에서 살펴본 것처럼 회연서원은 회연초당을 바탕으로 건설하였다. 한강은 "산수가 좋은 곳을 선호하였다"[41]고 하는데, 회연서원이 자리한 곳은 주변 경치가 아름답기로 유명한 곳이다. 이를 한강은 다음과 같이 시로 읊었다.

가천 고을 나에게 깊은 인연 있거니   伽川於我有深緣

---

37) 김상협, 「조선시대 서원건축에 나타난 유식공간에 관한 연구」(명지대 석사학위논문, 2001), 14쪽.
38) 무흘구곡은 회연서원 뒤 제1곡 봉비암에서 시작하여 제2곡 갓말소의 절벽, 제3곡 무학동 배바위, 제4곡 영천동 선바위, 제5곡 영천동 사인암, 제6곡 유성리 옥류동, 제7곡 평촌리의 만월담, 제8곡 평촌리의 와룡암, 제9곡 수도리의 용소까지 이어지는데 그 펼쳐진 길이는 약 30㎞에 이른다.
39) 『寒岡別集』 券1「年譜」宣祖十六年癸未先生四十一歲 : 愛其泉石之勝 築小齋爲捿息之所.
40) 김지민, 『한국의 유교건축』(발언, 1993), 114쪽.
41) 『寒岡集』 券4「寒岡言行錄」附錄 : 酷愛山水之勝.

저 좋은 한강에다 회연까지 얻었노라	占得寒岡又檜淵
흰 돌이요 맑은 시내 종일토록 즐기나니	白石淸川終日翫
세간의 무슨 일이 이내 마음 스며들까	世間何事入丹田[42]

한강은 이곳에 회연초당을 건설하고 굉장히 만족해하였다고 한다. 그러면서 그는 이곳이 20여 가지의 장점을 가진 곳이라 하였는데,『한강집寒岡集』을 통해 살펴보면 다음과 같다.

도회지 멀리 막히었고	遠隔城市
선영 가까이 모신 자리	近陪先壟
뒤로는 구릉을 등지고	後負丘陵
앞에는 늪지와 통하며	前控池沼
오른쪽은 마을과 잇닿았고	右接閭閻
왼쪽은 맑은 못 임하였네	左臨澄潭
푸른 언덕 흰 바위요	蒼崖白石
울창한 숲 무성한 풀	茂林豐草
나무하고 소 먹이기 거칠 게 없고	樵牧兩便
나물 캐고 낚시하기 모두 좋다네	採釣俱宜
뭇 산이 에워싸고	群山環擁
두 물길 합쳐 흘러	兩水交流
산등성이 기묘하고	岡阜奇絶
들판 트여 너른 자리	郊原平曠
남향에다 물길 등져	面陽背流
겨울엔 다습고 여름에는 시원한데	冬溫夏涼
토질이 촉촉하여 벼농사 적합하고	濕宜禾稼
들 넓어 뽕나무며 삼 가꾸기 좋다네	衍合桑麻
남촌 농부 만나보고	南村訪索
서산 신선 찾아가네	西嶽尋眞[43]

---

42)『寒岡集』券1「詩」檜淵偶吟.
43)『寒岡別集』券2「雜著」檜淵新遷二十宜.

<그림 9> 경회당 편액

<그림 10> 檜淵書院의 見道樓

위 시詩에서 보듯이 한강은 유백린劉伯鱗의 주장과 동일한 주장을 담고 있다. 회연초당의 입지에 대해 '뭇 산이 에워싸고 두 물길 합쳐 흘러 산등성이 기묘하고 들판 트여 너른 자리 남향에다 물길 등진' 곳이라고 아주 세밀히 묘사하였다. 풍수에 바탕을 두고 있으며, 풍수적 표현이라 할 수 있다. 특히 '뭇 산이 둘러싸고' 있다는 표현은 현재 회연서원 입지에서 확인할 수 있듯이 주산과 안산 그리고 좌청룡과 우백호가 완비된 모습을 논하고 있다. 또한 '두 물길 합쳐 흘러'라는 표현을 통해 회연서원의 앞쪽과 뒤쪽을 감싸고 흐르는 물길이 합수하는 모습을 그대로 표현하였다. 음양론의 관점에서 산과 물이 어우러져야 길지가 된다는 논리를 알고 있었다는 반증이다. 그 외에도 '산등성이 기묘하고 들판 트여 너른 자리'라는 표현 속에는, 주산과 주룡의 흐름이 위이기복逶迤起伏하며 행룡行龍하여 회연서원의 주산을 이룬 모습을 잘 표현하였다. 특히 너른 들판은 혈처의 전면에 자리한 명당明堂이 평탄 원만해야 하는 원리까지도 제시한 것이다. 우리 전통건축의 특징은 배산임수와 남향에 대한 선호가 컸다는 점에서 '남향南向'을 강조하였다고 판단된다.

회연서원 지형의 특징을 살펴보면, 우백호는 굉장히 크고 높은 산으로 완벽한 역할수행이 가능하다면, 좌청룡은 물길만이 있어 우백호에 비해 약한 모습을 보인다. 물론 물로 좌청룡의 역할을 수행할 수 있지만 산이 든든하게 막아주는 것보다는 약할 수밖에 없는데, 이를 극복하기 위한 방편으로 좌청룡 쪽에 여러 채의 건축물을 배치한 것이다. 균형과 조화라는 풍수의 대전제를 현실 속에 반영한 것이다.

『한강집寒岡集』에 따르면 한강은 풍수에 두루 섭렵하고 널리 통하였다[44]고 하는데, 그가 학문을 탐구하기 위해 건립한 한강정사와 회연초당, 무흘정사[45] 등의 입지를 살펴보면, 풍수에 바탕을 두고 입지선정이 이루어졌다는 것을 확인할 수 있다. 특히, '회연신천이십의檜淵新遷二十宜'를 통해 만족감을 표한 회연초당의 입지에는 한강의 풍수인식이 고스란히 반영되었다. 이러한 회연초당의 입지를 그대로 활용한 회연서원은 한강의 풍수인식이 그대로 계승되었다고 할 수 있는데, 회원서원의 입지와 공간구성의 특징을 살펴보면 다음과 같다.

첫째, 위에서 살펴본 '회연신천이십의檜淵新遷二十宜'를 통해서 확인할 수 있다. 왜냐하면 조선 중후기에 이르자 풍수 역시 관료와 지식인 계층을 중심으로 널리 확산되었고, 유교적 세계관의 틀 내에서 유교적 이데올로기와 결합·변용되어 수용[46]되고 있었기 때문이다.

둘째, 회연서원의 공간구성은 지형조건에 순응하는 배치를 하였다. 회연서원의 공간구성은 주룡의 흐름에 순응하는 형태로 배치되었다. 외삼문을 거쳐 강당과 내삼문 사당으로 이어지는 주축을 갖는 구조가 아니라, 옆으로 늘어선 구조로 배치되어 극히 자연스러운 모습을 연출한다.[47] 이와 같

---

44) 『寒岡集』 券3 「寒岡言行錄」 類編 : 先生於諸子百家及醫藥·卜筮·兵書·風水之說 無不
   歷略該通.
45) 『寒岡集』 한강연보에 따르면, 무흘정사는 선조 37년(1604)선생의 나이 62세에 완성되
   었다. 무흘정사는 성주 서쪽 修道山 속에 있는데, 泉石이 정갈하고 人家가 멀리 떨어
   져 있다. 선생이 이곳에 초가삼간을 세워 서책을 보관하고 편히 쉬는 장소로 삼았으
   나 그 깊은 뜻은 사람들을 피해 있고 싶어서였다고 밝히고 있다.
46) 최원석, 「조선후기 영남지방 사족촌의 풍수담론」, 『한국지역지리학회지』 제16권(한국
   지역지리학회, 2010), 267쪽.

은 배치가 이루어진 배경에는 외삼문과 강당 그리고 내삼문을 거쳐 사당에 이르는 배치는 자칫 혈처에 사당을 배치해야하는 문제가 있어 이를 극복하기 위해서는 자연지형에 순응하도록 횡橫으로 배치한 것이다. 길게 늘어선 주산을 통해 혈처를 확인할 수 있었고 핵심적인 의미를 갖는 강당을 혈처에 배치하였다는 것이다.

셋째, 회연서원은 혈처에 가장 의미있는 건축물을 배치하였다. 회연서원은 강당인 경회당을 혈처에 입지시켰다. 이는 곧 회원서원의 중심 건축물이 경회당景晦堂이라는 것으로, 한강의 서원인식과 연결되고 있다.

『한강집寒岡集』에 따르면, 한강은 곽치정郭穉靜[48)]에게 답하는 글에서 서원은 "학문에 뜻을 둔 선비를 모아 함께 어울려 강론하고 덕을 쌓으며 학업을 닦는 것이 사실 서원을 세운 본의"[49)]라고 하였다. 서원의 설립목적이 학문탐구가 우선되어야 한다는 확고한 뜻을 드러낸 것이다. 따라서 회연서원이 지향하는 바는 학문탐구에 있었고, 이를 실천하는 핵심공간으로 강당인 경회당을 제시한 것이다.

학문탐구에 주안점을 두었다는 특징은 서원의 이름과 건축물의 당호에서도 찾을 수 있다. 회연서원의 회연檜淵은 '회화나무 연못'이라고 직역할 수 있다. 회화나무는 학자수學者樹 혹은 선비목이라 불리기도 하는데, 학문을 장려한다는 뜻을 내포하고 있다. 학문을 장려하는 나무가 어린연못이라한 것은 학문을 근본으로 삼겠다는 의지를 강하게 내포하고 있다. 강당인경회당은 '회암晦庵 즉, 주자朱子를 경모하고 그의 학문을 따르겠다는 의미'

---

47) 회연서원의 배치는 중심축이 없이 산기슭을 배경으로 사당과 강당을 병렬로 배치하였다. 외삼문을 들어서면 바로 정면에 사당으로 통하는 내삼문이 보이고 오른쪽에 관리사 건물 앞으로 난 샛문을 통해 교육공간으로 들어간다. 강당 앞에 동재와 서재가 있고 동재 뒤로 담장을 따로 두른 신도비가 서 있다. 강당 오른쪽 뒤쪽에는 별사가 마련되어 있었다.

48) 치정은 郭赾의 자이다. 호는 省齋이고, 본관은 玄風이다. 郭越의 아우로, 한강의 문인으로, 한강보다 11년 연하이다.

49) 『寒岡集』 寒岡別集 券1「書」答郭穉靜赾 : 聚後來志學之士 相與講評進修 實建院本意.

를 간직한 당호라 할 수 있다. 그 외에 입구에 자리한 견도루見道樓조차도 휴식하는 공간에 만족하기보다는 휴식하는 시간 중에도 학문의 길을 찾겠다는 의지를 고스란히 드러내고 있다.

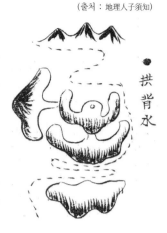

<그림 11> 拱背水

넷째, 회연서원 물길의 활용은 풍수적 이해를 바탕으로 한다. 앞에서 살펴본 '회연신천이십의檜淵新遷二十宜'에서 "남향에다 물길을 등졌다"[50]고 하였는데, '물길을 등졌다'는 표현은 굉장히 중요한 의미를 갖는다.

회원서원의 물길은 대가천大加川으로 <그림 7>과 같이 회원서원 주산의 뒤쪽을 휘감아 도는 형상이다. 풍수에서는 수전현무水纏玄武 또는 공배수拱背水라 부른다. 수전현무는 물이 현무자리에 위치한다는 측면에서 붙여진 용어라면, 공배수는 주산의 뒤를 감싸 안았다는 의미를 갖는다. 이와 같이 공배수는 주산의 뒤쪽에서 기를 갈무리하는 역할을 수행하기 때문에 풍수논리에서 중요한 의미를 갖는다.

회연서원의 물길은 공배수의 역할 외에도 좌청룡의 역할까지 대행하는데, 이 또한 풍수논리에 대한 깊은 이해를 필요로 한다. 그 외에도 회연서원 물길의 특징적인 모습은 회연서원의 앞쪽으로 작은 물길이 흐른다. 앞쪽을 흐르는 물길을 명당수라 하는데, 이 또한 음양교배라는 극적인 의미의 완성을 이룬다.

이와 같은 특징적인 모습을 통해 한강은 회연초당의 입지를 선정하는데, 풍수이론의 특징적인 모습에 대해 정확하게 인식하고 있었고 활용하였다는 것을 입증하는 모습이다.

---

50) 『寒岡別集』 券2 「雜著」 檜淵新遷二十宜 : 面陽背流.

그 외에도 장소의 선택과 그 의미는 비단 풍수적 의미가 갖는 자연적 입지환경의 효율성뿐만 아니라 명당 길지로서의 사회적 우위성과 차별성이 사회집단의 위계질서로 인지되고 신분에 맞춰 계층적으로 점유되었다.[51] 조선의 사대부 혹은 유학자들은 입지선정에 있어서 자신의 신분에 걸맞는 풍수적 가치와 차별성을 실현하였다. 입지와 경관담론을 통해 그들의 권위를 강화하고 장소적 의미를 상징화하는 과정을 통해 배타적 입지공간을 완성하였다. 물론 이러한 인식과 현실적 실현은 한강 정구의 회연서원에도 그대로 반영되었다.

5. 결론

우리의 전통 교육기관이자 학문탐구의 장이었던 서원은 그 중요성만큼이나 의미있는 입지를 선정하였고, 현대 교육기관 입지선정의 지침서와 같은 역할을 한다. 전통건축의 입지선정은 풍수에 바탕을 두고 이루어졌음에도 불구하고, 이를 애써 외면한 현실은 서원입지의 진면목을 살펴보는데 한계성을 드러내고 있다.

한강이 학생들을 가르치던 회연초당 자리에 입지한 회연서원은 한강의 학문세계를 기리기 위해 건설하였다. 한강은 풍수에도 일가를 이루었다고 하는데, 회연서원의 입지를 통해 한강의 풍수 활용성을 살펴볼 수 있다. 주로 성리학 탐구에 집중하였지만, 풍수이론을 구성하는 특징적인 모습조차도 이해하고 있었다. 반면에 득수와 파구 방향에 따른 길흉론吉凶論과 연운 年運에 따른 상극론相剋論이었는데, 이는 풍수 자체를 부정하지는 않았다는 것을 확인시켜준다. 풍수가 갖는 논리성과 합리성 자체를 부정하지 않았고,

---

51) 최원석, 「조선후기 영남지방 사족촌의 풍수담론」, 『한국지역지리학회지』 제16권(한국지역지리학회, 2010), 266쪽.

오히려 입지선정에 중요한 근거로 활용하였다. 그가 입지를 선정하여 학생들을 가르쳤던 곳을 살펴보면, 풍수 길지에 자리하였다는 점이 이를 입증한다. 회연초당에 바탕을 두고 건설한 회연서원의 입지는 다양한 각도에서 풍수논리와 부합하는 모습을 확인할 수 있는데 다음과 같다.

첫째, 회연서원의 주산은 이름없는 봉우리에 불과하다. 그러나 회연서원 주산의 역할에 충실한 모습으로 횡룡입수의 필수요건인 귀성과 낙산을 갖추고 있다.

둘째, 회연서원의 혈처에 강당인 경회당을 입지시킴으로써, 회연서원의 지향점을 학문탐구에 방점을 두었음을 확인시켜준다.

셋째, 회연서원의 물길은 대가천으로 회연서원 주산의 뒤쪽을 감싸 도는 모습이다.

넷째, 회연서원은 당시에 유행하던 호순신의 지리신법을 적용하여 좌향을 정하였다. 이를 통해 당시 호순신의 지리신법이 폭넓게 퍼져 있었고, 활용성을 담보하고 있었다는 것도 확인되고 있다.

그 외에도 한강의 풍수론은 '회연신천이십의檜淵新遷二十宜'를 통해 확인한 것처럼, 합리적인 교육환경을 조성하고 있다. 혈처에 강당을 배치하여 강학 장소를 강조하고 있으며, 각 건축물의 당호도 학문적 성취와 연결시키고 있다. 주룡의 흐름에 순응하는 공간구성은 자연친화적인 모습을 연출하고 있으며, 수이대지水而代之라 일컬어지는 공배수拱背水는 풍수적 기반을 바탕으로 공간구성이 이루어졌다는 해석이 가능하다.

16세기 이후 조선의 많은 선비들은 세속을 벗어나 한적한 곳에 은거하면서 자기 수양을 위한 수련과정을 삶의 중요한 지표로 삼았다. 산과 물이 어우러진 이상적인 장소를 찾아서 거기에 작은 집을 짓고 성리학을 통한 삶의 바른 태도를 탐구하고자 하였다. 이때 선비들은 자신이 머무는 장소를 선택하는데 각별한 주의를 기울였는데, 집터에 대해서는 고금선현의 향적을 참고해서 장소가 갖는 의미를 부여하는데 노력하였다. 송대의 주자가 만년을 지냈다는 복건성의 무이구곡과 무이정사는 조선 선비들에게 있어 하나의 이상향으로 자리 잡았다. 조선중후기에 이르자 풍수역시 관료와 지식인 계층을 중심으로 널리 확산되었고, 유교적 세계관의 틀 내에서 유교적 이데올로기와 결합·변용되어 수용되고 있었다.

따라서 회연초당을 계승하여 건설한 회연서원의 입지와 공간구성에는 한강의 풍수인식과 활용성에 대한 특징을 그대로 반영하고 있으며, 한강의 서원에 대한 인식과 지향하는 바가 고스란히 실천되었다는 것을 확인할 수 있다.

*『퇴계학과 유교문화』 제56호(경북대학교 퇴계연구소, 2015)에 수록된 글을 수정 게재함.

경북대학교 퇴계연구소

경북대학교 퇴계연구소는 퇴계 이황 선생의 교학 정신을 이어받아 한국의 전통 문화 전반을 체계적으로 연구하기 위하여 1973년 7월 16일에 창립되었다. 퇴계연구소는 1973년 10월에 학술지『한국의 철학』을 창간하여 제30호까지 간행하였다. 이후 제호를『퇴계학과 한국문화』로 변경하여 제47호까지 간행하였으며, 제48호부터는『퇴계학과 유교문화』라는 제호를 사용하여 제59호까지 간행하였다. 그리고 2017년 3월부터는 경북대학교 영남문화연구원과 공동으로 학술지『영남학』을 간행하고 있다. 퇴계연구소는 창립 이후 50여 차례의 국내외 학술대회를 개최하였으며, 20여 종의 단행본과『퇴계학 연구논총』(전10권),『고령문화사대계』(전5권),『동양고전번역 용어용례사전』(전8권) 등의 총서를 간행하였다.

한강학의 성리학적 재발견

초판 인쇄   2018년 1월 22일
초판 발행   2018년 1월 30일

엮은곳   경북대학교 퇴계연구소
펴낸이   이대현
편 집   홍혜정
표지디자인 안혜진
펴낸곳   도서출판 역락
주 소   서울시 서초구 동광로 46길 6-6 문창빌딩 2층
전 화   02-3409-2060(편집부), 2058(영업부)
팩 스   02-3409-2059
등 록   1999년 4월 19일 제303-2002-000014호
이메일   youkrack@hanmail.net

ISBN 979-11-6244-127-5 93150

이 도서의 국립중앙도서관 출판예정도서목록(CIP)은 서지정보유통지원시스템 홈페이지(http://seoji.nl.go.kr)와 국가자료공동목록시스템(http://www.nl.go.kr/kolisnet)에서 이용하실 수 있습니다.(CIP제어번호: CIP2018002289)